Soziale Intelligenz bei Kindern fördern

Irina Bosley · Erich Kasten

Soziale Intelligenz bei Kindern fördern

Ein Übungsbuch mit 75 interaktiven Bildgeschichten

 Springer

Irina Bosley
Berlin, Deutschland

Erich Kasten
Medical School Hamburg
Travemünde, Deutschland

ISBN 978-3-662-68497-9   ISBN 978-3-662-68498-6 (eBook)
https://doi.org/10.1007/978-3-662-68498-6

Die Deutsche Nationalbibliothek verzeichnet diese Publikation in der Deutschen Nationalbibliografie; detaillierte bibliografische Daten sind im Internet über https://portal.dnb.de abrufbar.

© Der/die Herausgeber bzw. der/die Autor(en), exklusiv lizenziert an Springer-Verlag GmbH, DE, ein Teil von Springer Nature 2024

Alle Bildgeschichten in diesem Buch wurden von der Autorin Irina Bosley mit dem Tool Storyboard That https://www.storyboardthat.com/de erstellt. Storyboard That ist eine Marke von Clever Prototypes, LLC. Die Veröffentlichung der Bildgeschichten erfolgt mit freundlicher Genehmigung von Clever Prototypes, LLC.

Das Werk einschließlich aller seiner Teile ist urheberrechtlich geschützt. Jede Verwertung, die nicht ausdrücklich vom Urheberrechtsgesetz zugelassen ist, bedarf der vorherigen Zustimmung des Verlags. Das gilt insbesondere für Vervielfältigungen, Bearbeitungen, Übersetzungen, Mikroverfilmungen und die Einspeicherung und Verarbeitung in elektronischen Systemen.
Die Wiedergabe von allgemein beschreibenden Bezeichnungen, Marken, Unternehmensnamen etc. in diesem Werk bedeutet nicht, dass diese frei durch jede Person benutzt werden dürfen. Die Berechtigung zur Benutzung unterliegt, auch ohne gesonderten Hinweis hierzu, den Regeln des Markenrechts. Die Rechte des/der jeweiligen Zeicheninhaber*in sind zu beachten.
Der Verlag, die Autor*innen und die Herausgeber*innen gehen davon aus, dass die Angaben und Informationen in diesem Werk zum Zeitpunkt der Veröffentlichung vollständig und korrekt sind. Weder der Verlag noch die Autor*innen oder die Herausgeber*innen übernehmen, ausdrücklich oder implizit, Gewähr für den Inhalt des Werkes, etwaige Fehler oder Äußerungen. Der Verlag bleibt im Hinblick auf geografische Zuordnungen und Gebietsbezeichnungen in veröffentlichten Karten und Institutionsadressen neutral.

Einbandabbildung: © SHOTPRIME STUDIO / stock.adobe.com

Planung/Lektorat: Wiebke Wuerdemann
Springer ist ein Imprint der eingetragenen Gesellschaft Springer-Verlag GmbH, DE und ist ein Teil von Springer Nature.
Die Anschrift der Gesellschaft ist: Heidelberger Platz 3, 14197 Berlin, Germany

Wenn Sie dieses Produkt entsorgen, geben Sie das Papier bitte zum Recycling.

Inhalt

Vorwort	VI	
1.	**Zielsetzungen in der Sozialerziehung**...	1
1.1	Wahrnehmung	4
1.2	Austausch	7
1.3	Akzeptanz	10
1.4	Soziales Handeln	12
1.5	Umgang mit Schwierigkeiten	15
1.6	Entwicklung von Einstellungen und Werthaltungen	16
2.	**Bildgeschichten**	21
2.1	Wahrnehmung	21
	2.1.1 Max trauert um sein Kaninchen	22
	2.1.2 Anna und der Federball	26
	2.1.3 Eine große Enttäuschung für Leonie	30
	2.1.4 Samuel und seine Tricks	34
	2.1.5 Agnes hat Stress in der Schule	38
	2.1.6 Theo klaut Ninas Ideen	42
	2.1.7 Fabio grinst gern	46
	2.1.8 Jule und ihr Hilfsangebot	50
	2.1.9 Mia und die Kunst der Überzeugung	54
	2.1.10 Die unzuverlässige Pia	58
	2.1.11 Florian lässt sich nicht provozieren	62
	2.1.12 Fass mich nicht an!	66
	2.1.13 Tom und das Eis	70
2.2	Austausch	75
	2.2.1 Antisemitischer Vorfall	76
	2.2.2 Anna in der neuen Schule	80
	2.2.3 Ines wird beleidigt	84
	2.2.4 Hilfsbereiter Nils	88
	2.2.5 Zweifel an der Freundschaft	92
	2.2.6 Hannah wird beneidet	96

	2.2.7	Mandy im Zooladen	100
	2.2.8	Eine Begegnung im Bus	104
	2.2.9	Ein dummer Witz	108
	2.2.10	Die richtige Portion Selbstvertrauen	112
	2.2.11	Ein verlockendes Angebot	116
	2.2.12	Paula zeigt Mitgefühl	120
	2.2.13	Das unterbrochene Ballspiel	124
2.3	Akzeptanz		129
	2.3.1	Emma und Vorurteile	130
	2.3.2	Selbstbewusster Olaf	134
	2.3.3	Karin will auf Rollschuhen fahren	138
	2.3.4	Eine Blamage bei Karaoke	142
	2.3.5	Gerissene Hose	146
	2.3.6	Romy macht einen Vorschlag	150
	2.3.7	Angst vor dem Neuen	154
	2.3.8	Ein Film für Lilly	158
	2.3.9	Wie geht das Vertragen?	162
	2.3.10	Ray kann selbstsicher kommunizieren	166
	2.3.11	Mathilda entdeckt ihre Stärken	170
2.4	Soziales Handeln		175
	2.4.1	Klaus und Leon gegen Gewalt	176
	2.4.2	Ohne Fleiß kein Preis	182
	2.4.3	Timo wird erpresst	186
	2.4.4	Neidischer Jan	190
	2.4.5	Leon und Petze	194
	2.4.6	Pia will beste Freundin bleiben	198
	2.4.7	Jenny wird beneidet	202
	2.4.8	Streit zwischen Schwestern	206
	2.4.9	Kai braucht Ruhe	210
	2.4.10	Vincent und Chris im Streit	214
	2.4.11	Mira beendet eine Freundschaft	218
	2.4.12	Ein Missgeschick in der Küche	222
	2.4.13	Eine Begegnung auf der Straße	226
2.5	Umgang mit Schwierigkeiten		231
	2.5.1	Die Spielidee von Mia	232
	2.5.2	Mirco braucht etwas Ruhe	236
	2.5.3	Felix wehrt sich	240
	2.5.4	Heinz und Mobbing	244
	2.5.5	Klara und die streitsüchtigen Jungs	248
	2.5.6	Lukas kann sich nicht benehmen	252

	2.5.7	Robert und seine Taktik	256
	2.5.8	Bald läuft die Frist ab	260
	2.5.9	Alle gegen Chantal	264
	2.5.10	Wer hat hier das Sagen?	268
	2.5.11	Die bösen Wörter	272
	2.5.12	Heidi hilft Willi	276
2.6	Entwicklung von Einstellungen und Verhaltensweisen		281
	2.6.1	Die Suche nach dem verlorenen Hund	282
	2.6.2	Karl klettert hoch	286
	2.6.3	Verschieben oder Beginnen	290
	2.6.4	Ein verlorener Federball	294
	2.6.5	Tobias wird Zeuge eines Unfalls	298
	2.6.6	Jonas will handeln	304
	2.6.7	Ehrlichkeit von Micha	308
	2.6.8	Hugo und das Klassenklima	312
	2.6.9	Ole und der Ladendiebstahl	316
	2.6.10	Ein Vorfall auf dem Spielplatz	320
	2.6.11	Camilo und seine Entscheidung	324
	2.6.12	Das ist ungerecht!	328
	2.6.13	Die begehrten Holzperlen	332

Alle Bildgeschichten in diesem Buch wurden von der Autorin Irina Bosley mit dem Tool *Storyboard That* https://www.storyboardthat.com/de erstellt. *Storyboard That* ist eine Marke von Clever Prototypes, LLC. Die Veröffentlichung der Bildgeschichten erfolgt mit freundlicher Genehmigung von Clever Prototypes, LLC.

Vorwort

Was macht unsere Kinder stark? Was hilft ihnen, ihr Leben zu meistern? Diese Frage stellen sich wohl alle Eltern. Leider gibt es dafür kein Rezept, denn jede Situation ist anders und sie erfordert individuelle Entscheidungen.

Eines Tages kommt ein Familienvater erschöpft von der Arbeit nach Hause. Vor der Tür wartet auf ihn sein achtjähriger Sohn. „Papa, kann ich dich etwas fragen?", ruft der Sohn. „Klar! Was ist denn los", fragt der Vater und zieht dabei seinen Mantel aus. „Papa, was verdienst du auf deiner Arbeit?", fragt der Sohn weiter. „Darüber solltest du dir keine Gedanken machen. Wozu brauchst du das?", wundert sich der Vater. „Ich will das einfach wissen. Sag mal, was verdienst du pro Stunde?", gibt sich der Sohn mit der Reaktion seines Vaters nicht zufrieden. „30 Euro, wenn du so neugierig bist", antwortet sein Vater. „Papa", der Sohn schaut seinen Vater mit einem ernsthaften Blick von unten nach oben an, „Papa, kannst du mir 15 Euro leihen?". „Du hast mich gefragt, weil du Geld für ein Spielzeug brauchst, das du am zweiten Tag wegschmeißen wirst?", empört sich der Vater. „Geh sofort in dein Zimmer. Es wird Zeit zum Schlafen. Man darf nicht so egoistisch sein! Ich arbeite den ganzen Tag und bin abends sehr müde und du benimmst dich so unanständig." Der Sohn hört auf seinen Vater und geht in sein Zimmer. Sein Vater steht immer noch in der Tür und empört sich über die Bitte seines Sohnes. „Wie kann er es wagen, mich über mein Gehalt zu fragen um mich danach um Geld zu bitten?" Nach einer Weile beruhigt sich der Vater. Er überlegt sich: „Vielleicht braucht mein Sohn das Geld für etwas Wichtiges? Ich kann ihm doch 15 Euro geben. Eigentlich hat er mich nie um Geld gebeten."

Als der Vater das Kinderzimmer betritt liegt sein Sohn bereits im Bett. „Schläfst du noch nicht, mein Sohn?", fragt der Vater. „Nein Papa, ich bin noch wach", entgegnet der Sohn. „Mir scheint, dass ich gerade eben dir gegenüber unhöflich war", sagt der Vater, „Mein Arbeitstag heute war sehr anstrengend und ich habe mich im Ton vergriffen. Verzeih mir. Hier sind die 15 Euro, um die du mich gebeten hast", und er reicht seinem Sohn zwei Geldscheine. Der Sohn setzt sich mit einem Lächeln aufs Bett. „Klasse Papa, vielen Dank", sagt er begeistert. Danach streckt er seine Hand unter das Kissen und holt einige zerknitterte Geldscheine. Als der Vater dieses Geld sieht, fragt er sich wieder, was das soll. Der Sohn legt die Geldscheine zusammen, zählt sie auf und lächelt seinen Vater an. „Wozu hast du mich um Geld gebeten, wenn du bereits Geld hast?", fragt der Vater seinen Sohn etwas verwirrt. „Weil ich nicht genug Geld hatte. Jetzt habe ich 30 Euro", antwortete der Junge, „Papa, darf ich eine Stunde deiner Arbeitszeit kaufen? Komme bitte morgen etwas früher nach Hause. Ich möchte mit dir zu Abend essen."

Kindererziehung ist eine strategische Aufgabe, über die man Jahre im Voraus nachdenken sollte. Dies kann man mit dem Bau eines Hauses vergleichen, wobei die Kindheit das Fundament bildet. Von der Qualität dieses Fundaments hängt das glückliche Erwachsenenleben ab.

Solche Probleme, wie zum Beispiel ein geringes Selbstwertgefühl und ein wenig entwickeltes soziales Verhalten, können Zeichen dafür sein, dass in der Kindheit etwas nicht rechtzeitig berücksichtigt wurde – weil man das Kind nicht ernst nehmen wollte oder konnte. Die betroffenen Kinder haben Angst in bestimmten Situationen zu versagen und fühlen sich meist in der Gruppe zu wenig akzeptiert oder ausgeschlossen. Diese innere Bedrohung drücken Kinder auch in ihrem Auftreten auf. Entweder verkriechen sie sich in ihr „Schneckenhäuschen" oder nehmen eine aggressive Haltung ein. Häufig spielen solche Kinder für sich alleine oder suchen den Kontakt zu ruhigeren und jüngeren Spielgefährten, denen sie überlegen sind. Für so eine Einstellung tragen nicht nur unaufmerksame Eltern, sondern auch unschuldige Kinder die Verantwortung. Denken sie darüber nach, wenn sie Ihre Interessen vor die Interessen des Kindes stellen möchten. Denn Sie sind für immer Eltern. Sie werden immer besorgt um Ihr Kind sein, egal wie alt es ist. Es gibt ausreichend abgesicherte wissenschaftliche Daten und viele praktische Erfahrungen darüber, dass die Wurzeln für ein späteres Suchtverhalten und Gewaltbereitschaft in der früheren Kindheit zu suchen sind.

Oft werden Kinder mit verschiedenen sozialen Problemen in der Gesellschaft hilflos konfrontiert. Eine wesentliche Unterstützung für das Kind wäre Problemlösungsverhalten von erwachsenen Bezugspersonen. Doch häufig fehlen den Kindern die entsprechenden Vorbilder aus der Erwachsenenwelt. Familiäre Probleme von einigen Erwachsenen und ihre einseitige Orientierung an unterschiedlichen Wertvorstellungen sind dem Kind eher ein Hindernis anstatt Hilfe bei seinen Problemen. Das Kind braucht also andere Vorbilder und Situationen mit Vorbildcharakter, die ihm Sicherheit geben können. Es braucht auch eine Gruppe, in der es solches Verhalten erleben, ausprobieren und anwenden kann. Diese Gruppe kann eine Klasse sein.

Familiäres Umfeld und Schule sind nicht nur Orte, wo Kinder lernen und sich gemäß ihren Bedürfnissen entwickeln können. Es sind Orte, wo soziale Kompetenzen des einzelnen Kindes aufgebaut werden, die den Umgang im täglichen Miteinander erleichtern und dadurch das Wir-Gefühl stärken. Dazu zählt auch, dem Kind Wege zu zeigen, den Alltag für sich angenehm zu gestalten und dabei die eigenen Gefühle und die Gefühle anderer zu berücksichtigen. Die Reaktionen und die Umgangsweisen, die mit Emotionen zusammenhängen, sollen entwickelt und verstärkt werden. Um stabil aufzuwachsen, müssen Kinder lernen, verschiedene Fähigkeiten zu entwickeln, um sich den unterschiedlichen sozialen Situationen, die sie auf ihrem Lebensweg antreffen, stellen zu können. Je ausgeprägter diese Fähigkeiten sind, umso leichter fällt den Kindern der Umgang mit Gleichaltrigen oder Erwachsenen. Die Kindheit ist diesbezüglich ein maßgeblicher Zeitabschnitt.

In der Praxis ist es schwierig, soziale Kompetenzen zu definieren und einzugrenzen. Die Fachliteratur der letzten Jahre stellt eine Fülle unterschiedlicher Ansätze zu diesem Thema vor.

Unter sozialen Kompetenzen werden im Allgemeinen solche Fähigkeiten und Fertigkeiten verstanden, die Menschen helfen, soziale Interaktionen angemessen zu erkennen und einzuschätzen und darauf aufbauend in solchen Situationen erfolgreich zu handeln. Soziale Kompetenzen können als Schlüssel für persönliche und professionelle Erfolge betrachtet werden.

Statistisch gesehen zeigen immer mehr Kinder Auffälligkeiten im Verhaltens- und Leistungsbereich und oft versagen sie trotz hoher Intelligenz in der Schule. Deshalb ist die soziale Erziehung ein wichtiges und zugleich ein sehr vielfältiges Thema. Die Ziele, die unserem Projekt zugrunde liegen, entsprechen den Grundsätzen vieler Pädagogen und Psychologen, die sich damit auseinandergesetzt haben (z.B. Petermann/Petermann, Korte, Bönsch, etc.).

Im Mittelpunkt dieses Buches stehen die Bedürfnisse und Entwicklungschancen von Kindern im Alter von etwa 8 bis 14 Jahren im Bezug auf ihre sozial-emotionale Entwicklung. Die theoretischen Grundlagen sind stark gestrafft und anhand von Diagrammen anschaulich gemacht. Die konkreten Zielsetzungen in der Sozialerziehung umfassen sechs Bereiche: Wahrnehmung, Austausch, Akzeptanz, soziales Handeln, Umgang mit Schwierigkeiten und Entwicklung von Einstellungen und Werthaltungen. Dabei gehen die einzelnen Bereiche ineinander über. Inhaltlicher Fokus wird auf sich selbst, den anderen und das Miteinander gesetzt.

Die Bildgeschichten zu jedem inhaltlichen Bereich haben den Vorteil, die heiklen Themen der Sozialen Erziehung auf eine originelle Art und Weise anzugehen. Eine bestimmte soziale Situation entwickelt sich mit jeweils drei Bildern in der ersten Reihe. Das Kind soll diese Geschichte sinnvoll ergänzen, indem es aus vier vorgeschlagenen Szenarien in der zweiten Reihe die aus seiner Sicht am besten passende Option auswählt. Um einen eindeutigen Mehrwert zu den theoretischen Grundlagen zu schaffen, wird zu jeder Aufgabe eine Erklärung gegeben.

Bei jeder Geschichte steht der soziale Aspekt der Handlung im Vordergrund. Sie ermöglicht Ihrem Kind, eine Situation, die es nicht direkt betrifft, unparteiisch zu bewerten. Es besteht also für das Kind keinerlei Notwendigkeit, in die Defensive zu gehen, sich zu rechtfertigen oder sich Entschuldigungen auszudenken. Es geht nur darum, eine konkrete Situation mit dem passenden Bild fortzusetzen. Ausgehend von der Lösung des Kindes können Sie nun eine Parallele zwischen einer dargestellten sozialen Situation und seinem in Frage stehenden Verhalten bilden. Alles, was das Kind beim Anblick der Bildgeschichte verstanden, erkannt und zugegeben hat, kann es nun automatisch auch im Hinblick auf sein eigenes Verhalten verstehen, erkennen und zugeben. Die Möglichkeiten, die es vorgeschlagen hat, um die Probleme der dargestellten Figuren zu lösen, können nun vorteilhafter auf das Kind selbst angewandt werden als auswendig gelernte Lektionen über soziale Werte und Normen, deren unmittelbaren Nutzen Ihr Kind vielleicht noch nicht ganz versteht oder aufgrund seines Alters noch nicht verstehen kann.

Die Bildgeschichten sind dabei inhaltlich und praktisch so gehalten, dass ein Kind sich auch selbständig mit einem Thema beschäftigen kann. Die kurzen Dialoge in den Sprechblasen sowie die Textlänge von Erklärungen zu den einzelnen Bildgeschichten sind überschaubar und laden Leseanfänger dazu ein, sich den Text alleine zu erschließen ohne einen hohen Zeitaufwand oder außergewöhnliche Motivation einbringen zu müssen.

Dieses Buch ist keinesfalls ein Referenzwerk über soziale Intelligenz und verspricht Ihnen keine spektakulären Wunder. Die tatsächliche Entwicklung von sozialen

Kompetenzen fordert vor allem große Anstrengung, viel Geduld, Angleichungen sowie Systematik. Mit diesem Praxisbuch möchten wir Ihnen als Eltern, Lehrer und Erzieher greifbare Bausteine für den Aufbau der sozialen Intelligenz bei Kindern bieten.

Abschließend möchten wir Ihnen empfehlen, die Chance zu nutzen, die Wirkungen des sozialen Handelns Ihres Kindes zu entdecken, indem Sie es beim Lösen dieser Bildgeschichten begleiten. Nutzen Sie die zahlreichen Anregungen dazu, Ihrem Kind zu zeigen, dass wir alle anders sind und das gut so ist. Ob zu Hause oder in der Einrichtung – machen Sie diese Bildgeschichten zu einem unverzichtbaren Ritual. Vielleicht gelingt es Ihnen, ein wenig von Ihrem inneren Kind, das immer noch in Ihnen steckt, in Ihre Sitzungen einzubringen. Wer am meisten aus dieser Erfahrung lernen wird, ist vielleicht sogar ein anderer als Sie glauben. Dabei wünschen wir Ihnen und den Kindern viel Vergnügen.

Irina Bosley und Erich Kasten

Zielsetzungen in der Sozialerziehung 1

Es ist schon 8:15 Uhr und eigentlich wollte Charleen spätestens um 8 Uhr los. Das lag daran, dass Alex, ihr Sohn, herumgekaspert und dann aus Versehen seine Kakaotasse umgekippt hatte und sie die ganze Sauerei erstmal aufwischen musste. Nun hat Charleen es echt eilig, sie muss ihren Sohn noch schnell in den Kindergarten bringen und dann absolut oberhektisch zur Arbeit. Wenn sie die S-Bahn um 08:35 Uhr nicht erreicht, dann ist sie nicht um 09:00 Uhr im Amt. Um 09:00 hat sie schon ihren ersten Kunden. Aber Alex bekommt den Reißverschluss seines Anoraks einfach nicht eingefädelt. „Jetzt beeile Dich doch mal!", ruft sie ihm zu, aber Alex kriegt die beiden Nippel nun erst recht nicht zusammen und beginnt frustriert zu weinen. Entnervt geht seine Mutter zu ihm, macht die Jacke zu und zerrt das weinende Kind zur Wohnungstür.

Das Verhalten der Mutter ist letztlich verständlich, jeder von uns hat es manchmal eilig und da kann ein Fünfjähriger zur Bremse werden. Aber selbstständig und damit unabhängig von Erwachsenen zu werden ist für Kinder ein wichtiger Entwicklungsprozess, der viel Geduld, Zeit und Arbeit erfordert – sowohl von Kindern als auch von Eltern und weiteren Bezugspersonen. Gerade dann, wenn es schnell gehen muss, Ruhe zu bewahren und auf Bedürfnisse des Kindes einzugehen, das einige Dinge alleine erledigen möchte, ist nicht immer leicht. Viel zu oft versuchen wir, dem Kind Arbeit abzunehmen, um unsere eigenen Pläne einzuhalten. Damit wird aber weder uns selbst noch dem Kind ein Gefallen getan, ganz im Gegenteil. Kinder, die ständig Hilfe von Erwachsenen bekommen, können kein Selbstvertrauen und kein gesundes Selbstwertgefühl entwickeln. Man kann seinem Kind den Reißverschluss zumachen oder die Schuhe binden, bis es die Pubertät kommt. In dem Moment geht das schneller. Auf die Dauer zeitsparender ist es jedoch, einmal die Zeit zu opfern und dem Kind diese Fähigkeiten richtig beizubringen.

Unsere Aufgabe als Erwachsene besteht hauptsachlich darin, das Kind in seinem Streben nach Selbstständigkeit zu begleiten und es mit liebevoller Zuwendung, mit Vertrauen in seine eigenen Fähigkeiten beim Großwerden zu unterstützen. So bekommt das Kind die nötige Sicherheit, die es braucht, um sich unabhängig zu machen und Neues zu entdecken. Wenn ein Kind aus eigenem Antrieb die Aufgabe bewältigt, sollte es dafür eine angemessene Anerkennung erhalten. Dies gibt dem Kind die Sicherheit, ernst genommen zu werden und das nötige Vertrauen in die eigenen Fähigkeiten, um sich weiteren Herausforderungen zu stellen. Es wird sich als kompetent erleben und seine Fähigkeiten im sozialen Umgang mit anderen in angemessener Weise anwenden.

Das ist leicht gesagt und klingt vermutlich etwas pathetisch, doch im Eltern-Alltag stößt man dummerweise immer wieder auf unglaubliche Hindernisse. Es gibt zwar Kinder, die auch schwierige Situationen mit lässiger Eleganz meistern, doch andere brauchen Anleitung und mehr Geduld als ein Normalsterblicher aufbringen kann. In einer Umwelt, in der das Leben von Fünfjährigen aus zu viel Anime-Filmen & Nintendo-Games besteht, aber oft zu wenig Spiel mit Gleichaltrigen, entwickeln sich leicht soziale Defizite. Von dem, was die Lockdowns der Corona-Pandemie angerichtet haben, mit Schließung von Kindertagesstätten und Schulen, gar nicht zu reden; hier zeichnen sich zunehmend mehr Spätfolgen ab.

Damit ein Kind in der Lage ist, Freundschaften zu knüpfen und andere Kinder für seine Belange zu begeistern, benötigt es soziale Fähigkeiten. Gleiches gilt für das Lösen von Konflikten, ohne diese in Tätlichkeiten oder wüste Beschimpfungen ausarten zu lassen. Ein Kind muss lernen, sich mit Hilfe seiner sozialen Intelligenz in andere Personen hineinzudenken und so die Folgen seiner Entscheidungen und Handlungen einzuschätzen. Ebenso kann es dadurch die Handlungen, Entscheidungen und Wünsche der anderen verstehen und sich entsprechend verhalten. Für eine effektive Kommunikation zwischen Mitmenschen ist dies unerlässlich. Die Fähigkeiten, mit anderen mitzufühlen, sie zu verstehen und zu beeinflussen gelten gemeinhin als Kennzeichen sozialer Intelligenz. Eltern und Lehrer sollten in der Lage sein, bei ihren Kindern frühzeitig den Grundstein für soziale Intelligenz zu legen, indem sie diese unterstützen, Gefühle besser wahrzunehmen.

Unter dem Begriff „Sozialverhalten" versteht man Handlungen im Umgang mit anderen Menschen, Einzelnen oder Gruppen. Die Entwicklung eines situationsgerechten Sozialverhaltens ist schon immer ein wichtiges Thema in der Kindererziehung. Dies hängt heute vordringlich mit einer sich verändernden Umwelt und Gesellschaft zusammen und auch mit steigenden Erwartungen und Anforderungen an Heranwachsende. Die letzten 100 Jahre haben zu einer technischen Veränderung dieser Welt geführt, die in der Geschichte der Menschen in dieser Form noch nicht vorgekommen ist. Nachdem mehrere zigtausend Jahre die Hauptprobleme der Menschen darin bestanden, ob die Kuh krank ist oder ob man die Ernte noch vor dem nächsten Wetterwechsel einbringen kann, ist es unglaublich, dass das menschliche Gehirn sich mit bemerkenswerter Anpassungsfähigkeit an Kaugummi-Automaten, Computer, Smartphones, Navigationsgeräte, Selbstbedienungskassen und Staubsauger-Roboter gewöhnt hat.

Wir schreiben das Jahr 1832 und befinden uns in der nordamerikanischen Prärie. Die achtjährige Yahuma sammelt Beeren für ihre Sippe, die nicht weit entfernt ihre Zelte aufgeschlagen hat. Da hört sie Geräusche, die sich wie ein nahender Büffel anhören. Sie sieht einen fremden Mann auf einem Pferd, er hat eine sonderbar helle Hautfarbe, eine komische braune Kopfbedeckung statt eines Stirnbands, wie es sich gehört, und Haare an Wangen und Kinn. Sie erschreckt sich und versteckt sich mit Herzklopfen hinter einem Busch, bis der Mann in der Ferne verschwunden ist. Dann rennt sie zu ihrem Lager und erzählt aufgeregt ihrer Mutter, was sie gesehen hat.

Wir schreiben das Jahr 2023 und befinden uns in Selmsdorf. Die achtjährige Frieda kommt gerade aus der Schule und steht alleine an der Bushaltestelle. Zu ihr gesellt sich ein fremder Mann. Er hat eine dunkle Hautfarbe, schwarze Augen, einen langen schwarzen Bart, geflochtene lange Haare und sieht irgendwie so ganz anders aus als ihre Eltern und Freunde. Er ist ihr unheimlich, am liebsten möchte sie weglaufen und einen Bus später nehmen. Der Mann macht nichts, er lächelt sie sogar an, trotzdem hat Frieda Angst. Sie muss diesen Bus nehmen, sonst kommt sie zu spät zum Mittagessen.

Die ersten Hominiden sind vor weit über vier Millionen Jahren auf diesem Planeten aufgetaucht und lebten in kleinen, überschaubaren Sippen mit rund zehn bis 100 Mitgliedern. Fremde wurden prophylaktisch erst einmal als Feinde eingestuft. Heute stehen wir mit 1.000 Menschen am ICE-Bahnsteig und sitzen viereinhalb Stunden lang neben einem Menschen, den wir vorher noch nie gesehen haben. Auf der einen Seite haben wir biologisch festgelegte Ängste vor Fremden, andererseits sind wir gezwungen in dieser überbevölkerten Umwelt diese Urängste zu verdrängen und zu funktionieren. Die sich stetig verändernde Umwelt führt zu immer neuen Entwicklungsaufgaben und fordert gerade von Kindern und Jugendlichen vielfältige Interaktions- und Handlungsmuster, um einer immer komplexer werdenden Gesellschaft gerecht zu werden.

Mit Wünschen und Bedürfnissen anderer umzugehen, die in Bezug auf das eigene Verhalten berücksichtig werden müssen, ist eine bedeutende Entwicklungsaufgabe, denn „Kinder brauchen Kinder, um in eine soziale Gemeinschaft hineinwachsen zu können" (Zimmer, 2011, S. 34). Um 1900 herum lag die mittlere Anzahl von Kindern pro Familie noch bei 4,2 (Ehen mit sechs bis zehn Kindern waren keine Seltenheit) und im Spiel mit Geschwistern lernten Kinder eine Fülle sozialer Fähigkeiten, insbesondere mit anderen zu teilen und abzugeben. Heute liegt die mittlere Anzahl des Nachwuchses in Deutschland bei 1,6, d.h. zunehmend mehr Töchter und Söhne wachsen als Einzelkinder auf, nur 28 Prozent haben mehrere Geschwister. Daher sind gerade KiTa und Schule als Institutionen für die Vermittlung von Grundlagen für ein selbstverantwortliches Leben von großer Bedeutung.

Ziele in der Sozialerziehung lassen sich in sechs Bereiche unterteilen (Abb. 1.1):

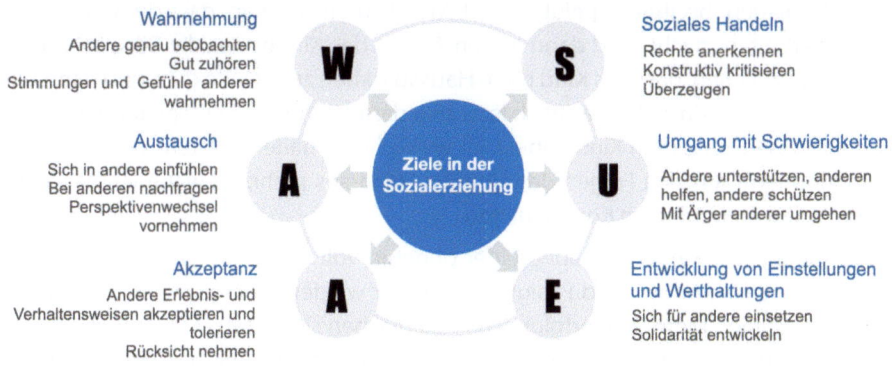

Abb. 1.1 Nach den vielfachen Versuchen in der pädagogisch-psychologischen Fachliteratur (PETERMANN/ PETERMANN, KORTE, BÖNSCH, etc.), solche Ziele zu systematisieren und zu beschreiben, haben wir ein eigenes Schema entwickelt.

Die Ziele der Sozialerziehung sind auf emotionaler Intelligenz beruhende Fähigkeiten, eigene Absichten durchsetzen zu können, andere zu verstehen und in Beziehungen vernünftig zu handeln.

1.1 Wahrnehmung

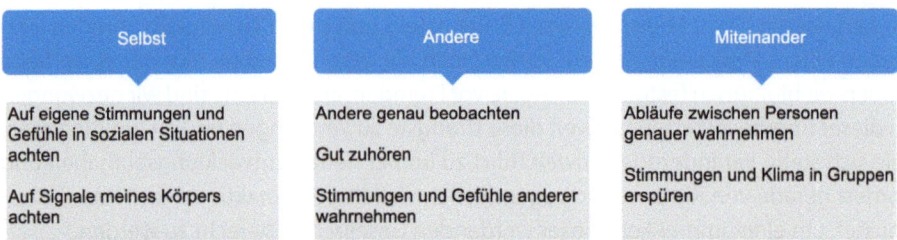

Abb. 1.2 Bereich Wahrnehmung

„Warum gibt es böse Leute?", „Warum darf ich jetzt keine Schokolade essen?", „Warum ziehen wir um?", „Warum muss ich heute Gummistiefel tragen?". Wenn der Mensch etwas Neues entdeckt, steht am Anfang eine Frage. Warum ist das so? Wie kann ich das machen? Dadurch entdecken Kinder die Welt. Sie beobachten, sie probieren alles aus und dadurch erweitern sie ihr Wissen und ihre Fähigkeiten (Abb. 1.2).

Eines der lesenswertesten Bücher zum Thema Kindererziehung ist „Kinder lernen aus den Folgen – wie man sich Schimpfen und Strafen sparen kann" von Rudolf Dreikurs und Loren Grey. Der kleine Band zeigt sehr schön, dass man Kindern 100.000 Mal etwas erklären kann – und sie machen es trotzdem nicht. Oder aber das Kind macht ein einziges Mal eine Erfahrung selbst, die dann sitzt. Man kann z.B. Kindern immer und immer wieder verbieten zu viele Süßigkeiten zu essen oder einmal zulassen, dass sie über die Strenge schlagen, bis ihnen speiübel wird. Man kann insistieren, dass der Nachwuchs die Schularbeiten macht (und dann in den Augen des Kindes der/die Böse sein) oder einfach mal zulassen, dass das Kind ohne Hausaufgaben zur Schule geht und dann blamiert vor der Lehrerin steht. Natürlich lässt sich das nicht überall durchhalten und man muss aufpassen, dass dem Kind dabei kein wirklicher Schaden entsteht. Aber die Idee: „Mein Kind lernt aus den Folgen des eigenen Handelns mehr, als wenn ich das x-Mal erkläre" sollte man ruhig im Kopf behalten.

Der Alltag von Kindern ist aber leider ohnehin voll von Rückschlägen und Scheitern, was eigenes Können und Fähigkeiten immer wieder in Frage stellen lässt. Doch warum sind einige Menschen erfolgreich? Was machen sie anders? Die Antwort darauf liegt auf der Hand: Sie setzen sich große Ziele und geben nie auf, egal wie viele Rückschläge sie ertragen müssen. Sie glauben an sich selbst, egal wie sehr die Menschen in ihrem Umfeld an ihnen zweifeln. Sie wissen mit Niederlagen und Kritik umzugehen, sodass es sie nicht von ihrem Erfolg abbringt. Das alles gebührt ihrer ausgeprägten Selbstwahrnehmung.

Um ein gesundes Selbstvertrauen aufbauen zu können müssen, sich Kinder ihrer Person ganz bewusst sein. Indem sie über ihre Empfindungen sprechen, lernen sie sich wertzuschätzen. Kinder, die Vertrauen in ihre Fähigkeiten haben, wissen was sie wollen und werden ihre Meinung weniger von anderen abhängig machen. Die erworbene Selbstsicherheit drückt sich unter anderem auch in der Körpersprache aus. Optimistisch eingestellte Kinder gehen nicht nur offener auf andere zu und lachen gerne, sie zeigen auch in ihrer ganzen Haltung, dass sie neugierig und erwartungsvoll auf den Kontakt mit ihrer Umwelt sind. Scheue und ängstliche Kinder blicken dagegen häufig auf den Boden, ziehen die Schultern nach vorn und machen sich insgesamt kleiner als sie sind, als wollten sie sagen: „Eigentlich bin ich nicht da".

Es kann lohnenswert sein, nicht nur zum Kämmen in den Spiegel zu schauen, sondern sich mal etwas länger mit sich selbst zu beschäftigen: Wie sehe ich aus? Wer bin ich? Wie nehmen mich andere wahr? In der Hektik dieser Welt blicken wir zu viel nach außen und zu wenig nach innen. Die Fähigkeit der Selbstwahrnehmung besteht darin, die eigenen Emotionen, Ziele und Werte zu verstehen. Dies beinhaltet eine genaue Einschätzung der eigenen Stärken und Schwächen, positive Einstellungen zu sich, Selbstwirksamkeit und Optimismus. Schreiben Sie sich ruhig einmal auf, was Sie können. Worin sind Sie gut? Und was können Sie gar nicht? Es geht also darum zu versuchen, sich im Hinblick auf eigene Gedanken, Gefühle und Verhaltensweisen möglichst objektiv zu betrachten – und das ist schwerer als man glaubt, denn wir sehen uns immer aus einer höchst subjektiven Perspektive. Die Fähigkeit zur Selbstwahrnehmung ist die Basis, um Persönlichkeitsentwicklung zu fördern und Veränderungen in der Persönlichkeit bewusst herbeizuführen. Eine positive Selbstwahrnehmung trägt zu einem besseren Selbstwertgefühl bei. Je besser Sie sich selbst kennen, um so besser können Sie sich auch auf Ihr Kind einlassen. Wer sich selbst kennt, vermag seine Reaktionen vorauszuahnen, zu steuern und dann auch in kritischen Situationen ruhig zu bleiben. Ein Beispiel:

Maureen ist Mutter eines vierjährigen Kindes. Sie hat einen wirklich harten, frustrierenden Tag hinter sich und ist einfach nur noch müde. Als sie nach dem Duschen ins Wohnzimmer kommt, hat ihre Tochter ihre Handtasche ausgekippt, sich den Lippenstift heraus gekramt und damit ein „wunderschönes" Graffiti-Bild an die weiße Tapete gemalt. Die Vierjährige ist stolz auf ihr Meisterwerk. Maureen fühlt die Wut in sich hochsteigen, schon 100 Mal hat sie ihrem Kind verboten an ihre Handtasche zu gehen und das Lippenstift-Gemälde wird sich nicht so einfach entfernen lassen. Sie fühlt die Wut in sich hochsteigen und weiß, dass sie gleich falsch reagieren und ihre kleine Prinzessin ganz übel anschreien wird. Die rationale Erkenntnis, dass das Töchterlein es wirklich nur gut gemeint hat, hilft ihr nicht. Gerade weil sie diese Reaktion von sich aber schon kennt und sie ihrem Kind nicht wehtun will, sagt sie nur: „Mama kommt gleich", dreht sich um, geht ins Schlafzimmer, verprügelt dort ihr Kopfkissen, legt sich dann hin, telefoniert mit ihrer Freundin und wartet, bis der Zorn verraucht ist. Erst danach geht sie wieder zu ihrer Tochter, versucht ihr zu erklären, dass das Bild sehr hübsch ist, aber Lippenstift auf Tapete ist einfach der falsche Ort und man muss, so traurig es um das wunderschöne Kunstwerk ist, diesen Teil der Tapete übermalen. Dann gibt sie ihrem Kind einige Seiten Schreibmaschinenpapier und Buntstifte und sagt, dass es doch besser auf diesem Papier malen soll. Diese Bilder kann man aufheben und auch der Oma zeigen.

Um optimal aufzuwachsen benötigt ein Kind die positive Grundhaltung von Seiten der Erwachsenen, die auf Respekt und Wertschätzung beruht. In Situationen, die für das Kind schwierig sind, sollen Eltern Unterstützung und Zuspruch geben, vielleicht auch Trost. Diese Grundhaltung drückt aus: „Ich sehe dich und ich traue dir etwas zu".

Diese Grundhaltung schließt auch ein: Ein Kind braucht nicht nur Erfolge, die wir ihm ermöglichen, weil wir ihm etwas zutrauen, es braucht auch Frustrationen. „Das Leben ist kein Ponyhof", sagt man so schön (… wobei allerdings gerade Ponyhöfe oft voll von Intrigen und sogar Mobbing sein können). Kinder müssen auch lernen, mit frustrierenden Situationen zurechtzukommen, nur so bereiten wir sie auf das weitere Leben vor. Viele Eltern nehmen heutzutage ihren Kindern jegliche Eigenverantwortung ab: Auf Spielplätzen sind sie ständig da, beurteilen jeden Schritt und Tritt, fangen auf, leiten an. Das Kind braucht nichts mehr selbstständig zu entscheiden, eine wirkliche Entwicklung kommt so aber auch nicht zustande. Dabei wollen Kinder ihre Grenzen kennenlernen, Risiken erfahren und Herausforderungen meistern, um sich selbst besser einschätzen zu können. Wer die Selbstwahrnehmung und Selbstverantwortung für das eigene Handeln von Kindern fördern will, sollte also lernen die Kontrolle an das Kind abzugeben.

In der Familie Mümmelmann hängt seit Wochen der Haussegen schief, nachdem Frau Mümmelmann rein zufällig eine WhatsApp-Nachricht auf dem Smartphone ihres Mannes gefunden hat, die recht eindeutig besagte, dass er mit einer seiner Kolleginnen ausgiebig flirtet. Tatjana, ihre neunjährige Tochter, spürt das angespannte Familienklima und fängt die Worte „Trennung" und „Scheidung" auf. Sie kann nachts nicht mehr schlafen, weint, hat Angst was nun wird. Die Lehrerin bittet die Eltern in ihre Sprechstunde und schildert, dass Tatjana sich seit Wochen sonderbar verhält, nicht mehr mitmacht, geistig abwesend aus dem Fenster starrt und eine Deutscharbeit völlig verhauen hat. Die Eltern machen sich nun Sorgen um ihre Tochter, bringe sie zu einem Schulpsychologen, lassen ihr Nachhilfe geben und fragen einen Psychiater, ob Medikamente helfen können. Die Sorge um das Kind bringt sie dazu, wieder miteinander zu reden. Die Affäre des Mannes rückt in den Hintergrund, da sie nun ja eine Tochter mit psychischen Problemen haben.

Die aus der Familientherapie hervorgegangene systemische Therapie geht davon aus, dass nicht ein einzelner Mensch psychisch krank ist, sondern dass der „identifizierte Patient" sich in einem System befindet, das diese Person als krank abgestempelt hat. Nach den Grundsätzen dieser Behandlungsrichtung nützt es daher auch wenig, diesen einzelnen Patienten zu behandeln, sondern man muss schauen, was in der Familie, in der Kita, in der Schule oder auf besagtem Ponyhof nicht stimmt. Der identifizierte Patient ist nicht psychisch gestört, sondern es sind die Interaktionen der umgebenen Gruppe von Menschen, die fehlerhaft sind. Das Kind ist immer auch ein Teil von sozialen Gefügen. In der Kindergemeinschaft ist es permanent in komplexen Situationen des Miteinander begriffen, in denen es kooperieren, streiten, aushandeln, sich behaupten, durchsetzen und versöhnen lernt. Dabei ist es wichtig, dass ein Kind die Fähigkeiten zur Fremdwahrnehmung besitzt, also die Fähigkeit, soziale Verhaltensnormen zu verstehen, empathisch zu sein, Mitgefühl zu zeigen und sich einzusetzen für diejenigen, die eine andere Herkunft haben oder aus einer anderen Kultur kommen. Für eine effektive Kommunikation zwischen Mitmenschen ist dies unerlässlich.

1.2 Austausch

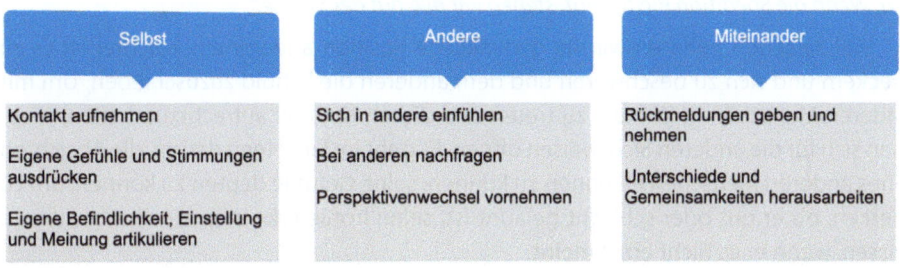

Abb. 1.3 Abb. 1.3 Bereich Austausch

„Ich sehe was, was du nicht siehst!". Dieses Spiel spielen Kinder gerne, um die Langeweile zu vertreiben. Einem Erwachsenen, der dieses Spiel beobachtet, wird bewusst, wie sehr alles im Auge des Betrachters liegt. Denselben Farbton kann der eine als schön, der andere als hässlich empfinden. Ein modernes Kunstwerk kann den einen Betrachter zur euphorischen Ekstase bringen, der andere geht mit einem kurzen Blick einfach vorbei. Ein Geräusch in einer gewöhnlichen Lautstärke können manche als einen Schrei empfinden. Den Perspektivenwechsel aus diesem bekannten Spiel kann man durchaus auch auf die Interaktion zwischen Menschen übertragen. Wenn ein Mensch mit seinen eigenen Bedürfnissen, Sichtweisen und Verhaltensweisen auf einen anderen Menschen trifft, setzt er erst voraus, dass der andere Mensch genauso „tickt". Er betrachtet Dinge aus seiner eigenen Perspektive heraus und kann nicht verstehen, warum der andere anstatt eines Kunstwerks nur ein Gekritzel sieht. Die logischen Konsequenzen daraus sind häufig Missverständnisse und Konflikte (Abb. 1.3).

Amely kommt aufgeregt in ihre psychotherapeutische Sitzung. Sie ist völlig genervt von ihrer Chefin, die sie heute Vormittag unflätig angeblafft hat. Sie hatte eine Nachricht von ihrer Tochter, die in der Schule war. Da ihre Tochter so gut wie nie aus der Schule schreibt, was im Unterricht auch verboten ist, hatte sie Befürchtungen, dass es etwas Schlimmes sein könnte. Letztlich hatte ihr Kind aber nur mitgeteilt, dass es eine Eins in der WiPo-Arbeit geschrieben hat. Amely schrieb kurz einen Glückwunsch zu der sehr guten Zensur, nur leider betrat just in diesem Moment ihre Chefin das Büro. Das Ganze war kein guter Zeitpunkt, denn Frau G. hatte von ihrer Chefin eine sehr wichtige Aufgabe bekommen, die sie sofort erledigen musste. Einer der Kühl-Lastwagen der Spedition, in der Amely arbeitet, war mit Defekt auf der Autobahn liegengeblieben und sie sollte die Reparatur und das Umladen der Güter schnellstmöglich koordinieren, da das Kühlgut nach wenigen Stunden auftaut und dann unbrauchbar wird. Amely kam gar nicht zu Wort, so sehr in Rage zeterte sich die Chefin. Nun will sie ihren Job in der Spedition kündigen. Der Psychologe beruhigt sie und bittet sie dann, im Rollenspiel einmal die Positionen zu tauschen. Sie soll gedanklich die Rolle der Chefin übernehmen. Amely zögert zunächst, sie ist wütend und will gar nicht wissen, wie diese „blöde Kuh" sich gefühlt hat. Letztlich lässt sie sich aber doch auf das Rollenspiel ein und gibt danach zu, dass ihre Vorgesetzte wohl ständig unter hohem Druck steht und es wird ihr klar, warum die Chefin so explodiert ist: „Naja, die musste wohl auch einfach mal

Dampf ablassen". Richtig findet sie das Benehmen dieser Frau dennoch nicht, aber sie zeigt Verständnis und etwas Einsicht. Letztlich, so sagt sie, „muss die den Laden ja zusammenhalten. Wenn die Spedition Pleite geht, stehen wir alle auf der Straße."

Viel zu selten nehmen wir die gedankliche Position anderer ein. Leichter ist es zu meckern und sich zu beschweren und dem anderen die Schuld zuzuschieben. Um mit anderen Menschen in Kontakt zu treten und diesen Kontakt aufrechtzuerhalten, muss man sich für die anderen Sichtweisen öffnen. Es geht im Einzelnen darum, die Absichten eines anderen Menschen erkennen zu können, seine Gefühle deuten zu können, um zu merken, ob er gut oder schlecht gelaunt ist, seine Ironie erkennen zu können, um zu wissen, wann er es nicht ernst meint.

Zuhören zu können ist eine wichtige Fertigkeit. Floskeln wie *„klar"* oder *„super"* weisen viel mehr ein passives Zuhören auf, das zeigt, dass wir die Person zwar hören, aber vermutlich kein Interesse haben. Ein aktives Zuhören ist für beide Parteien einer Konversation vorteilhaft. Dem Sprecher vermittelt es das Gefühl, tatsächlich gehört zu werden. Selbst, wenn wir etwas auf eine bestimmte Art und Weise verstehen, kann es der Sprecher ganz anders gemeint haben. Deshalb ist es wichtig, gegebenenfalls nachzufragen, um sicherzustellen, dass wir unser Gegenüber auch richtig verstehen und keine der kommunizierten Inhalte oder Feinheiten versäumen. Aufmerksames Zuhören zeigt sich in der Basis schon in der Körperhaltung, Blickkontakt halten und sich dem Sprecher zuwenden ist die Minimal-Ausstattung der Gesprächsführung: Auf welchem der beiden Fotos hört der Mann zu (Abb. 1.4)?

Abb. 1.4 Aufmerksames Zuhören

Das scheint jetzt lapidar zu sein, aber überlegen Sie sich: Wie oft sind Sie mit anderen Dingen beschäftigt, wenn ihr Kind ihnen etwas erzählen will? Klar, Sie müssen jetzt das Mittagessen vorbereiten und das, was der Sprössling aus der Kindertagesstätte zu berichten hat, ist jetzt für Sie nicht so wirklich aufregend: Ach, Helene hat Beatrice geschubst, na, das ist ja ein Ding! Also stellen sie schon mal die Töpfe und Pfannen auf und holen die Zutaten aus dem Kühlschrank, während ihr Nachwuchs plappert. Aber geben Sie Ihrem Kind damit wirklich das Gefühl, wichtig zu sein?

Neben der Körperhaltung gibt es auch andere Tricks, die dem Gegenüber signalisieren, dass man zuhört. Wichtig ist, das eigene Mitteilungsbedürfnis zurückzustellen und nicht bei allem, was der andere sagt, eigene Erlebnisse zu erzählen, die noch viel aufregender waren. Es geht nicht darum, wer etwas Schlimmes erlebt hat, sondern jetzt steht ihr Gesprächspartner, in diesem Fall ihr Kind, im Fokus. Ein zweiter wichtiger Punkt ist das Paraphrasieren. Das bedeutet, dass man, wenn man etwas sagt, kurz zusammenfasst, was man von dem, was der andere gesagt hat, verstanden hat. Bei welchem der folgenden beiden Beispiele kann das Kind nun mehr davon erzählen, was in der Kita passiert ist?

Kind: *„Mama, Mama, Helen hat Beatrice geschubst."* Mutter: *„Oh, ich bin als Kind auch mal geschubst worden. Das war in der Schule und ich bin die Treppe runtergefallen, das war schlimm."*	Kind: *„Mama, Mama, Helen hat Beatrice geschubst."* Mutter: *„Oje. Ist denn etwas Schlimmes passiert? Erzähl' doch mal!"*

Jeder Mensch betrachtet die Welt aus seiner eigenen Perspektive. Unterschiede machen uns interessant. Erst durch unsere Eigenarten werden wir, wer wir sind. Die Sprüche „Gegensätze ziehen sich an" und „Gleich und gleich gesellt sich gern" scheinen zunächst widersprüchlich, sie sind es aber nicht unbedingt. Zwischen Menschen gibt es Gegensätze und Gemeinsamkeiten. Zwei Personen können z.B. ein unterschiedliches Geschlecht haben, aber beide reiten leidenschaftlich gerne und das verbindet sie. Zwei Studenten können unterschiedliche Hautfarben besitzen, aber dasselbe Interesse an einem Studienfach. Zwei Männer können völlig verschiedenen Alters sein, aber beide fahren gerne Motorrad. Selbst Unterschiede, die manchmal fast unüberwindbar erscheinen mögen, können gegenüber echten Gemeinsamkeiten in den Hintergrund rücken. Diese Dinge können zwei Menschen viel mehr verbinden, als ein oberflächlicher Unterschied sie je trennen könnte. Sie liefern die Basis für ein Gespräch, ein Näherkommen, vielleicht sogar für eine lange Freundschaft.

1.3 Akzeptanz

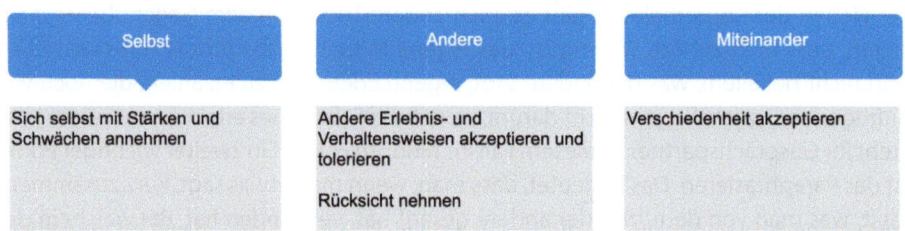

Abb. 1.5 Abb. 1.5 Bereich Akzeptanz

Der achtjährige Klaus erzählt zu Hause: „Wir haben heute einen neuen Schüler in der Klasse. Der ist ja total fett, sowas kannst Du Dir gar nicht vorstellen. Er wird von allen nur ‚Schweinchen Dick' genannt!" Passt Ihrem Kind das Aussehen eines Mitschülers nicht? Haben Sie ein Problem damit, wenn Ihr Kind eine völlig andere Meinung äußert als Sie? Können Sie es nicht gut ertragen, wenn Ihnen jemand widerspricht oder sich anders verhält als Sie es erwarten? Dann sind Sie vielleicht nicht besonders tolerant? Toleranz bedeutet, dass man auch anderes Aussehen und andere Meinungen, Anschauungen oder Haltungen neben seinen eigenen gelten lässt. Der achtsame Umgang mit Emotionen und Bedürfnissen anderer Menschen, aber auch mit eigenen Gefühlen und Motiven sind die Grundlage für das Leben in der Gesellschaft (Abb. 1.5).

Thomas A. Harris schrieb das Buch „Ich bin o.k., Du bist o.k.". Er unterschied hier verschiedene Typen von Denkweisen. Am optimalsten ist die Grundhaltung „Ich bin o.k, Du bist o.k.", d.h. man akzeptiert sich selbst in seinen Denk- und Handlungsweisen, aber auch den anderen. Die Haltung „Ich bin o.k., Du bist nicht o.k." repräsentiert jemanden, der selbst egoistisch und narzisstisch denkt und sich selbst erhöht, indem er andere disqualifiziert. Dagegen ist jemand depressiv und ängstlich, der denkt „Ich bin nicht o.k., Du bist o.k.", d.h. man glaubt, alle anderen können mehr als man selbst. Am schrecklichsten ist aber die mentale Basis „Ich bin nicht o.k., Du bist auch nicht o.k.". Hier misstraut man allen Menschen im Umfeld, aber sogar eigenen Emotionen und Gedanken. Um andere Menschen zu akzeptieren, muss man zunächst lernen, sich selbst zu mögen. Bereits in den ersten Jahren sollte ein Kind für eine „Ich bin o.k."-Haltung Selbstakzeptanz entwickeln. Besonders in der frühen Kindheit wird diese erste Akzeptanz durch die Familie und das familiäre Umfeld geprägt. Aber auch Kindergarten, Schule und Freundeskreis tragen einen wesentlichen Teil dazu bei. Das Selbstvertrauen wird überwiegend durch die Anerkennung von Verhalten und insbesondere beständiges Lob von Leistungen gestärkt („Das hast du gut gemacht"). Mit der Zeit lernen Kinder, sich allmählich von der Anerkennung anderer zu lösen und durch Selbstlob („Das habe ich gut gemacht") eigenes Selbstvertrauen aufzubauen, ohne dabei von der Meinung anderer abhängig zu sein. Nur derjenige, der in der Lage ist, sich selbst mit all seinen Stärken, aber auch mit seinen Schwächen und Fehlern zu akzeptieren, wird eine gesunde Selbstakzeptanz haben.

Von einem freundlichen Kopfnicken bis zur herzlichen Umarmung – es gibt vermutlich mehrere hundert Arten, sich zu begrüßen. Einen Freund wird man mit einem lächelnden „Hi!" grüßen, den Professor auf dem Flur der Universität vermutlich sehr viel distanzierter. Soziale Verhaltensweisen sind immer im Kontext der Situation zu betrachten. Was in einer Situation als sozial kompetent erscheint, kann in anderen kulturellen oder situativen Kontexten als weniger kompetent oder sogar als „dissoziales" Verhalten gelten. Daher sind soziale Kompetenzen immer in Abhängigkeit des Umfelds zu sehen. Bekannt ist die alte Geschichte, dass amerikanische Teenager in den Jahren nach dem II. Weltkrieg sehr schnell zum Knutschen bereit waren, aber das Küssen bei weitem noch lange nicht bedeutete, dass „mehr" passierte. Deutsche Frauen reagierten anders: Ein intensiver Zungenkuss signalisierte die Bereitschaft für eine feste Bindung. Dieser kulturelle Unterschied soll damals angeblich zu einer Vielzahl von Missverständnissen zwischen den in Deutschland stationierten amerikanischen Soldaten und deutschen Frauen geführt haben.

Toleranz lässt sich nicht immer durchhalten. Man muss manchmal dazu stehen, dass es auch Menschen gibt, die wir nicht mögen. Manche Leute gehen uns richtig auf die Nerven, manchmal einfach nur alleine durch ihre Art, also dadurch, dass sie so sind, wie sie eben sind. Zum Beispiel ein griesgrämiger Nachbar, dem wir zwangsläufig begegnen oder ein cholerischer Vorgesetzter, den wir regelmäßig sehen müssen. Wie sollen wir mit ihnen umgehen? Wir können diese Menschen natürlich spüren lassen, dass wir sie nicht mögen. Im Extremfall sind wir sogar respektlos. Aber die meisten von uns versuchen, im direkten Kontakt trotzdem höflich zu sein, auch wenn uns jemand aufregt. Manchmal ändert sich die Meinung über eine Person, wenn wir diesen Menschen näher kennenlernen. Wir alle sind „Sklaven" unserer eigenen Vergangenheit und wenn jemand eine miserable Lebensgeschichte hinter sich hat, ist es vielleicht verständlich, dass diese Person so ein Querulant geworden ist und alle anderen nur anzickt (manchmal aber auch nicht. Man muss nicht für alles und jeden immer nur Verständnis haben).

Schon Sigmund Freud wies darauf hin, dass sich in der Kindheit neuronale Verknüpfungen im Gehirn bilden, die dann später (oft lebenslang) ausschlaggebend dafür sind, wie wir das Verhalten anderer Menschen einstufen. Jemand, der von seiner Mutter innig geliebt wurde, baut viel Urvertrauen auf, geht leicht Bindungen zu anderen Menschen ein, lässt sich aber auch leicht über den Tisch ziehen, da diese Person sich gar nicht vorstellen kann, dass auch jemand böse sein kann. Ein Mensch, der keine Mutterliebe erfahren hat, ist dagegen voll von Urmisstrauen und geht bei jeder fremden Person erst einmal vom Schlechtesten aus. Dies ist ein guter Schutz, macht es aber schwierig, eine Partnerschaft aufzubauen. Die Entwicklung des Kindes wird von seiner Umgebung erheblich beeinflusst. Jeder von uns hat prächtige, aber auch schreckliche Erfahrungen gemacht. Deshalb hat jeder Mensch seine guten Gründe, warum er so geworden ist, wie er ist. Es ist ja auch nicht die Aufgabe eines Menschen, so zu sein, wie andere es gerne hätten. Es gibt rund acht Milliarden Menschen auf diesem Planeten und wenn Sie mit jemandem nicht klarkommen, existieren noch genug andere, die Ihnen vielleicht guttun. Wir müssen definitiv nicht jeden mögen. Wir sollten uns bemühen, eine tolerantere Einstellung zu entwickeln, indem wir jeden nachsichtig, respektvoll und freundlich behandeln, auch und gerade, wenn dieser anders ist oder denkt als man selbst. Aber man darf ruhig Menschen meiden, die einem nicht guttun und sollte sich mit Menschen umgeben, mit denen man sich gut versteht und die einem im Leben weiterhelfen. Dies sollte man letztlich dann auch seinem Kind zubilligen. Es sollte unterstützt werden, sich dort aufzuhalten, wo es sich wohl fühlt und wo es dabei unterstützt wird, ein gesundes Selbstbewusstsein aufzubauen.

1.4 Soziales Handeln

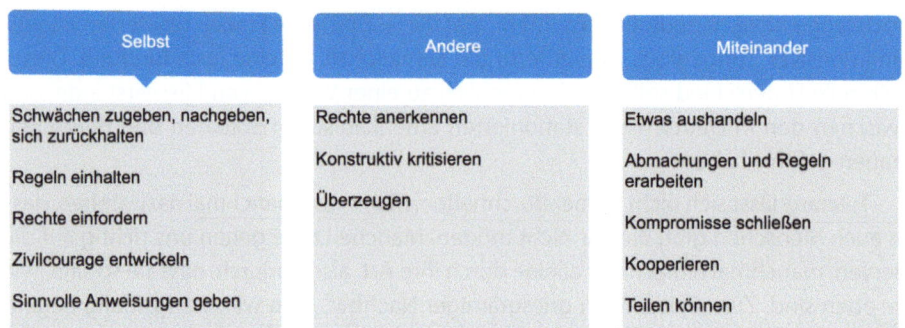

Abb. 1.6 Abb. 1.6 Bereich Soziales Handeln

Nick nimmt Anna ihre Schultasche weg, um sie zu ärgern, Vera fühlt sich einsam, weil sie nicht so viele Freunde hat wie andere Mädchen aus ihrer Klasse und Uwe will all seine Probleme mit Geschrei lösen. Vielen Kindern fehlen die notwendigen kommunikativen und interaktiven Kompetenzen, sodass sie in angespannten sozialen Situationen oft überfordert sind (Abb. 1.6).

Soziales Handeln heißt, dass wir eigene Verhaltensweisen auf die Handlungen anderer abstimmen. Jede Handlung ist letztlich auch Kommunikation. Jemandem etwas klauen oder schenken hat auch eine soziale Bedeutung. Nicht nur wir selbst handeln sinnhaft, wir unterstellen auch anderen Personen, dass sie mit ihrem Handeln etwas Bestimmtes meinen. „Soziales Handeln aber soll ein solches Handeln heißen, welches seinem von dem oder den Handelnden gemeinten Sinn nach auf das Verhalten anderer bezogen wird und daran in seinem Ablauf orientiert ist" (Weber 1968 [1920]: 542).

Um das Zusammenleben in der heutigen komplexen Gesellschaft zu ermöglichen, braucht man Regeln. Die heutige Welt ist kompliziert. Allerdings ist die Anzahl der Regeln, die man lernen muss, geradezu unüberschaubar. Kinder gewöhnt man insbesondere bei Spielen daran, Regeln einzuhalten. So gibt es beim Versteck-Spielen, bei Mensch-ärgere-Dich-nicht oder Zicke-Zacke-Hühnerkacke festgelegte Regeln, die das Kind einhalten muss, damit das Spiel allen Spaß macht. Auch wenn man bei „Grün" über die Straße geht, dann kann man erwarten, dass die Fahrzeuge währenddessen anhalten. Also lautet die Regel zur Überquerung einer durch eine Ampel geregelten Straße: Bei Grün kannst du gehen. Der Vorteil dieser Regel zur Straßenüberquerung liegt klar auf der Hand. Man geht sicher über die Straße, da man erwarten kann, dass sich jeder an die Regeln hält. Allerdings gibt es viele Situationen, in denen keine klare Regel vorgegeben ist.

Ein 52-Jähriger beobachtete einmal wie ein Jugendlicher bei einem Stadtfest seine Bierflasche auf den Fußweg schmeißt. Die Flasche zerspringt in 1.000 Scherben. Der 52-Jährige geht zu dem Heranwachsenden und sagt ihm, das sei absolut nicht lustig, da dort viele Menschen mit ihrem Hund spazieren gehen. Und auch für Radfahrer sind die Scherben gefährlich und er bittet ihn, die Scherben aufzusammeln. Der Jugendliche boxt sofort und ohne Vorwarnung wütend auf den Erwachsenen ein. Dieser holt auch aus, gibt dem Heranwachsenden einen Kinnhaken, selbiger torkelt rückwärts und fällt hin. Im selben Augenblick stürmen aber seine fünf Freunde von einem nahegelegenen Bierstand heran, schlagen auf den Erwachsenen ein, bis dieser gleichfalls zu Boden geht. Dann malträtieren sie den auf dem Asphalt liegenden Erwachsenen noch mit Fußtritten. Er muss wenig später mit Gehirnerschütterung, mehreren Rippenbrüchen und Hämatomen ins Krankenhaus eingeliefert werden. Auf dem Stadtfest beobachteten mehrere Hundert Passanten den Vorfall. Keiner hatte eingegriffen oder die Polizei gerufen.

Ein solcher Überfall stellt eine extrem stressige Situation dar. Insbesondere wenn dabei eine Person verletzt wird, sind viele Menschen in einem solchen Moment überfordert und wissen nicht, wie sie sich richtig verhalten. Viele ducken sich einfach weg. „Irgendjemand wird schon was machen", „Was geht mich das an?". Ob nun bei einem Verkehrsunfall, in einer Konflikt-, Bedrohungs- oder Gewaltsituation, jedem Menschen steht offen, ob er sich angemessen und couragiert verhalten will oder nicht. Diese oft blitzschnelle Entscheidung ist abhängig davon, ob man weiß, was man selbst will und kann, wie man sich in Krisensituationen verhält. Letztlich sollte man sich überlegen: Was würde ich mir wünschen, wenn ich in der Situation bin? Erstaunlich viele Leute sehen einfach weg, wenn ein Mensch von jemandem bedroht oder auch sexuell belästigt wird. Sie nehmen es zwar wahr, gehen aber einfach weiter. Würden wir uns nicht alle über mutige Hilfe freuen, wenn wir Opfer einer Gewalttat werden? Soziales Handeln heißt hier, sich dafür einzusetzen, dass niemand Opfer von kriminellen Handlungen wird. Auch Kindern sollte man beibringen, nicht mit der Masse mitzugröhlen, sondern sich auf die Seite der Schwächeren zu stellen und dort zu helfen, wo Hilfe benötigt wird. Das ist leicht gesagt und schwer getan, denn leicht wird der Helfende dann gleichfalls zum Opfer. Es braucht also Mut und Zivilcourage. Wenn die guten Menschen hier alle zusammenhalten würden, hätten die bösen keine Chance.

Es gibt leider keine Lösungen und fertige Rezepte gegen Gewalt und Menschenverachtung. Ob eine Verhaltens- oder Handlungsmöglichkeit richtig oder falsch ist, hat immer mit der jeweiligen Situation, der aktuellen Stimmung, den besonderen Umständen des Ortes und der handelnden Person zu tun. Menschen sind fähig, sich trotz starker emotionaler Impulse gegen die eigene Untätigkeit, gegen das Wegschauen, gegen eigene Fluchtreflexe und sogar gegen die eigene Lust auf Gewalt entscheiden zu können (Abb. 1.7).

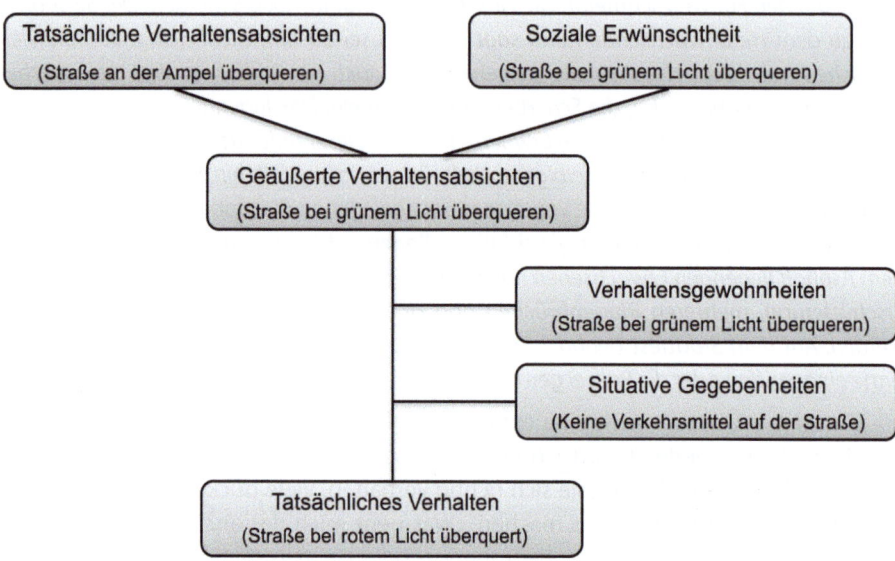

Abb. 1.7 Der Weg von der Verhaltensabsicht zum Tun. Angelehnt an: Eberhardt Hofmann (2013): Lassen Sie sich nicht manipulieren. mvg Verlag, München.

Soziales Handeln ist dummerweise nicht nur von altruistischem Helfen geprägt, oft muss man eine andere Person auch kritisieren. Beispielsweise kann man ein Kind für eine schlechte Note in der Schule nicht loben. Vielleicht muss man es trösten, dann ist Kritik vielleicht gar nicht nötig, da das Kind sich selbst kritisiert. Die Frage ist, wie man kritisiert. In der sogenannten „Sandwich-Technik" verstaut man die Hinweise auf Fehler zwischen zwei positiven Anmerkungen. Konstruktive Kritik kann wichtig sein, da oft nur damit auf Fehler hingewiesen werden kann und die Person die Möglichkeit hat, es künftig besser zu machen. Konstruktive Kritik kann z.B. einem Kind helfen, dass seine Zeichnungen besser werden. Kritik zu üben ist genauso wichtig, wie auch Kritik annehmen zu können. Es gibt zahlreiche Möglichkeiten, jemanden etwas so zu sagen, dass er sich nicht vor den Kopf gestoßen fühlt und es ihm leichter fällt, Kritik als gutgemeinte Rückmeldung anzunehmen.

Neben Kritikfähigkeit ist Überzeugungskraft eine der wichtigsten Fähigkeiten im Bereich des sozialen Handelns, die man lernen kann. Die Fähigkeit überzeugend zu sein und andere beeinflussen zu können, kann ein Instrument sein, um Ziele zu erreichen und glücklich zu sein. Überzeugend wirkt automatisch jemand, der förmlich aufsprüht, wenn er von seinen eigenen Ideen begeistert ist. Wenn man ein Kind überzeugen will z.B. Schwimmen zu lernen, nützt es wenig, wenn der Elternteil selbst Missmut vor dem kühlen Wasser ausstrahlt.

1.5 Umgang mit Schwierigkeiten

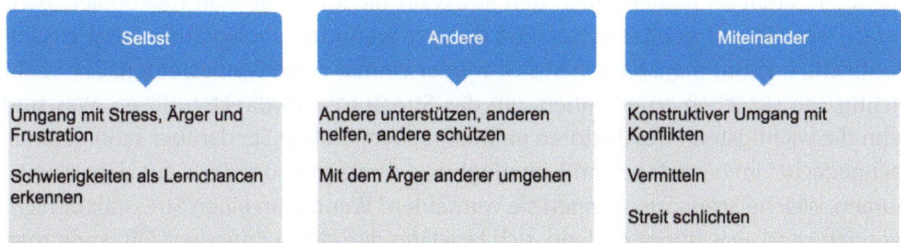

Abb. 1.8 Bereich Umgang mit Schwierigkeiten

Regt sich ihr Kind auf, wenn andere einen Fehler machen? Wird es ungeduldig oder wütend, wenn etwas anders läuft, als es das gerne hätte? Sozial kompetente Menschen verfügen über Fähigkeiten, das eigene Verhalten von einer individuellen auf eine gemeinschaftliche Handelsorientierung hin auszurichten. Sozial kompetentes Verhalten verknüpft die individuellen Handlungsziele von Personen mit den Einstellungen und Werten einer Gruppe. Pubertierende Revolutionäre in der Familie kann man mitunter zur Ruhe bringen, wenn man ihnen klar macht, dass alle im selben Boot sitzen. Wenn einer in die andere Richtung rudert, dann wird das Boot nicht vorankommen oder im schlimmsten Fall sogar kentern. Wenn Kinder klein sind, dann werden Eltern zwangsläufig zum Sklaven des Neugeborenen und müssen ihn (oder sie) ständig bedienen, sonst straft der Säugling seine Eltern mit ohrenbetäubendem Gebrüll. In den Folgejahren gilt es, dass die Eltern sich Freiheiten mühsam zurückerobern und Aufgaben delegieren, die das Kind durchaus auch selbst erledigen kann. Spätestens ab der Pubertät sollte man dem Heranwachsenden klar machen, dass man als Familie so eine Art WG ist, in der jeder Rechte und Pflichten hat. Kein Elternteil ist vom Strafrichter dazu verurteilt, ständig hinter seinem Kind zu säubern und aufzuräumen. Es geht darum, dass jeder gleichberechtigt gibt und nimmt. Niemand muss den anderen bedienen, aber niemand kann verlangen, bedient zu werden. Wenn man für seine Kinder die Wäsche wäscht, Klopapier einkauft und das Essen kocht, was gibt der Adoleszente eigentlich, der so lauthals Gleichberechtigung verlangt und mitbestimmen will (Abb. 1.8)?

Natürlich steht jeder unter Druck. Für Eltern ist Kindererziehung nicht die einzige Aufgabe, aber auch Kinder leben nicht im luftleeren Raum. Man spürt den steigenden Druck in der Schule genauso wie in der Freizeit oder im privaten Leben. Bei Reizüberflutungen und abnehmenden sozialen Kontakten nimmt Stress überhand. Jedoch ist es wissenschaftlich bewiesen, dass Stress/Belastung einen Doppelcharakter hat: Einerseits besteht das Risiko zu scheitern, persönlichen und sozialen Schaden zu nehmen, andererseits hat man die Chance, an den Herausforderungen zu wachsen und neue persönliche und soziale Ressourcen zu entwickeln. Ohne Stress gibt es keinen Anreiz, Neues zu erproben. In dieser Welt müssen wir möglichst frühzeitig lernen, mit Stress umzugehen. Letztlich wird weder der Lehrer in der Ausbildung noch der Professor in der Uni ihr Kind fragen, ob er noch einen Kaffee bringen darf oder ob das Kind sonst noch Wünsche hat.

Wie bekommt man den Stress in den Griff? Wichtig ist herauszufinden, weshalb man Stress hat. Oft ist es sogar so, dass wir unsere Stressauslöser gar nicht kennen. In einer stressigen Situation bemerkt man den Stress oft nicht einmal, man funktioniert ganz einfach wie ein gut geölter Motor. Erst danach, wenn man völlig ausgelaugt zusammenbricht, erkennt man, dass man sich wieder einmal völlig überlastet hat. Es ist sehr wichtig, die Ursachen zu erkennen, um das Stressproblem direkt zu lösen. Was sind denn die wichtigsten Stressfaktoren in Ihrem Leben? Haben Sie darüber schon einmal nachgedacht? Im nächsten Schritt überlegt man Strategien, um diese aus dem Weg zu räumen. Welche Stressoren können sie vermeiden? Wenn man einen Stressfaktor nicht beenden kann, was bringt es dann, sich tagelang darüber aufzuregen? Oft kann man sich auch auf andere Gedanken bringen, indem man sich mit etwas anderem beschäftigt. Auf vielen Wegen kann man sich entspannen. Durch Musik hören, Lesen, Spazieren gehen, Baden, Sport treiben oder einen Konzertbesuch. Es gibt aber auch aktive Entspannungstechniken, wie die Progressive Muskelentspannung und das Autogene Training. Auch Yoga und Meditation zeigen ihre Wirkung. Dies schafft eine Balance zum Stress. Wer sich Ruhephasen gönnt, erträgt dann auch die stressigen Zeiten besser. Was niemand erträgt, ist beruflicher Stress plus familiärer Stress.

Wo Menschen mit ihren unterschiedlichen Bedürfnissen zusammenleben oder zusammenarbeiten, kommt es immer wieder zu gegensätzlichen Vorstellungen. Aus diesen Verschiedenheiten ergeben sich häufig Konfliktsituationen, die zu den häufigsten Stressauslösern zählen. Von entscheidender Bedeutung ist, darüber nachzudenken, wie sie entstehen und wie sie gemanagt, bearbeitet und gelöst werden können. Indem man Konflikte erkennt, deren Dynamik versteht und sie professionell und zielorientiert löst, wird man erfolgreicher in der Zusammenarbeit mit anderen.

1.6 Entwicklung von Einstellungen und Werthaltungen

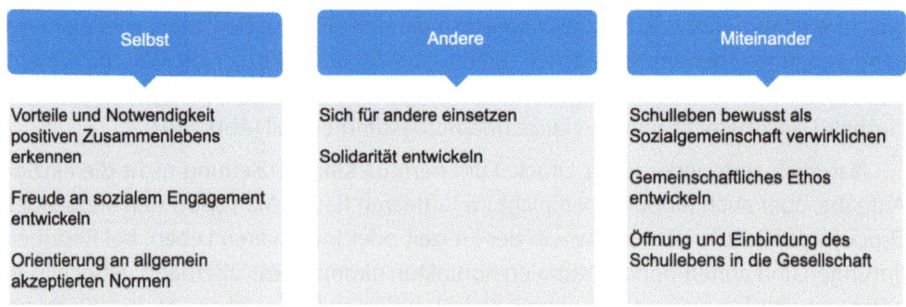

Abb. 1.9 Bereich Entwicklung von Einstellungen und Werthaltungen

Jeder Mensch hat innere Einstellungen und Werte, an denen er oder sie seine Handlungen ausrichtet. Solche Werte sind z.B. moralische, religiöse und ethische Vorstellungen, Ehrlichkeit, Freundlichkeit, Mitgefühl, Perfektion, Bescheidenheit, Treue oder Genauigkeit. Werte geben sowohl Orientierung als auch Halt und Überzeugung. Normen und Werte sind eine unverzichtbare Grundlage sozialen Zusammenlebens und der gesellschaftlichen Ordnung. Bildung schließt die Auseinandersetzung mit Werten ein. Sie hat den jungen Menschen dabei zu unterstützen, selbständig denken und gründlich urteilen zu lernen – gerade in den Sinnfragen des Lebens.

Aus gesellschaftlicher Perspektive besteht die vorrangige Aufgabe von Werten in der Aufrechterhaltung der Strukturen eines Sozialsystems, indem diese allgemein gültigen, das Zusammenleben regulierenden Standards repräsentiert werden. Auch für jeden einzelnen haben Werte unterschiedliche Funktionen: Sie regeln soziale Interaktionen und wirken handlungsleitend. Neben ihrer Aufgabe als Kriterien zur Bewertung von Ereignissen und Interaktionen, spielen sie vor allem in komplexen Situationen eine wichtige Rolle als Orientierungshilfen.

In verschiedenen Gesellschaftssystemen finden sich auch unterschiedliche Normen, wenngleich die bekanntesten wohl die meisten Menschen weltweit bereits hinter sich vereinen, wie z. B.: Gleichberechtigung, Menschenwürde oder Gerechtigkeit.

Kinder sollen im Alltag sozialen Mut zeigen: sich für andere einsetzen, gegen den Strom schwimmen, etwas deutlich kritisieren oder öffentlich handeln, auch wenn damit ein Risiko verbunden ist. Die Forderung einzugreifen oder sich zu wehren oder die Bitte um Unterstützung, der Ruf nach öffentlicher Einmischung begegnen uns inzwischen überall: in der Schule, unter Freunden, im Bus, im Verein. Viele dieser Situationen sind wenig spektakulär und keineswegs ist immer Gewalt oder Mobbing im Spiel. In unserem Alltag sind meist auch nicht Heldentaten gefragt, sondern eher beherztes Eintreten für Toleranz, für ein berechtigtes Anliegen oder für mehr Gerechtigkeit. Oft reagieren Menschen mit Angst und Resignation – verständliche, aber nicht immer gute Gründe, um nichts zu tun. Solche Werte sind uns nicht in die Wiege gelegt, Kinder müssen sie lernen. Allerdings gibt es mit den sogenannten „Spiegelneuronen" im Frontallappen des Gehirns eine wichtige Voraussetzung dafür. Diese Spiegelneurone helfen uns, sich in die Situation des anderen hinein zu versetzen, sich so zu fühlen wie der andere, den man gerade beobachtet. Durch Beobachtung lernt man, wie man sich in dieser Welt verhalten sollte. Eltern haben dabei die wichtigste Vorbildfunktion, da sich das Gehirn in den ersten Lebensjahren am stärksten verkabelt. Beobachten Kinder Eltern, die sich ständig streiten, dann wird das zur Norm für das Kind. Es ist später schwierig, aus diesem erlernten Verhalten auszubrechen. Beobachtet der Nachwuchs aber, dass Mutter und Vater achtsam und liebevoll miteinander umgehen, so wird dieses Verhalten zu einem inneren Wert. Das hier vorliegende Buch will mit einer Vielzahl von Aufgaben dabei helfen, dass Kinder innere Werte entwickeln, wie man sich in dieser komplizierten Gemeinschaft menschlicher Wesen am klügsten verhalten kann, um einigermaßen konfliktlos die Unebenheiten dieses Lebens zu meistern.

Literatur

Asendorph, J (2004). Psychologie der Persönlichkeit. Berlin.

Baden-Württemberg. Ministerium für Kultur, Jugend und Sport: Sozial Verhalten lernen. Für die erzieherische Arbeit in Schulen und Jugendarbeit. Eine praktische Hilfe. Bräuer GmbH, Druckerei und Verlag, Weilheim/Teck. Stuttgart 2006

Daniel J.Siegel and Tina Payne Bryson (2014): No-drama discipline. The Whole-Brain Way to Calm the Chaos and Nurture Your Child's Developing Mind. Bantam Books, New York.

Dreikurs, R & Grey, L. (diverse Auflagen): Kinder lernen aus den Folgen – Wie man sich Schimpfen und Strafen ersparen kann. Herder-Verlag

Eppel, H. (2007): Stress als Risiko und Chance: Grundlagen von Belastung, Bewältigung und Ressourcen. Kohlhammer Verlag.

Hofmann, E. (2013): Lassen Sie sich nicht manipulieren. München: mvg Verlag

Meyer, G., Dovermann, U., Frech, S. & Gugel, G. (Hrsg.) (2004): Zivilcourage lernen. Analysen-Modelle-Arbeitshilfen. Bundeszentrale für politische Bildung, Bonn.

Niedersächsisches Institut für frühkindliche Bildung und Bewegung (nifbe): Sozial-emotionale Kompetenzen. Fördermöglichkeiten durch Spiel und Bewegung.

Petermann F., Jugert,G., Tänzer, U. & Verbeek, D. (2012): Sozialtraining in der Schule: Mit Online-Materialien. Beltz Verlag, Weinheim, Basel.

Schneider, W. & Hasselhorn, M. (2008) Handbuch der Pädagogischen Psychologie. Göttinhgen: Hogrefe-Verlag

Standop,J. (2016): Werte in der Schule. Beltz Verlag, Weinheim Basel.

Zimmer, R. (2011) Handbuch der Bewegungserziehung. Grundlagen für Ausbildung und pädagogische Praxis. Freiburg: Herder

Liebe Eltern, Lehrkräfte, Erzieher!

Zusätzlich zu diesem Buch haben wir ein **interaktives Online Übungstool** entwickelt. Dort können mithilfe der Bildgeschichten aus dem Buch online die sozialen Fähigkeiten trainiert und getestet werden. Außerdem finden Sie dort unsere Spielideen zur Förderung sozialer Fähigkeiten. Das Tool ist unter folgendem Link erreichbar:

https://sn.pub/30Qnwu

Der Zugangscode zum Online Übungstool lautet:

SoftSkillsKids

Nach dem Einloggen wird für Ihr Kind ein persönlicher Code erstellt. Mit der Eingabe dieses Codes kann Ihr Kind seine Beschäftigung mit dem Online Übungstool auch nach einer Unterbrechung fortsetzen. Alle Daten und Angaben des Kindes werden komplett anonymisiert und vertraulich behandelt.

Im Mittelpunkt von dem Training steht die soziale Entwicklung von Kindern im Alter von etwa 8 bis 14 Jahren. Im Sozialen Lernen haben wir wie im Buch sechs Bereiche integriert: Wahrnehmung, Austausch, Akzeptanz, soziales Handeln, Umgang mit Schwierigkeiten und Entwicklung von Einstellungen und Werthaltungen. Jeder Bereich beinhaltet 11 bis 13 interaktive Übungen in Form von Bildgeschichten, die mit dem gleichen Code einmal als Test und einmal als Training durchgeführt werden können. Alle Bildgeschichten mit Erläuterungen finden Sie auch im Buch. Sie oder Ihr Kind können also nur mit dem Buch arbeiten, nur online üben oder online und mit dem Buch als Ergänzung üben.

Bei jeder der insgesamt 75 Geschichten steht der soziale Aspekt der Handlung im Vordergrund. Eine bestimmte soziale Situation entwickelt sich mit jeweils drei Bildern. Ihr Kind soll diese Geschichte sinnvoll ergänzen, indem es aus vier vorgeschlagenen Szenarien, die aus seiner Sicht am besten passende Option auswählt.

Sollte sich Ihr Kind für ein **Training** entscheiden, kann es sofort sehen, ob seine Ergänzung der Bildgeschichte diejenige ist, die am besten passt oder ob es eine bessere Lösung gibt.

Am Angang von einem **Test** sind die Angaben von Alter und Geschlecht erforderlich. Diese Angaben werden gebraucht, um nach der Beendigung von jedem Bereich eine Auswertung der persönlichen Leistung auf Basis von Testdaten anderer Kinder im gleichen Alter zu erstellen. Bei einem Test sieht Ihr Kind nicht, ob seine Ergänzung einer Bildgeschichte diejenige ist, die am besten passt. Aus der Auswertung am Ende ist es dann ersichtlich, welche Aufgaben richtig und welche falsch gelöst wurden.

Ihr Kind kann seine Übung noch einmal durchführen, indem es sich auf der Login Seite von dem Online Übungstool nur mit dem allgemeinen Zugangscode einloggt. In diesem Fall wird für seine Identifikation ein neuer persönlicher Code generiert, der dann weiter verwendet werden soll.

Bildgeschichten

2.1 Wahrnehmung

Bei den folgenden Bildgeschichten zur Selbst- und Fremdwahrnehmung können Kinder eigene Motive und die anderer Menschen besser verstehen. Sie lernen, sich bewusst mit ihren Gefühlen auseinanderzusetzen und auch unerwünschte Emotionen zuzulassen. Spielerisch entdecken sie verschiedene Möglichkeiten, wie sie ihre eigenen Gefühle wahrnehmen und ihre Motivationen anderen Personen vermitteln können.

Kurzbeschreibung von Bildgeschichten aus diesem Kapitel

2.1.1	Max trauert um sein Kaninchen	Anhand der gedrückten Haltung von Max erkennt Lena, was in Max vorgeht.
2.1.2	Anna und der Federball	Anna stellt fest, dass Hilfe nicht immer erwünscht sein kann.
2.1.3	Eine große Enttäuschung für Leonie	Leonie lernt, dass ein aus Versehen verschmutztes Kleid kein Grund für Ärger sein soll.
2.1.4	Samuel und seine Tricks	Samuel erkennt, dass er in ein manipulatives Spiel verwickelt wurde.
2.1.5	Agnes hat Stress in der Schule	Maria merkt, dass ein schlechtes Verhalten durch Überforderung verursacht werden kann.
2.1.6	Theo klaut Ninas Ideen	Was soll Nina tun, wenn ihre Ideen von anderen ausgeplaudert werden, um das Lob einzustreichen?
2.1.7	Fabio grinst gern	Sina versucht, den wahren Grund des Grinsens von Fabio erkennen.
2.1.8	Jule und ihr Hilfsangebot	Jule erkennt, dass in manchen Situationen Hilfe unangemessen ist.
2.1.9	Mia und die Kunst der Überzeugung	Mia versucht, für ihre kreative Werkstatt neue Mitglieder zu gewinnen und entdeckt dabei eine gute Möglichkeit dafür.
2.1.10	Die unzuverlässige Pia	Was soll Sarah tun, wenn ihre Freundin plötzlich zur Verabredung nicht kommt?
2.1.11	Florian lässt sich nicht provozieren	Florian wählt das geeignete Mittel gegen eine Provokation.
2.1.12	Fass mich nicht an!	Micha setzt sich gegen einen großen Jungen durch, der ihn provoziert und ihm gefährlich nahe kommt.
2.1.13	Tom und das Eis	Ein selbstbewusster Tom kann sich selbst schützen und Nein sagen.

2.1.1 Max trauert um sein Kaninchen

Das geliebte Kaninchen von Max ist tot.

Lena hatte im Pool viel Spaß. Sie sieht Max, mit dem sie eng befreundet ist.

Max kommt auf Lena zu. Er sagt nichts. Lena merkt die bedrückte Stimmung von Max.

Wie soll sich Lena verhalten?

Aufgabe

Schau dir die folgende Bildgeschichte an. Sie handelt davon, dass das Kaninchen von Max gestorben ist, Lena dagegen hatte einen tollen Tag am Schwimmbad. Nun treffen beide Kinder am Nachmittag aufeinander. Das letzte Bild fehlt aber noch.

Wahrnehmung

Auswahlmöglichkeiten

Hier werden dir vier Bilder vorgelegt, die diese Geschichte ergänzen können. Wie sollte Lena sich verhalten? Welches Bild ist für dich die am besten passende Möglichkeit? Bitte entscheide dich für eines der vier farblich markierten Bilder.

Übersicht von Auswahlmöglichkeiten

Bild rot und Bild gelb: Max ist wegen seines toten Kaninchens sehr niedergeschlagen. Seine gut gelaunte Freundin Lena sieht Max und merkt seine gedrückte Stimmung. Es wäre natürlich ihr gutes Recht, einfach von dem zu berichten, was sie erlebt hat (Bild rot) oder weg zu gehen, um sich von der nicht so erfreulichen Nachricht von Max die gute Laune nicht verderben zu lassen (Bild gelb). Wenn man mit anderen nicht so gerne über negative Gefühle reden mag, dann ist es völlig in Ordnung, sich zurückzuziehen und solche Gespräche zu vermeiden. Deswegen muss man kein schlechtes Gewissen haben. Auch viele Erwachsene verhalten sich so. Man hat ja oft selbst genug Probleme und möchte sich nicht unbedingt noch die Sorgen anderer Leute aufhalsen. Aber dann bleibt Max mit seiner Traurigkeit natürlich alleine.

Bild grün: Lena kann aber auch ihr Einfühlungsvermögen zeigen. Das ist gar nicht so einfach. Auch den meisten Erwachsenen fällt es schwer, einen traurigen Gefühlszustand von anderen Menschen einzuordnen und mit ihnen darüber zu sprechen. Der Satz aus Bild grün („Mein Beileid, ich kann verstehen wie du dich fühlst.") ist hier besser als die Möglichkeiten von Bild rot und Bild gelb, weil Lena Max nun Verständnis entgegenbringt und er die Möglichkeit hat, über seine Traurigkeit zu sprechen. Damit kann er seine Gefühle ausdrücken, denn es hilft, wenn man einen Menschen hat, mit dem man auch über Negatives reden kann. Oft muss man nur zuhören und einen guten Freund oder die beste Freundin einfach mal in den Arm nehmen. Dann weiß der andere, dass er oder sie nicht alleine auf dieser Welt ist.

Bild blau: Am meisten Verständnis zeigt Lena in Bild blau. Sie fühlt sich in das hinein, was Max gerade erlebt. Vielleicht hat sie selbst schon erlebt, dass ein Tier oder ein Mensch verstorben ist und weiß, wie schrecklich so etwas ist. Allerdings droht hier auch eine Gefahr: Wie will man einem anderen helfen, wenn man selbst ebenso traurig ist? Helfen kann man oft nur, wenn man selbst stabil ist. Zusammen traurig zu sein und gemeinsam zu weinen, kann für beide gut sein, besser aber ist es, wenn einer von beiden ausgeglichen ist und den anderen trösten und beruhigen kann.

Vielleicht fällt dir zwischen Bild grün und Bild blau noch ein Unterschied auf, wenn du es genau anschaust? Im dritten Bild wendet sich Lena Max zu und schaut ihn an. Das ist im Gespräch sehr wichtig. In der vierten Abbildung gehen die beiden Kinder die Straße entlang, aber Lena hat sich von Max abgewandt und schaut in Richtung der Straße. Das ist zwar normal, aber bei einem intensiven Gespräch über ein Problem sollte man dem anderen ins Gesicht schauen. Das zeigt dem Gesprächspartner, dass man wirklich aufmerksam zuhört. Der Körper ist eines der ehrlichsten Ausdrucksmittel. Selbst wenn man nicht spricht, verrät die Körpersprache einiges über uns. Der Körper lügt nicht. Durch Kleinigkeiten, wie verschränkte Arme, wegblicken, sich abwenden oder ein trauriges Gesicht machen, verrät ein Mensch seine Gefühle. Es lohnt sich daher, auf Körpersprache zu achten. Nicht selten begegnen wir Menschen, bei denen die Worte sogar das Gegenteil von dem sagen, was uns der Körper signalisiert. Was nützt es zu sagen: „Das ist schrecklich!", wen man sich dabei wegdreht. Dieser Satz ist für den anderen nur glaubwürdig, wenn man die Person dabei auch anschaut.

> **Die Reaktion** „Lena kann sich in Max einfühlen." (Bild grün) ist daher aus unserer Sicht als sehr wirksam einzustufen, wobei die anderen Möglichkeiten natürlich auch gehen. Es kommt ja auch darauf an, wie gut Max und Lena sich kennen. Wenn sie zum Beispiel nur in dieselbe Schule gehen, aber sonst nichts miteinander zu tun haben, ist es verständlich, wenn Lena sich mit dem Tod des Kaninchens nicht auseinandersetzen möchte. Wenn aber beide Kinder eng befreundet sind, dann sollte Lena Zeit opfern, damit Max sich aussprechen kann.
>
> Es gibt Menschen, die nicht gerne über ihre Gefühle reden und sich lieber zurückziehen wenn sie traurig sind. Für Andere ist es wichtig, jemanden zu haben, mit dem sie reden können. Geteiltes Leid ist oft halbes Leid. Vielleicht kann Lena spüren, wie sich Max öffnen kann und die Hemmschwelle bei ihm sinkt. Am besten soll Lena Max fragen, was los ist, und ihm Trost zusprechen.

Fragen

1. Hast du bereits jemanden getröstet?
2. Hast du ein Haustier? Wenn ja, welches? Wie sehr hängst du an diesem Tier?
3. Ist schon einmal ein Tier gestorben oder vielleicht sogar ein Mensch in deinem Umfeld? Wie ging es dir? Was hat dir geholfen?
4. Sprichst du mit jemandem über deine Gefühle, wenn es dir nicht gutgeht? Oder bleibst du lieber alleine?

_____

_____

_____

_____

Schwierige Lagen kann es in vielen Bereichen geben. Schlechte Schulnoten – das kennst du vielleicht – führen manchmal dazu, dass man denkt, man sei nicht viel wert. Wenn man sehr traurig ist, weil man einen nahen Angehörigen oder sein Lieblingshaustier verloren hat, kann man in eine seelische Krise geraten. Wenn es dann Erwachsene und gute Freunde gibt, die einem zur Seite stehen, dann ist das hilfreich. Bei manchen dieser Probleme gibt es keinen Rat, denn wenn ein Haustier oder ein Mensch gestorben ist, kann nichts es wieder zum Leben erwecken. Aber es hilft, wenn man seine Trauer zeigen kann und Menschen hat, die einem dann einfach nur zuhören und trösten.

2.1.2 Anna und der Federball

Aufgabe

Schau dir wieder die folgende Bildgeschichte an. Sie handelt davon, dass zwei Jungen Federball spielen. Anna, ein Mädchen, sitzt ein Stück weit entfernt und spielt alleine. Der Junge mit der gelben Hose kriegt den Ball aber nicht und Anna ist so freundlich ihn aufzuheben. Statt dankbar zu sein, regt sich der Junge aber auf und meckert. Einige Zeit später passiert dasselbe wieder. Wie soll Anna sich nun verhalten?

Wahrnehmung

Auswahlmöglichkeiten

Hier werden dir vier verschiedene Szenarien vorgelegt, die diese Geschichte ergänzen können. Welches Bild ist für dich die am besten passende Option? Bitte entscheide dich für eines der vier farblich markierten Bilder.

Übersicht von Auswahlmöglichkeiten

Bild rot: Was ist in dieser Geschichte zu sehen? Anna hebt den Federball auf, weil sie freundlich sein will und davon ausgeht, dass der Junge ihn gerne wiederhaben möchte. Freundlich und hilfsbereit zu sein, ist meist ein sehr gutes und angemessenes Verhalten. In diesem Fall möchte der Junge aber den Federball selbst aufheben oder jedenfalls nicht aus der Hand geben, denn er ist der Besitzer des Federballs. Vielleicht hat er auch Angst, dass Anna ihm seinen Ball wegnimmt. Mit Annas Handeln ist er nicht einverstanden und zeigt das auch. Durch seine eindeutige Botschaft „Das ist meins! Gib den Ball her!" lernt Anna, dass ihr Verhalten (anderen zu helfen) diesmal nicht angemessen ist. Es ist wohl besser, sich da rauszuhalten. Wenn sie einfach weiterspielt, dann verläuft die zweite Wiederholung der Situation wahrscheinlich ohne Zwischenfälle, weil das Missverständnis geklärt wurde.

Bild gelb: Wenn Anna den Federball erneut hilfsbereit aufhebt und ihn dem Jungen geben möchte, dann wiederholt sie denselben Fehler. Wahrscheinlich wird sich der Junge wieder aufregen, er hatte Anna ja sozusagen verboten, seinen Ball zu berühren. Er wird die Hilfe von Anna als trotziges Verhalten auffassen, weil sie ja nicht tut, was er befohlen hat, und das riecht dann nach Ärger.

Bild grün: Natürlich kann Anna den Jungen fragen, ob sie den Ball nun aufheben darf. Das ist höflicher, aber eigentlich wiederholt sie auch hier den Fehler aus der ersten Situation, denn offenkundig wollte der Junge ja nicht, dass Anna seinen Federball berührt.

Bild blau: Zumindest der Junge mit der gelben Hose mag Anna offenbar nicht. Sie kann sich der ganzen Situation entziehen und den Sportplatz verlassen. Damit ist das Problem behoben. Aber muss sie sich von anderen vertreiben lassen? Sie kann dann ja ihre eigene Tätigkeit nicht fortsetzen. Einer problematischen Situation einfach zu entfliehen, kann eine sinnvolle Lösung sein, aber es droht die Gefahr, dass man seine eigenen Interessen dann nicht zu Ende führen kann. Nur weil der Junge gemeckert hat, muss sie sich nicht verscheuchen lassen. Irgendwer in diesem Leben meckert sowieso immer.

Wer anderen hilft, fühlt sich gut. Man freut sich, wenn man helfen kann und die benötigte Hilfe geht leicht von der Hand. Dadurch fühlt man sich als vollständiger, tatkräftiger Mensch, der etwas beitragen kann. Aber manchmal trifft man auf Menschen, die angebotene Hilfe ablehnen. Und das ist vollkommen in Ordnung. Denn Hilfe ist nur dann Hilfe, wenn sie gebraucht wird und nicht dann, wenn es gefällt, sie anzubieten.

Die Reaktion „Anna schaut kurz dem Federall nach, dreht sich dann um und spielt weiter." (Bild rot) ist aus unserer Sicht daher als sehr wirksam einzustufen. Die Möglichkeit auf dem Bild gelb wird vermutlich Ärger nach sich ziehen. Bild grün und Bild blau stellen Alternativen dar, die wahrscheinlich seichter ausgehen, aber nicht unbedingt die beste Lösung darstellen.

Fragen

1. Bist du ein hilfsbereiter Mensch?
2. Hast du bereits erlebt, dass jemand deine Hilfe abgelehnt hat? Kannst du einige Beispiele nennen?
3. Wie hättest du an Stelle des Jungen mit dem Ball reagiert?
4. Kannst du dich an Situationen erinnern, in denen du das Hilfsangebot anderer abgelehnt hast? Warum hast du es abgelehnt?
5. Wie fühlst du dich, wenn du die Hilfe anderer annimmst?

2.1.3 Eine große Enttäuschung für Leonie

Aufgabe

Schau dir die folgende Bildgeschichte an. Leonie freut sich über ihr neues Kleid. Auch ihre Freunde finden Ihr Kleid sehr hübsch. Draußen hat es stark geregnet und Leonie muss vorsichtig sein, um ihr Kleid nicht schmutzig zu machen. Doch ihre Stimmung wird betrübt, weil zwei Jungs Fangen spielen und einer der beiden Leonie dabei aus Versehen umrennt. Leonie fällt in die Pfütze, ihr neues Kleid ist nass und schmutzig. Der Junge entschuldigt sich bei der weinenden Leonie. Doch wie soll sie sich verhalten?

Wahrnehmung

Auswahlmöglichkeiten

Hier werden dir vier verschiedene Szenarien vorgelegt, die diese Geschichte ergänzen können. Welches Bild ist für dich die am besten passende Möglichkeit? Bitte entscheide dich für eines der vier farblich markierten Bilder.

Übersicht von Auswahlmöglichkeiten

Bild rot: Leonie ist zwar verärgert, aber sie akzeptiert die Entschuldigung des Jungen, der sie in die Pfütze gestoßen hat. Es ist letztlich ja doch nicht so furchtbar schlimm, dass das Kleid schmutzig geworden ist. Es kann ja gewaschen werden. Der Grund, warum man lernen muss, sich zu entschuldigen und auch eine Entschuldigung anzunehmen, liegt darin, dass wir soziale Wesen sind. Menschen haben ständig Kontakt miteinander. Und wenn wir handeln, gibt es auch Missverständnisse und Verletzungen. Entschuldigungen sind also eine großartige Methode, um unseren Mitmenschen mitzuteilen, dass wir bestimmte Handlungen bedauern. Sie sind auch hilfreich, damit wir unsere Beziehungen zu ihnen wiederherstellen und aufrechterhalten können. Wichtig ist aber auch, dass die geschädigte Person die Entschuldigung dann akzeptiert. Ganz intuitiv sollte man sich immer dann entschuldigen, wenn man einen Fehler gemacht oder jemanden verletzt hat. Dabei spielt es keine Rolle, ob das körperlich oder seelisch ist. Natürlich kann man oft nicht einschätzen, wie ehrlich es das Gegenüber mit der Entschuldigung meint, aber jeder Mensch verdient einen kleinen Vertrauensvorschuss.

Bild gelb und Bild grün: Rache ist verständlich. Der Junge hat Leonies Kleid nass und schmutzig gemacht, warum sollte sie es ihm nicht heimzahlen? Aber natürlich ist klar, dass dieses Verhalten zu einem dauerhaften Kleinkrieg führen wird. Leonie, sie ist ja ohnehin nass, bespritzt den Jungen. Was wird er tun? Er wird sich für die Rache nun wieder rächen und zum Beispiel Leonie absichtlich stoßen. Dadurch wird sich der Streit immer weiter ausbreiten. Das gilt auch, wenn Leonie zunächst abwartet und sich entschließt, es ihm zu einem späteren Zeitpunkt heimzuzahlen. Also ist Gegen-Aggression wohl keine gute Lösung. Das klingt ganz logisch, ist es aber nicht. Leider sind Wut und Rachedurst immer die ersten Reaktionen, die spontan hochkommen, wenn uns etwas geärgert hat. Diese Gefühle muss man erst einmal unterdrücken und hinunterschlucken, um dann rational zu entscheiden, was hier vernünftig ist. Also besser erst dreimal tief durchatmen.

Bild blau: Statt Rache zu üben, ist es oft sinnvoll, einen Erwachsenen aufmerksam zu machen. Denn oft können sie das Problem für ein Kind regeln. Das Verhalten von Leonie im Bild blau ist also eigentlich ganz richtig. Leider reagiert die Lehrerin hier völlig verkehrt. Statt auf Leonie einzugehen und sie zu trösten, entschuldigt sie das Verhalten der beiden Jungen noch. Das hilft Leonie gar nicht. Wenigstens hätte die Lehrerin Leonie zuhören können und ihr helfen das Kleid zu trocknen. Und vielleicht hätte sie den beiden Jungen auch sagen können, nicht so wild zu spielen, dass andere in eine Pfütze fliegen. Dafür, dass die Lehrerin so verständnislos reagiert, kann Leonie natürlich nichts.

> **Die Reaktion** „Leonie ist sauer. Jedoch hat sie Verständnis, dass sie nicht absichtlich geschupst wurde." (Bild rot) ist also als sehr wirksam einzustufen.

Fragen

1. Hast du schon einmal anderen geschadet? Hast du dich freiwillig dafür entschuldigt?
2. Musstest du dich schon einmal bei anderen entschuldigen, weil Eltern, Lehrer oder andere Erwachsene das verlangt haben?
3. Wie fühlst du dich, wenn du dich bei anderen entschuldigen musst?
4. Wie fühlst du dich, wenn sich jemand bei dir entschuldigt?

_____

_____

_____

_____

2.1.4 Samuel und seine Tricks

Aufgabe

Schau dir die folgende Bildgeschichte an. Anton ist ein sehr ehrgeiziger Schüler. Er soll für die Schule einen wichtigen Vortrag vorbereiten. Da er das nicht selber kann oder will, schmeichelt er sich bei seinem kleinen Bruder Samuel ein. Samuel kann dieser Schmeichelei nicht widerstehen und sagt zu, obwohl er dafür eigentlich keine Zeit hat. Leider schafft er es aber doch nicht und sein Bruder ist nun ziemlich sauer.

Wahrnehmung

Auswahlmöglichkeiten

Hier werden dir vier verschiedene Bilder vorgelegt, die diese Geschichte ergänzen können. Welches Bild ist für dich die am besten passende Möglichkeit? Bitte entscheide dich für eines der vier farblich markierten Bilder.

Übersicht von Auswahlmöglichkeiten

Bild rot: Samuels Gedanke, dass es besser gewesen wäre, wenn sein Bruder ihn ab und zu gefragt hätte, wie weit er mit dem Vortrag gekommen ist, ist im Prinzip gesund. Samuel schafft es dadurch, sich selbst von Schuld freizusprechen und diese Schuld auf seinen Bruder zu schieben. Der Gedanke entlastet ihn. Das Problem ist, dass er nicht durchschaut, dass sein Bruder ihn manipuliert hat. Anton hätte sein Referat gefälligst selbst ausarbeiten können. Ohne etwas dafür zu geben, hat er seinen Bruder mit läppischen Schmeicheleien dazu gebracht, das für ihn zu tun.

Bild gelb: Hier manipuliert Anton seinen Bruder Samuel erneut, weil er ihm obendrein noch ein schlechtes Gewissen macht. Mit dem Gedanken „Ich bin ein Versager …" trägt Samuel die ganze Schuld alleine. Er versteht nicht, dass sein Bruder nur versucht hat, ihn auszunutzen, ohne etwas zurückzugeben.

Bild grün: Auch der Gedanke von Samuel künftig die Arbeiten, die Anton ihm gibt, vorrangig zu bearbeiten, ist nicht gesund. Samuel durchschaut nicht, dass Anton nur versucht ihn auszunutzen. Anton ist ja nicht der Chef und Samuel nicht der Sklave, beide sind gleichberechtigte Brüder. Natürlich kann der eine dem anderen helfen. Aber nur, wenn auch eine Gegenleistung erfüllt wird nach dem Motto „Eine Hand wäscht die andere". Im Lateinischen heißt das auch „Quid pro quo", was bedeutet: Ich gebe etwas, aber nur, wenn ich auch etwas dafür bekomme.

Bild blau: Hier versucht Anton weiter die Schuld einzig auf Samuel zu schieben. Aber der Gedanke von Samuel „Er hat mich wohl ausgespielt" ist richtig. Anton durchschaut, dass sein Bruder nur versucht hat, ihn zu manipulieren und für seine Zwecke einzuspannen. In dieser Bildgeschichte wird ein Junge von seinem Bruder stark beeinflusst. Wenn man will, dass andere Menschen etwas ganz Bestimmtes tun, versucht man, sie so zu beeinflussen, dass sie handeln, wie man es will. Wenn man es so geschickt macht, dass sie gar nicht merken, dass sie in eine bestimmte Richtung beeinflusst werden, dann manipuliert man sie. Leicht zu beeinflussen sind oft Kinder mit einem geringen Selbstbewusstsein, die versuchen, jedem zu gefallen. Menschen mit starkem Selbstbewusstsein können auch einmal „Nein" sagen oder für ihre Hilfe einen angemessenen Gegenwert verlangen.

Anregungen

Erinnere dich an Momente, in denen du dich angepasst hast, um es jemandem recht zu machen und spüre, was du dabei empfunden hast. Male zwei große Stiefel, einen roten und einen blauen. Schreibe in den roten Stiefel Situationen, in denen es sinnvoll ist, es anderen recht zu machen und sich anzupassen. In den blauen Stiefel schreibe Situationen, in denen es sinnvoll ist, zu tun, was du für richtig hältst. Notiere bei beiden Stiefeln, welches Verhalten du verstärken, reduzieren oder sein lassen möchtest und achte dabei auf Gedanken und Gefühle, die dabei entstehen.

Die Reaktion „Samuel geht es nicht gut. Er meint aber, dass Anton zukünftig seine Vorträge selbst vorbereiten soll." (Bild blau) ist als sehr wirksam einzustufen, weil er hier durchschaut, dass sein Bruder versucht hat, ihn für seine Zwecke auszunutzen.

Typische Techniken der Manipulation sind zum Beispiel:

- Schmeicheleien („Du kannst das viel besser als ich")
- Unter Druck setzen („Wenn Du mir nicht hilfst, bist Du Schuld, wenn ich eine 5 kriege")
- Ungerechte Vergleiche („Alle anderen würden ihrem Bruder jetzt helfen")
- Scheinbare Unterlegenheit („Ich bin zu dumm und zu klein, bitte mach du das für mich.")
- Aggressives Opferlamm („Immer muss ich mich um alles kümmern, du kannst auch mal etwas machen.")
- Mobbing („Stell Dir vor, ich war in Not und mein Bruder hast sich geweigert mir zu helfen.")
- Reduzierung von zunächst unangemessenen Forderungen („Ich will heute zum Fußball, kannst du meine Schularbeiten machen?" – „Nein!" – „Na gut, o.k., aber du kannst doch wenigstens meine Mathe-Aufgaben erledigen.")
- Erinnerung an frühere Hilfen („Ich hab dich gestern mit meinem Auto spielen lassen, da kannst du doch das Referat für mich machen.")
- Drohung mit unangemessenen Folgen („Wenn du das nicht für mich machst, dann kann ich mich ja gleich umbringen.")
- Fuß-in-der-Tür-Technik (Man fängt mit kleinen Forderungen an. Wenn der andere sie erfüllt, werden die Forderungen immer größer und es kommt geradezu zu einem Gewohnheitsrecht).
- Mit-der-Tür-ins-Haus-fallen („Wann kannst du den Vortrag für mich schreiben?" – Diskutiert wird nicht das Ob, sondern nur noch das Wann).

Fragen

1. Bist du schon einmal von anderen ausgenutzt worden, indem sie dich um etwas gebeten haben, was sie selbst hätten tun können?
2. Hast du selbst auch schon einmal andere ausgenutzt, indem du sie um etwas gebeten hast, was du auch selbst hättest tun können?
3. Hattest du schon einmal das Gefühl, von einer Person regelrecht manipuliert worden zu sein?
4. Hast du schon einmal versucht, einen anderen Menschen regelrecht zu manipulieren?

2.1.5 Agnes hat Stress in der Schule

Aufgabe

Schau dir die folgende Bildgeschichte an. Maria (im grünen Kleid) und Agnes (mit dem weinroten T-Shirt) haben sehr gute Leistungen in der Schule. Während es Maria leicht fällt, gute Zensuren zu erreichen, muss Agnes sich aber sehr dafür anstrengen und viel lernen. In der Pause hat Agnes schlechte Laune und die beiden Kinder streiten sich um einen Teddy, der aber Maria gehört.

Wahrnehmung

Auswahlmöglichkeiten

Hier werden dir wieder vier verschiedene Szenarien vorgelegt, die diese Geschichte ergänzen können. Welches Bild ist für dich die am besten passende Option? Bitte entscheide dich für eines der vier Bilder.

Übersicht von Auswahlmöglichkeiten

Bild rot: Hier bemüht Maria sich nicht, das Verhalten von Agnes zu verstehen. Sie ist sauer, weil Agnes ihren Teddy nicht hergibt und droht damit den Kontakt abzubrechen. Agnes, die sowieso frustriert ist, reagiert mit einem Gegenschlag. Merke dir: Aggression erzeugt immer nur Gegenaggression.

Bild gelb: Auch hier versucht Maria, sich nicht in die Gefühle von Agnes hineinzuversetzen. Sie wendet sich ab, geht und sagt „Es reicht mir!". Sie lässt eine hilflose Agnes zurück, die sich letztlich unverstanden fühlt.

Bild grün: Auch hier reagiert Maria nur aggressiv. Natürlich hat sie recht, es ist menschlich auch mal verärgert zu sein. Das steht jedem Menschen zu. Nur leider hilft es nicht, den Konflikt zu lösen.

Bild blau: Maria merkt, warum Agnes sich manchmal unangemessen benimmt. Sie rätselt über die Gründe, weil Agnes eigentlich eine gute Schülerin ist. Da ihr selbst das Lernen leicht fällt, kann sie sich nicht vorstellen, dass Agnes für ihre guten Noten pauken muss. Nach dem klärenden Gespräch mit Agnes' Schwester sieht Maria ein, dass Agnes ständig versucht, viel zu hohen Erwartungen gerecht zu werden. Dadurch fühlt sie sich schnell überfordert, was sich wiederum in ihrem Verhalten widerspiegelt. So wie in der Szene, wo sie Marias Teddy nicht herausgeben will.

> **Die Reaktion** „Maria meint, dass Agnes Stress hat. Der Schulstoff fällt Agnes offensichtlich nicht so leicht, wie Maria." (Bild blau) ist als sehr wirksam einzustufen.

Überforderung durch komplizierte Aufgaben, ein zu hohes Arbeitspensum oder anspruchsvolle Eltern gehören neben Angst vor Prüfungen zu den wesentlichen Gründen für schulischen Stress. Aber auch Mobbing oder Konflikte sowie Überreizung durch Medienkonsum können als belastend empfunden werden. Jedes Kind reagiert individuell mit körperlichen oder psychischen Symptomen auf Stress. Zu den häufigsten psychischen Stresssymptomen zählen unter anderem Gereiztheit und Aggressivität. Hierzu gibt es in der Psychologie die Frustrations-Aggressions-Theorie. Sie besagt: Je mehr Frustrationen jemand erlebt, umso größer ist die Wahrscheinlichkeit, dass diese Person irgendwann aggressiv reagiert. Das trifft wahrscheinlich auf Agnes zu. Sie steht unter Druck und muss lernen, anstatt – wie andere Kinder – spielen zu können. Diesen Druck lässt sie dann irgendwann heraus und wird zickig. Die Lösung ist dann nicht, auch zickig oder aggressiv zu werden, sondern sich zu fragen: Warum?

Fragen

1. Bist du selbst auch manchmal überlastet oder fühlst du dich gestresst und frustriert? Wie geht es dir dann?
2. Wirst du manchmal auch zickig, wütend oder aggressiv? Was sind die Gründe dafür?
3. Wie gehst du damit um, wenn dich jemand ärgert? Was machst du, wenn du frustriert und wütend bist?

_____

_____

_____

2.1.6 Theo klaut Ninas Ideen

Aufgabe

Schau dir die folgende Bildgeschichte an. Nina hat eine gute Idee für die Schüler-Zeitung, aber Theo klaut ihr diese Idee, trägt sie dem Redakteur der Zeitung als seine eigene vor und bekommt Lob. Etwas später hat Nina wieder eine gute Idee. Was soll sie nun tun?

Wahrnehmung

Auswahlmöglichkeiten

Hier werden dir vier verschiedene Szenarien vorgelegt, die diese Geschichte ergänzen können. Welches Bild ist für dich die am besten passende Option? Bitte entscheide dich für eines der vier farblich markierten Bilder.

Übersicht von Auswahlmöglichkeiten

Bild rot: Nina hat wieder eine gute Idee für die Schülerzeitung, aber nun ist sie vorgewarnt. Sie weiß, dass Theo gerne Ideen anderer als seine eigenen verkauft und erzählt ihren neuen Vorschlag direkt dem Redakteur der Schülerzeitung. Dies ist eine sehr gute Möglichkeit, denn sie umgeht damit einen Streit mit Theo und Nina bekommt selbst das Lob für ihre Idee.

Bild gelb: Hier erzählt Nina ihre Idee wieder Theo, der schon sofort den Gedanken hat, es wieder als seinen Vorschlag an den Redakteur weiterzuleiten und erneut Lob einzuheimsen. Das ist keine gute Lösung, Nina geht wieder leer aus und langfristig wird das zu einem Streit führen.

Bild grün: Der Gedanke, Theo eine Idee für einen Artikel in der Schülerzeitung unterzujubeln, mit dem er sich blamieren wird, klingt zwar im ersten Moment ganz lustig, wird aber wohl nicht funktionieren. Vermutlich wird auch Theo merken, dass der Vorschlag völlig unsinnig ist. Er wird nicht so dumm sein, jeden Vorschlag von Nina an den Redakteur weiterzuleiten.

Bild blau: Gute Ideen für sich zu behalten – das wird auch dir klar sein – ist bestimmt keine gute Möglichkeit. Dann wird ein guter Vorschlag ja nicht umgesetzt, und niemand hat etwas davon.

Ideendiebstahl ist keine Seltenheit und gehört daher leider auch zum schulischen Alltag. Jeder möchte wahrgenommen werden, sich von Mitschülern abheben und gelobt werden. Eine gute Idee ist da viel wert. Besonders ausgeprägt ist das Phänomen natürlich in kreativen Bereichen, wie in dieser Geschichte bei der Gestaltung einer Schülerzeitung. Klar kann Nina Ihre Ideen mit Theo teilen und so noch kreativer zusammenarbeiten. Zwei Köpfe können noch mehr Ideen haben und eine Sache weiterentwickeln in eine schöpferische Richtung, auf die der Einzelne vielleicht gar nicht gekommen wäre. Es ist schade, dass Theo das nicht so sieht. Sollte man lieber ein Einzelkämpfer sein oder doch Teamarbeit vorziehen?

> **Die Reaktion** „Nina erzählt Theo ihre Ideen nicht. Stattdessen bringt sie ihre Ideen direkt bei dem Redakteur der Schülerzeitung an." (Bild rot) ist aus unserer Sicht also als sehr wirksam einzustufen. Aber, wie bereits früher gesagt, kommt es immer auf die spezielle Situation an. Vielleicht ist Nina ja zum Beispiel sehr schüchtern und traut sich nicht, ihre Ideen direkt an den Redakteur weiterzugeben. Dann kann es durchaus sinnvoll sein, solche Vorschläge erst Theo zu sagen und der leitet es dann weiter an den Redakteur. Allerdings sollte Theo dabei so ehrlich sein, zuzugeben, dass die ursprüngliche Idee nicht von ihm stammt. Ninas Schüchternheit kann auch bewirken, dass sie sich selbst unterschätzt und Dinge vermeidet, die sie problemlos bewältigen könnte. Aus Angst vor dem Scheitern fängt sie also erst gar nicht an. Was schade ist, denn so kommt man ja nicht weiter.

Fragen

1. Hast du schon einmal erlebt, dass jemand deine Ideen geklaut und als seine eigenen ausgegeben hat? Wie hast du darauf reagiert?
2. Hast du schon einmal den Vorschlag eines anderen Menschen als deine eigene Idee ausgegeben? Bist du dabei erwischt worden?
3. Was glaubst du ist besser: Jemandem seine Ideen zu klauen oder aber mit dieser Person zusammen eine Idee weiterzuentwickeln und dann zu sagen, dass beide diesen Vorschlag ausgearbeitet haben?

_____

_____

_____

2.1.7 Fabio grinst gern

Fabio erzählt Sina eine Geschichte, die nicht stimmt. Fabio freut sich, weil seine Lügen durchkommen.

Am einem Tag ist Sina mit Fabio verabredet. Sina sagt Fabio, dass sie nicht gut drauf ist. Fabio will sich mit Sina an diesem Tag nicht treffen.

Beim persönlichen Treffen versucht Sina mit Fabio zu klären, warum er sie ignoriert hat. Fabio beginnt zu grinsen.

Wie soll Sina reagieren?

Aufgabe

Schau dir die folgende Bildergeschichte an. Fabio, der Freund von Sina, fällt durch sein „komisches" Verhalten auf. Er übertreibt auch gerne und erzählt Sachen, die so nicht stimmen. Eines Tages berichtet Sina Fabio, dass sie wegen des Unfalls seines Vaters traurig ist. Sie möchte sich mit Fabio verabreden, um möglicherweise von ihm tröstende Worte zu hören. Doch Fabio sagt das Treffen ab. Als Sina Fabio wegen des abgesagten Treffens zur Rede stellt, beginnt Fabio zu grinsen.

Wahrnehmung

Auswahlmöglichkeiten

Hier werden dir vier Bilder vorgelegt, die diese Geschichte ergänzen können. Welches Bild ist für dich die am besten passende Möglichkeit? Bitte entscheide dich für eines der vier farblich markierten Bilder.

Übersicht von Auswahlmöglichkeiten

Bild rot: In der Lösungsmöglichkeit auf dem ganz linken Bild hat Sina den Eindruck, dass Fabio eigentlich immer grinst. Viele Menschen machen das tatsächlich. Jemanden anlächeln kommt gut an und wirkt sympathisch. Gleichzeitig kann jemand, der lächelt, damit seine wahren Gefühle gut verbergen. Es gibt depressive Personen, die im Inneren tief traurig sind, aber nach außen hin jeden anlächeln, damit niemand merkt, wie es ihnen wirklich geht. Diese Lösung ist nicht verkehrt, weil Sina sich Gedanken darüber macht, was hinter dem Grinsen eigentlich steckt.

Bild gelb: in dieser Lösungsmöglichkeit macht Sina nur Vorwürfe. Sie denkt nicht darüber nach, warum Fabio grinst, sondern findet, dass ihm sein Verhalten peinlich sein müsste, anstatt zu grinsen. Wahrscheinlich erwartet sie eine Entschuldigung. Diese Haltung ist verständlich, so reagieren wir alle gerne, wenn uns jemand enttäuscht hat. Aber diese Einstellung löst das Problem nicht.

Bild grün: Hier erkennt Sina, dass Fabio mit seinem Grinsen nur versucht, seine Hilflosigkeit zu verdecken. Fabio ist wohl klar, dass er ein offenes Ohr für Sina hätte haben müssen, als ihr Vater den Unfall hatte. Es ist ihm peinlich, dass er seine Freundin abgewimmelt hat. Nun macht Sina ihm einen Vorwurf, von dem er weiß, dass er berechtigt ist. Er weiß aber nicht, was er tun soll und deswegen grinst er nur. Vermutlich fällt es ihm schwer, sich zu entschuldigen.

Bild blau: Statt darüber nachzudenken, warum Fabio sie angegrinst hat, steigert Sina sich nun in den Gedanken hinein, dass Fabio sie kränken wollte und will den Kontakt abbrechen. Das machen Menschen leider oft. Statt das Gespräch zu suchen und einen Konflikt aufzuklären, brechen sie einfach den Kontakt ab, denn es gibt ja noch genug andere Leute auf diesem Planeten. Letztlich ist das aber eine Flucht. Klüger wäre es, sich Gedanken über die Ursachen zu machen.

Fabios Grinsen ist natürlich verständlich. Es ist oft sehr schwer, die richtigen Worte zu finden, um jemanden zu trösten. Manchmal ist die Wunde auch tiefer als sie zunächst erscheint. Mitunter fängt man an über kleine Probleme zu reden und stößt dann auf einen Abgrund von Schwierigkeiten, mit dem man überfordert ist. Davor haben viele Leute Angst und vermeiden daher lieber schwierige Gespräche ganz. Wenn man als Kind von seinen Eltern selbst nie richtig getröstet wurde, weiß selbst nicht, wie man jemanden richtig tröstet,. Man ist schlichtweg überfordert und weiß nicht, wie man mit diesem ganzen Ballast zurechtkommen soll. Häufig erlebt man in solchen Situationen (beispielsweise nach dem Überbringen von schlechten Nachrichten oder bei einem heftigen Streit) Reaktionen, die man gar nicht erwartet hätte. Erstaunlicherweise fangen manche Menschen dann aber an zu lachen. Diese Reaktionen sollen einen Menschen vor einem Verfall in einen „Trauermodus" schützen. Die Situation ist vielleicht unangenehm, aber ein Lachen oder Grinsen, wenn es nicht übertrieben ausfällt, hilft den Betroffenen, seine wahren Gefühle nicht preisgeben zu müssen. Es handelt sich also um eine Art Abwehrmechanismus, um mit peinlichen Situationen oder auch mit Trauer, Schmerz oder Wut besser klarzukommen.

Die Reaktion „Sina denkt, dass Fabio deshalb grinst, weil er nicht weiß, was er sagen oder tun soll." (Bild grün) ist daher aus unserer Sicht als sehr wirksam einzustufen.

Fragen

1. Hast du dich auch schon einmal vor einem schwierigen Gespräch mit einer Ausrede gedrückt, weil du keine Lust dazu gehabt hast?
2. Wie hättest du Sina getröstet?
3. Kannst du Menschen verstehen, die einen nur angrinsen, wenn sie in einer peinlichen Situation sind (zum Beispiel wenn sie beim Lügen ertappt worden sind)?

_____

_____

_____

2.1.8 Jule und ihr Hilfsangebot

Aufgabe

Schau dir die folgende Bildergeschichte an. In der zweiten Reihe werden dir vier verschiedene Szenarien vorgelegt, die diese Geschichte ergänzen können. Das Auto gehört dem Bruder von Jule. Sie hat es Tom ausgeliehen, der gerne damit spielen möchte. Aber Tom lässt das Auto immer von der Rutsche auf dem Spielplatz herunterfahren und es knallt unten auf die Erde. Jule hat Angst, dass Tom das Auto damit kaputt macht und ihr Bruder dann sauer sein wird. Was kann Jule machen?

Wahrnehmung

Auswahlmöglichkeiten

Dir werden vier Bilder vorgelegt, die diese Geschichte ergänzen können. Welches Bild ist für dich die am besten passende Möglichkeit? Bitte entscheide dich für eines der vier farblich markierten Bilder.

Übersicht von Auswahlmöglichkeiten

Bild rot: Die Lösung, einfach so zu tun, als wenn sie es nicht merkt, erscheint nicht sehr klug, denn Jule muss das Auto ja später ihrem Bruder zurückgeben. Und wenn das Spielzeug dann kaputt ist, wird es Ärger geben. Allerdings ist dies interessanterweise eine Möglichkeit, die viele Menschen gehen. Sie haben Angst vor einem Konflikt und schauen einfach weg und tun so, als wenn sie es gar nicht bemerkt hätten. Das ist ein schlechtes, aber leider sehr übliches Verhalten. Da werden Fahrräder mitten in einer belebten Einkaufszone aufgebrochen und geklaut und Menschen werden verprügelt, aber jeder schaut weg. Unser soziales Zusammenleben wäre einfacher, wenn man sich traut und einmischt und jemandem, der bewusst Dinge zerstört, sagt, dass er damit aufhören soll.

Bild gelb: Jule könnte Tom kritisieren und ihm sagen, dass er mit dem brutalen Spiel aufhören soll. Aber viel besser ist die Möglichkeit, ihm anzubieten, gemeinsam zu spielen. Tom könnte zum Beispiel das Auto die Rutsche herunterfahren lassen, aber Jule fängt es unten auf, bevor es kaputt gehen kann und gibt es Tom wieder hoch. Dann haben vielleicht beide Kinder Spaß. Daraus kann man lernen, dass es oft besser ist, eine sinnvolle Alternative anzubieten, statt zu meckern oder etwas zu verbieten.

Bild grün: Wenn Jule sich das Auto schnell nimmt und damit nach Hause rennt, löst sich das Problem zwar für den Moment, aber nicht langfristig. Irgendwann wird Jule wieder auf Tom treffen und der wird wütend sein, dass sie einfach abgehauen ist. Das Auto nehmen und damit weglaufen stellt aber eine gute Lösung dar, wenn alle anderen Versuche nichts genützt haben. Wenn Tom auf alle anderen Vorschläge nicht eingegangen ist, könnte dies zumindest verhindern, dass das Auto kaputt gemacht wird.

Bild blau: Das Auto heimlich im Sand verstecken, wird nur eine kurzfristige Lösung sein. Tom wird es vermutlich rasch finden und wütend sein, dass Jule es versteckt hat.

Die Reaktion „Jule bietet Tom an, gemeinsam mit dem Auto so zu spielen, damit es nicht kaputt gehen kann." (Bild gelb) ist als sehr wirksam einzustufen.

Fragen

1. Hast du schon einmal beobachtet, wie jemand bewusst Sachen kaputt gemacht hat? Wie hast du dich verhalten?
2. Hast du schon einmal beobachtet, wie jemand etwas gestohlen hat? Wie hast du dich verhalten?
3. Hast du schon einmal beobachtet, wie jemand eine andere Person angegriffen und geschlagen hat? Wie hast du dich verhalten?

_____

_____

_____

2.1.9 Mia und die Kunst der Überzeugung

Aufgabe

Schau dir die folgende Bildergeschichte an. Bei der Suche nach Mitgliedern für ihre kreative Werkstatt ist Mia nicht besonders erfolgreich. Einige Stunden versuchte sie vergeblich, Kinder dafür zu motivieren. Welche Strategie wäre für Mia sinnvoll?

Wahrnehmung 55

Auswahlmöglichkeiten

Hier werden dir vier Bilder vorgelegt, die diese Geschichte ergänzen können. Welches Bild ist für dich die am besten passende Möglichkeit? Bitte entscheide dich für eines der vier farblich markierten Bilder.

Übersicht von Auswahlmöglichkeiten

Bild rot: Den Kindern Beispiele zu zeigen, was man in der Kreativ-Werkstatt alles basteln kann, ist eine sehr gute Möglichkeit, andere zu überzeugen mitzumachen. Natürlich muss man verschiedene Beispiele vorzeigen können, der eine würde gerne einen Puppe basteln, der andere lieber ein Holzgewehr.

Bild gelb: Der Hundewelpe wird auf jeden Fall Aufmerksamkeit erregen und alles Besondere lockt zunächst einmal interessierte Kunden an, die stehen bleiben und die man dann in ein Gespräch verwickeln kann. Allerdings droht, dass die Kinder sich nur für den jungen Hund interessieren und ihn streicheln wollen und sie dann Mia gar nicht mehr zuhören. Da man sich so einen Hund ja nicht basteln kann, ist der zwar als sogenannter „Eye-Catcher" gut, wird aber nicht unbedingt dazu führen, dass mehr Kinder dem Kreativ-Club beitreten.

Bild grün: Die Frage ist, ob diese Liste wirklich echt ist? Natürlich kann man Menschen mit solchen Listen beeinflussen. Wenn man sieht, dass schon soooooo viele andere Kinder in der kreativen Werkstatt sind, macht man wahrscheinlich eher mit, vor allem, wenn man Leute kennt, die auf dieser Liste stehen. Mit solchen Listen, die meist gefälscht sind, versuchen allerdings manche Betrüger zum Beispiel Geld zu ergaunern. Auf der Liste stehen dann Namen von berühmten Personen, die Geld gespendet haben und wenn man diese Namen liest, dann spendet man natürlich auch etwas. In Wahrheit haben diese bekannten Persönlichkeiten aber gar nichts gespendet und wissen nicht, dass ihr Name auf der Liste steht. Mit dieser Liste manipuliert Mia also die anderen Kinder. Natürlich will sie niemanden betrügen, sondern etwas Gutes mit der Kreativ-Werkstatt erreichen. Manipulation muss also nicht zwangsläufig negativ sein, man kann auch etwas Gutes damit erreichen.

Bild blau: Das hübsche rote Kleid ist ähnlich einzuordnen wie der Welpe. Mia zieht damit Aufmerksamkeit auf sich. Mit sehr ordentlicher Kleidung wirkt man auch sehr viel ehrlicher und vertrauenswürdiger. Viele Geschäftsleute und zum Beispiel Versicherungsvertreter tragen deswegen einen Anzug und eine Krawatte. Die ordentliche Kleidung ist ein Symbol, dass man auch ein gutes und ordentliches Produkt verkauft. Wenn Mia Kinder für ihren Kreativ-Club gewinnen will, ist gute Kleidung also eine Voraussetzung, dass man ihr Glauben schenkt. Die Kleidung alleine wird aber noch nicht ausreichen, Mia braucht auch Überzeugungskraft und die gewinnt sie, wenn auch ihr Produkt gut ist und damit sind wir wieder bei Punkt 1, wo Mia den Kindern Sachen zeigt, die in der Kreativ-Werkstatt hergestellt worden sind.

Die Reaktion „Bei der Ansprache der Kinder zeigt sie Dinge, die Mitglieder der kreativen Werkstatt gebastelt haben." (Bild rot) dürfte am wirksamsten sein. Möglich ist auch „Mia fertigt eine Liste mit Kindern an, die bereits Mitglieder ihrer kreativen Werkstatt sind. Sie zeigt diese Liste beim Ansprechen" (Bild grün), was aber eine Beeinflussung der Kinder darstellt. Manipulation bedeutet, dass jemand versucht, andere dazu zu bringen etwas zu tun. In den meisten Fällen denkt man, dass Manipulation etwas Negatives ist, was aber natürlich nicht unbedingt zutreffen muss. Anders gesagt: Manipulation ist die Kunst, sich geschickt durchzusetzen. In der Definition von Manipulation ist nichts Negatives enthalten. Es sei denn, man betrachtet Einflussnahme generell als schlecht. Menschen können auf ganz unterschiedliche Weise manipuliert werden. Es können zum Beispiel falsche Dinge erzählt werden. Wenn zum Beispiel jemand sagt, dass eine bestimmte Pizzeria nur schlechte Pizza verkauft, dann glauben viele Menschen das und kaufen dort nicht mehr. Oder man erzählt nicht die ganze Wahrheit. Die meisten Menschen haben Angst, dass sie durch Manipulation zu ungewollten Handlungen quasi gezwungen werden. Allerdings ist ihnen nicht bewusst, dass wir im Prinzip von jeder Information beeinflusst werden, wie etwa bei der Werbung. Das Thema Manipulation hat dabei verschiedene Facetten. Es beschäftigt sich mit Mechanismen, mit denen wir einen anderen Menschen zu überzeugen versuchen. Wenn man jemanden zu etwas überreden will, das dieser eigentlich nicht machen möchte, hat man eine ganze Menge Möglichkeiten, ihn doch noch dahin zu bringen. So steigt zum Beispiel die Spendenbereitschaft, wenn man dem potenziellen Spender eine Namensliste mit Spendern vorlegt. Und sie steigt umso mehr, je länger die Namensliste ist.

Fragen

1. Bist du schon einmal von anderen überredet worden, etwas zu tun, was du ursprünglich eigentlich gar nicht wolltest?
2. Fällt es dir leicht, andere Menschen zu überzeugen, etwas für dich zu erledigen?
3. Denkst du, dass jeder Mensch andere manipuliert?

2.1.10 Die unzuverlässige Pia

Bei einer Geburtstagsparty lernt Pia Sarah kennen.

Pia und Sarah befreunden sich. Kurz darauf verabreden sich die Mädchen zum Spielen.

Die Mädchen verabreden sich zum Spielen erneut. Pia kommt nicht.

Wie soll sich Sarah verhalten?

Aufgabe

Schau dir die folgende Bildergeschichte an. Hier freunden sich zwei Mädchen an. Sarah hat auf einer Geburtstagsparty Pia kennengelernt. Die beiden Mädchen haben viel Spaß auf dem Spielplatz. Sarah hat den Eindruck, dass sie mit Pia besonders gut spielen kann. Sarah möchte diese Freundschaft über längere Zeit aufrechterhalten. Sie fragt Pia nach einer Verabredung auf dem Spielplatz. Die Freude von Sarah am Anfang ist groß, doch Pia kommt nicht.

Wahrnehmung

Auswahlmöglichkeiten

Hier werden dir vier Bilder vorgelegt, die diese Geschichte ergänzen können. Welches Bild ist für dich die am besten passende Möglichkeit? Bitte entscheide dich für eines der vier farblich markierten Bilder.

Übersicht von Auswahlmöglichkeiten

Wenn du aufgeschlossen bist, dann fällt es dir leicht, neue Freundschaften zu knüpfen. Es ist eine wertvolle Erfahrung, in Sachen Freundschaft kleinere oder größere Krisen zu bewältigen und in schwierigen Situationen neue Möglichkeiten zu erkennen. Aufgrund deiner persönlichen Erfahrung entscheidest du dann, ob du die Freundschaften eingehst oder lieber abwarten willst.

Bild rot: Natürlich ist Sarah verletzt und enttäuscht, sie hatte sich ja bestimmt auf das Treffen gefreut. Es handelt sich also um eine verständliche Reaktion, die wir alle erleben. Nur leider löst es keine Probleme, wenn man dann endlos verletzt und enttäuscht bleibt. Man sollte versuchen, diese erste Reaktion zu überwinden.

Bild gelb: Auch die Reaktion, den Kontakt zu Pia abzubrechen, ist verständlich. Sie ist wütend, dass Pia einfach nicht gekommen ist. Enttäuschung schlägt leicht in Wut um, weil man denkt, der andere habe das extra gemacht und man vermutet vielleicht sogar eine böse Absicht. Aber muss es wirklich böse gemeint sein, wenn man eine Verabredung nicht einhalten kann? In solchen Situationen ist es sinnvoll darüber nachzudenken, warum jemand nicht zu einem Treffen gekommen ist? Natürlich, wenn jemand ständig nicht zu verabredeten Terminen kommt, sollte man ernsthaft darüber nachdenken, den Kontakt abzubrechen.

Bild grün: Diese Lösung dürfte die beste sein, denn Sarah überlegt, warum Pia nicht gekommen ist. Vielleicht haben die Eltern es nicht erlaubt, vielleicht muss sie lernen, vielleicht ist sie krank geworden oder etwas anderes Schlimmes ist passiert? Vielleicht kann Sara zu Pia gehen oder sie anrufen und herausfinden, warum das Treffen nicht geklappt hat? Und selbst wenn Pia den Termin einfach nur vergessen hat: Jeder von uns vergisst einmal etwas. Das ist verzeihlich.

Bild blau: Pias Reaktion, mit anderen Kindern zu spielen, wenn Sarah nicht kommt, ist völlig in Ordnung. Gar nicht in Ordnung ist aber, dass Sarah nun schlecht über Pia redet. Sie weiß ja gar nicht, warum Pia nicht gekommen ist. Schlimme Dinge über andere zu sagen, obwohl man es gar nicht genau weiß, nennt sich „Mobbing". Es richtet bei anderen Menschen schwere Schäden an.

Die Unzuverlässigkeit von Pia ist für Sarah ärgerlich, aber offenbar nicht entscheidend. Es kann sein, dass Pia unter einer Verabredung etwas anderes als sie versteht, nämlich eine mehr oder weniger unverbindliche Absichtserklärung. Wenn Sarah das Gefühl hat, dass sie und Pia wirklich gute Freundinnen geworden sind, soll Sarah Pia direkt darauf ansprechen und sagen, dass sie das verletzt und es blöd für sie ist, wenn Pia zur Verabredung nicht kommt. In dieser Situation wäre für Sarah auch empfehlenswert, ein weiteres Treffen mit Pia zu vereinbaren, um ihr klarzumachen, dass Zuverlässigkeit und Pünktlichkeit für sie bedeutungsvoll ist. Wenn für Pia die Freundschaft mit Sarah wichtig ist wird sie die Bedürfnisse ihrer Freundin erkennen und ihr Verhalten ändern.

> **Die Reaktion** „Sarah versucht, das Verhalten von Pia zu verstehen." (Bild grün) ist als sehr wirksam einzustufen.

Fragen

1. Wurdest du schon mal von deinem Freund oder deiner Freundin sitzen gelassen?
2. Hältst du immer dein Versprechen? Bist du immer pünktlich? Hast Du auch schon einmal eine Verabredung vergessen oder ein Versprechen nicht eingehalten?

_____

_____

_____

2.1.11 Florian lässt sich nicht provozieren

Aufgabe

Schau dir die folgende Bildergeschichte an. Florian ist ein neuer Schüler in der Klasse. Per Zufall erfahren seine Mitschüler, dass Florian rot wie eine Tomate wird wenn man ihn ärgert. Und er wird nun ständig von seinen Mitschülern geärgert. Das Schulklima wird so vergiftet, dass Florian mit Angst und Bauchweh in die Schule geht. Dann sucht Florian bei seinem älteren Bruder Rat.

Wahrnehmung

Auswahlmöglichkeiten

Hier werden dir vier Bilder vorgelegt, die diese Geschichte ergänzen können. Welches Bild ist für dich die am besten passende Möglichkeit? Bitte entscheide dich für eines der vier farblich markierten Bilder.

Übersicht von Auswahlmöglichkeiten

Es gibt Menschen, die einfach schüchterner als andere sind. Sie halten sich im Hintergrund, sprechen wenig und brechen den Blickkontakt ab. Sie stellen kaum Fragen, halten ihren Kopf gesenkt und erröten schnell. Für schüchterne Kinder stellt das Knüpfen neuer Kontakte oft eine Herausforderung dar.

Bild rot: Der Gedanke, dass die anderen ihn ärgern, weil sie Aufmerksamkeit brauchen, ist gar nicht so dumm. Letztlich wird Florian ja geärgert, weil andere dann ihren Spaß haben. Kinder denken meist nicht darüber nach, wie sehr sie denjenigen quälen. Aber fast niemand ist von Anfang an böse, es ist oft nur Gedankenlosigkeit. Allerdings wird das Verständnis für die anderen Kinder, die ihn ärgern, hier nicht viel weiterhelfen.

Bild gelb: Die anderen Kinder wollen ihn ärgern und freuen sich, wenn Florian dann knallrot wird. Wenn Florian es schafft, cool zu bleiben und darauf nicht zu reagieren, dann verdirbt er ihnen den Spaß und sie werden auf lange Sicht damit aufhören. Allerdings ist es schwierig, in solchen Situationen nicht rot zu werden, da dies eine automatische Reaktion des Körpers ist, die man schwer steuern kann. Wenn man innerlich ganz cool bleibt, dann wird man aber auch nicht rot. Man muss sich sagen: Lass die anderen reden, ich reagiere da nicht drauf. Dann werden sie aufhören.

Bild grün: Natürlich liegt es nahe, anderen mit gleicher Münze heimzuzahlen. Das wird aber nichts ändern, sondern die Situation wahrscheinlich eher verschlimmern, da hierdurch ein endloser Streit entstehen kann.

Bild blau: Es ist nett von Philipp gemeint, dass er seinem Bruder helfen will und die anderen Kinder bedroht. Vielleicht hören sie dann aus Angst vor dem Größeren auf, Florian zu ärgern. Vielleicht aber auch nicht. Angst zu verursachen, ist eigentlich nie ein gutes Lösungsmittel. Vor allem wird Florian dann nicht in die Klasse integriert, er wird ein Außenseiter bleiben.

Jemand sucht Streit, weil er sich über einen Mitschüler geärgert hat oder einfach schlecht drauf ist und an irgendeinem Opfer seine Aggression auslassen will. Dafür guckt er sich den Schwächsten aus. Eine Situation, wie sie täglich in Schulen vorkommt. Manche setzen Provokation gezielt ein. Eine solche Provokation zielt darauf ab, eine bestimmte Reaktion beim Gegenüber hervorzurufen – meist zu dessen Ärger. Verbale Attacken können sogar in Gewalt eskalieren. Wer sich provozieren lässt, lässt sich womöglich auch zu unvorteilhaften Reaktionen animieren, die sich nachteilig auswirken können. Zurückschimpfen, Beleidigen oder sogar den anderen angreifen, wird den Konflikt steigern. Es liegt daher an Kindern, im Falle einer Provokation ruhig zu bleiben und das geeignete Mittel zu wählen, um den Konflikt zu beenden. So könnte Florian zum Beispiel auch das Gespräch mit einem der Kinder suchen, die ihn ärgern und schildern, dass diese Sprüche wie „Flo – Klo!" ihn wirklich verletzen und traurig machen. Wenn er es schafft, eines der Kinder zu überzeugen, hat er vielleicht jemanden, der ihn verteidigt, wenn andere wieder versuchen, ihn zu ärgern.

Florian erkennt, dass er zwar nicht kontrollieren kann, was andere zu ihm sagen, dafür kann er aber selbst bestimmen, wie er darauf reagiert. Wenn Florian einfach nicht so reagiert, wie von anderen erhofft, werden die Angreifer aufhören, ihn zu provozieren.

Die Reaktion „Philipp meint, dass Florian sich nicht mehr ärgern soll. Niemand außer er selbst soll Kontrolle über ihn haben." (Bild gelb) ist als sehr wirksam einzustufen.

Fragen

1. Kennst du jemanden, der von seinen Mitschülern ständig geärgert wird?
2. Hast du selbst schon einmal jemanden gehänselt? Warum hast du das gemacht? Wie hast du dich gefühlt?
3. Bist du schon einmal von anderen geärgert worden? Wie reagierst du darauf? Würdest du deinen Eltern Bescheid sagen, sollte dich jemand in der Schule ärgern?

_____

_____

_____

2.1.12 Fass mich nicht an!

Die Schulklasse von Micha hat Sportunterricht. Auf dem Weg zur Toilette fühlt sich Micha von dem großen Jungen beobachtet.

Micha ist alleine im Raum. Plötzlich sieht er den großen Jungen neben sich, der ihn beobachtet hat. Der Junge bietet Micha einen Keks an.

Dann plötzlich stellt der große Junge komische Fragen und kommt Micha gefährlich nah.

Wie soll sich Micha verhalten?

Aufgabe

Schau dir die folgende Bildergeschichte an. Während des Sportunterrichts fühlt Micha sich von einem größeren Jungen beobachtet. Micha empfindet das als sehr unangenehm. Später trifft er diesen älteren Jungen auf der Toilette. Dort ist sonst niemand. Der ältere Junge plaudert aber nett mit Micha und schenkt ihm Süßigkeiten. Micha ist sehr stolz, dass ihm so viel Beachtung geschenkt wird. Aber plötzlich soll er komische Fragen beantworten. Der ältere Junge will zum Beispiel wissen, ob Micha im Umkleideraum Mädchenklassen beim Umziehen beobachtet hat. Nein, für sowas interessiert sich Micha nicht. Dann kommt der ältere Junge näher und will Micha in die Hose fassen. Das will Micha aber auf keinen Fall.

Wahrnehmung

Auswahlmöglichkeiten

Hier werden dir vier Bilder vorgelegt, die diese Geschichte ergänzen können. Welches Bild ist für dich die am besten passende Möglichkeit? Bitte entscheide dich für eines der vier farblich markierten Bilder.

Übersicht von Auswahlmöglichkeiten

Wenn man einen anderen Menschen an intimen Körperteilen anfasst, obwohl die andere Person das nicht möchte, dann nennt man das eine Grenzüberschreitung.

Solche Grenzüberschreitungen erlebt leider jeder. Oftmals sind es schmerzliche Erfahrungen, die mit einem Gefühl von Hilflosigkeit einhergehen.

Bild rot: Die Reaktion „Ich muss mich wehren" ist sicherlich richtig, gegen eine solche Grenzüberschreitung muss man sich aktiv wehren. Aber natürlich nicht gleich mit Gewalt, indem man dem anderen zwischen die Beine tritt. Das wäre ja ebenso eine Grenzüberschreitung.

Bild gelb: Diese Reaktion dürfte erst falsch und dann richtig sein. Es ist verkehrt, dem großen Jungen zu erlauben, dass er Micha anfasst. Richtig ist es, den Eltern später zu erzählen, was passiert ist. Leider sind keine Beweise und keine Zeugen da. Der große Junge wird behaupten, dass es gar nicht so gewesen ist. Aber wenn die Eltern das bei der Schulleitung melden, wird man ein waches Auge auf den großen Jungen haben, was dann verhindert, dass er so etwas bei anderen Kindern erneut versucht.

Bild grün: Ein Kind soll in Übergriffsituationen, wie sie Micha hier erleben muss, selbstbewusst „Nein" sagen und so lange nach Hilfe rufen, bis diese kommt. Oder wenn möglich schnell weglaufen, wenn eine Situation unangenehm ist oder es sich angegriffen fühlt. Und vor allem soll ein Kind offen und ohne Scham mit seinen Eltern über einen solchen Übergriff sprechen können. Auch dann, wenn der Angreifer von ihm verlangt, dass es ein Geheimnis bleiben soll oder Drohungen ausspricht.

Bild blau: Von dem großen Jungen zu verlangen, dass er einen loslässt und nicht anfasst, ist eine richtige Reaktion. Aber natürlich ist es nicht in Ordnung, den anderen nun zu beschimpfen und zu provozieren.

Die Reaktion „Micha ruft laut: „Fass mich nicht an! Ich will das nicht! Er reißt sich los und flieht durch die Tür." (Bild grün) ist als sehr wirksam einzustufen.

Fragen

1. Hast du schon einmal beobachtet, wie andere gegen ihren Willen festgehalten und angefasst wurden? Wie hast du dich da verhalten?
2. Was würdest du machen, wenn dich eine andere Person an Körperstellen anfasst, wo du nicht berührt werden möchtest?
3. Hast du schon einmal andere berührt, festgehalten oder angefasst, obwohl du weißt, dass sie das nicht gemocht haben?

_____

_____

_____

2.1.13 Tom und das Eis

Aufgabe

Schau dir die folgende Bildergeschichte an. Tom möchte sich in einem Laden ein Eis kaufen, aber er hat nicht genug Taschengeld dabei. Zwei Fremde spendieren ihm ein Eis. Als die Fremden Tom anbieten, zum Spielplatz mitzukommen, ist das ein verlockendes Angebot. Seine Eltern haben ihm aber gesagt, dass er sich von einem Fremden nicht überreden lassen darf, mitzugehen. Aber der Mann und die Frau sind doch zu zweit und sie scheinen sehr nett zu sein und das Eis, dass sie ihm gekauft haben, schmeckt ihm sehr. Tom spielt gerne im Sandkasten. Wäre es in Ordnung, wenn er in Begleitung der Fremden zum Spielplatz geht? Eine schwierige Situation für Tom.

Auswahlmöglichkeiten

Hier werden dir vier Bilder vorgelegt, die diese Geschichte ergänzen können. Welches Bild ist für dich die am besten passende Möglichkeit? Bitte entscheide dich für eines der vier farblich markierten Bilder.

Übersicht von Auswahlmöglichkeiten

Eine schwierige Situation, denn die beiden Fremden wirken ja sehr nett und haben Tom sogar ein Eis geschenkt. Der Mann und die Frau sehen auch sehr freundlich aus, was also kann passieren? Vielleicht mögen sie Kinder und möchten einfach nur mit ihm spielen?

Bild rot: Die Erwachsenen stellen sich mit ihrem Namen vor. Das erzeugt in Tom die Illusion, dass er die beiden nun kennt und ihnen vertrauen kann. Aber wer weiß, ob sie ihren wahren Namen gesagt haben? Vielleicht ist das Paar wirklich nur nett, aber leider gibt es auch böse Menschen und es ist sicherer, misstrauisch zu sein und besser nicht mit den beiden mitzugehen.

Bild gelb: Mit den beiden Erwachsenen zum Spielplatz zu gehen, ist sicherlich keine gute Idee. Auf dem zweiten Bild ist auch zu sehen, dass der Spielplatz leer ist. Wer kann Tom dann helfen, falls das Paar doch etwas Schlimmes plant? Die Frage ist, welche Motivation die beiden Erwachsenen haben, um Tom ein Eis zu spendieren und mit ihm auf den Spielplatz zu gehen? Erwachsene haben selten Spaß daran, in der Sandkiste zu spielen. Was bezwecken sie mit ihrer Einladung? Vielleicht doch etwas Böses?

Bild grün: Um dich in bestimmten Situationen vor anderen Personen zu schützen, brauchst du die Fähigkeit, Grenzen zu setzen. Damit du selbstbewusst „Nein" sagst, solltest du deine innere Grenze deutlich spüren und deinen Gefühlen und Fähigkeiten vertrauen. Du solltest wissen, dass dein Körper nur dir selbst gehört und dass du dich in bestimmten Situationen wehren musst. Auch wenn die beiden Erwachsenen nett aussehen und Tom ein Eis geschenkt haben, ist es sicherer, ihnen nicht zu vertrauen und lieber wegzugehen. Vielleicht sind es auch nette Menschen, dann ist es schade, dass Tom wegläuft. Aber das weiß man nicht und daher ist es besser, nicht mit ihnen zum Spielplatz zu gehen. Am besten wäre, wenn Tom den beiden klar macht, dass seine Eltern ihm absolut verboten haben, mit fremden Menschen mitzugehen.

Bild blau: Den besten Freund mitzunehmen ist auch eine Lösung. Falls die beiden Fremden etwas Böses planen, ist es ein kleiner Schutz, wenn ein anderes Kind dabei ist. Die Frage ist aber: Könnte Lukas seinen Freund Tom wirklich beschützen, wenn das Paar versucht, etwas Schlimmes zu tun? Lukas ist ja auch nur ein Kind. Und was macht Tom, wenn Lukas nach Hause gehen muss? Bleibt er dann mit den Fremden auf dem Spielplatz?

Tom kann sich in dieser Situation selbst schützen, wenn er seiner Intuition folgt und den Mut zum Neinsagen hat. Tom läuft weg, weil er die Situation unangenehm findet. Ein Kind soll nie mit einem fremden Erwachsenen mitgehen, auch wenn er nett aussieht. Niemand weiß, was passieren kann.

Die Reaktion „Tom bekommt Angst. Er läuft weg." (Bild grün) ist als sehr wirksam einzustufen.

Fragen

1. Bist du schon einmal von fremden Erwachsenen angesprochen worden? Wie hast du dich gefühlt? Wie hast du dich verhalten?
2. Was würdest du tun, wenn ein Fremder dich zum Beispiel anspricht und nach einem Weg fragt und dich bittet, dir zu zeigen, wie man dorthin kommt?
3. Was würdest du tun, wenn ein fremder Mensch dir ein tolles Geschenk verspricht und dich bittet mit zu ihm nach Hause zu kommen, damit er es dir geben kann?
4. Wann darf man mit fremden Menschen reden?
5. Woran kannst du erkennen, ob jemand etwas Böses oder etwas Gutes von dir will?

_____

_____

_____

Anregung

Stell dich vor den Spiegel. Mit entsprechender Mimik und Gestik und entschlossener Stimmer sage „Nein".

2.2 Austausch

In einem sozialen Umfeld lernen sich Kinder untereinander kennen. Sie wissen, wer ihre Bezugspersonen sind und finden ihren Platz in der Gruppe. Sie lernen Regeln einzuhalten, teilen zu müssen, Konflikte zu lösen und füreinander da zu sein. Dabei orientieren sich Kinder auch an anderen Kindern, lernen im Probieren verschiedene Möglichkeiten des sozialen Miteinanders kennen und ihre eigenen Fähigkeiten besser einzuschätzen. Sie machen meistens auch die Erfahrung, dass sie Erfolg haben und bestätigt werden. Diese Fähigkeiten werden mit folgenden Bildergeschichten erprobt.

Kurzbeschreibung von Bildergeschichten aus diesem Kapitel

2.2.1	Antisemitischer Vorfall	Fridolin findet eine Lösung, um der Bedrohung des friedlichen Miteinanders entgegenzutreten.
2.2.2	Anna in der neuen Schule	Eine Strategie von Anna, um Freunde in der neuen Schule zu finden.
2.2.3	Ines wird beleidigt	Ein neidischer Boris unterstellt Ines Dinge, die nicht stimmen und Ines klärt diese Angelegenheit.
2.2.4	Hilfsbereiter Nils	Nils hilft seiner Schwester gerne. Seine aufdringliche Art führt aber dazu, dass seine Schwester sich abgewertet fühlt.
2.2.5	Zweifel an der Freundschaft	Anton hat Verständnis, dass kleine Geheimnisse in der Freundschaft völlig normal sind, solange sie nicht das Vertrauen des anderen missbrauchen.
2.2.6	Hannah wird beneidet	Hannah hat keine Schuld daran, dass sie gemobbt wird. Sie setzt sich gegen Mobbing zu Wehr.
2.2.7	Mandy im Zooladen	Mandy erlebt im Zooladen etwas Unangenehmes. Sie weiß aber, wie sie sich in dieser Situation Fremden gegenüber verhalten soll.
2.2.8	Eine Begegnung im Bus	Linda findet, dass Smalltalk der perfekte Einstieg ist, um ungezwungen Kontakt aufzubauen.
2.2.9	Ein dummer Witz	Angela hat seine Freundin beleidigt, aber sie findet einen Weg, um das gutzumachen.
2.2.10	Die richtige Portion Selbstvertrauen	Elisa findet einen Weg, um seiner Freundin zu zeigen, dass sie sie manchmal stört.
2.2.11	Ein verlockendes Angebot	Steffi steigt ins Auto eines fremden Mannes nicht ein.
2.2.12	Paula zeigt Mitgefühl	Paula findet, dass sie mit einem Lachen besser mit dieser für Greta schwierigen Situation fertig werden kann.
2.2.13	Das unterbrochene Ballspiel	Karl wirft Klara bei einem Spiel den Ball auf den Kopf. Klara fängt an zu weinen.

2.2.1 Antisemitischer Vorfall

Aufgabe

Schau dir die folgende Bildergeschichte an. Fridolin und Jacob sind seit langem befreundet. Gemeinsam spielen sie Fußball, entdecken die Geheimnisse ihrer nahen Umgebung, die Hinterhöfe, düstere Kellereingänge und andere heimliche Verstecke. Viele Jahre bis zur Einschulung waren die beiden unzertrennlich. In der Schule wurden sie nun von einer Gruppe anderer Schüler aufeinander gehetzt. Anfangs ging es darum, herauszufinden, wer von den beiden der Stärkere ist, später wurde Fridolin auf Jacob gehetzt, weil er Jude ist. Für Fridolin ist Jacob sein bester Freund, aber die Gruppe von älteren Jungs übt auf ihn großen Druck aus. Wie soll Fridolin sich verhalten?

Auswahlmöglichkeiten

Hier werden dir vier Bilder vorgelegt, die diese Geschichte ergänzen können. Welches Bild ist für dich die am besten passende Möglichkeit? Bitte entscheide dich für eines der vier farblich markierten Bilder.

Übersicht von Auswahlmöglichkeiten

Ein Schüler wird auf dem Pausenhof als „Du Jude" beschimpft. Wie reagierst du in dieser Situation? Was kannst du tun, wenn ein Schüler ein anderes Kind aufgrund seiner Hautfarbe oder Religion rassistisch beleidigt oder wenn du zum Beispiel siehst, wie ein Mitschüler einem Mädchen mit Kopftuch vorwirft, eine Terroristin zu sein oder jemand einen behinderten Schüler hänselt? In diesen Fällen handelt es sich um Diskriminierungen, das heißt, dass man eine andere Person beleidigt und ausgrenzt. Dabei spielen Vorstellungen von dem eine Rolle, was „normal" und was „nicht normal" ist. Diese Vorstellungen von Normalität können dazu führen, dass Menschen, die nicht dieser Norm entsprechen, abgewertet und ausgegrenzt werden.

Bild rot: Leider werden Menschen aufgrund eines anderen Aussehens, einer anderen Religion oder auch aufgrund einer Behinderung gerade in der Schule von anderen geärgert, gequält und beim Spielen ausgeschlossen. Das sollte man nicht mitmachen, sondern – ganz im Gegenteil – zu diesen Menschen halten und ihnen helfen, in die soziale Gemeinschaft der Klasse oder Gruppe eingegliedert zu werden. Daher ist die Reaktion, die großen Jungs zu meiden und befreundet zu bleiben, die Beste.

Bild gelb: Die Reaktion, Jacob zu verprügeln, nur weil die großen Jungen das wollen, ist nicht gut. Natürlich muss man sich manchmal anpassen, aber wenn Fridolin hier gehorcht, was wird er tun, wenn die großen Jungs ihn auffordern z.B. etwas zu stehlen oder Schlimmeres. Man muss immer das tun, was man mit dem eigenen Gewissen vereinbaren kann.

Bild grün: Die beiden großen Kinder wollen Jacob verprügeln, weil er ein Jude ist und nun will Fridolins Bruder die beiden deswegen verprügeln. Gewalt ist aber nie eine gute Lösung. Gewalt erzeugt Gegen-Gewalt und das steigert sich dann immer weiter. Man sollte immer erst einmal versuchen, eine friedliche Lösung zu finden.

Bild blau: Hier weigert sich Fridolin, wenigstens seinen Freund Jacob zu verprügeln. Aber er stellt sich trotzdem auf die Seite der großen Jungen, er beendet seine Freundschaft und ärgert Jacob nun. Das ist natürlich nicht in Ordnung. Fridolin verliert einen Freund und hält stattdessen zu Jungs, die sich sehr böse verhalten.

„Du Jude" gehört leider zu den häufigen Beleidigungen auf deutschen Schulhöfen. Jüdische Schülerinnen und Schüler werden manchmal von ihren Mitschülerinnen und Mitschülern angegriffen und das, obwohl Antisemitismus in unserer Gesellschaft nicht akzeptiert wird. Jede antisemitische Äußerung bedarf eines konsequenten Einschreitens. Das bedeutet, dass gegen jene, die antisemitisch handeln, Ordnungsmaßnahmen eingeleitet werden.

Die Reaktion „Fridolin weigert sich, Jacob zu schlagen. Er und Jacob wollen die großen Jungs meiden." (Bild rot) ist als sehr wirksam einzustufen.

Fragen

1. Hast du schon einmal dabei mitgemacht, sich über ein anderes Kind lustig zu machen, das zum Beispiel sehr dick ist oder sehr klein oder eine sehr starke Brille trägt? Oder ein Mädchen als hässlich bezeichnet? Oder einen anderen Mitschüler „dumm" genannt, weil er nicht so gut lernen kann?
2. Hast du in der Schule schon einmal ein diskriminierendes Verhalten wegen Religion, Behinderung, sexueller Identität, Religion oder Geschlecht beobachtet?
3. Was glaubst du, warum ärgert man andere Kinder, macht sich über sie lustig oder schließt sie beim Spielen aus?

2.2.2 Anna in der neuen Schule

Aufgabe

Schau dir die folgende Bildergeschichte an. Anna geht in eine neue Schule. Sie ist aufgeregt und hat Angst davor, dort keine Freunde zu finden, weil sie etwas schüchtern ist. Vielleicht tut sie sich aber auch einfach generell schwer damit, neue Kontakte zu knüpfen? In der Pause spielen die anderen Kinder. Was kann Anna tun?

Austausch

Auswahlmöglichkeiten

Hier werden dir vier Bilder vorgelegt, die diese Geschichte ergänzen können. Welches Bild ist für dich die am besten passende Möglichkeit? Bitte entscheide dich für eines der vier farblich markierten Bilder.

Übersicht von Auswahlmöglichkeiten

Freundschaften sind für die Entwicklung sozialer Kompetenz wichtig. Freunde tun dem eigenen Selbstbewusstsein gut. Wer Freunde hat, ist weniger einsam und genießt ein höheres soziales Ansehen.

Bild rot: Wenn Anna sich alleine irgendwo hinsetzt und ein Buch liest, dann ist das für den Augenblick natürlich eine Möglichkeit, weniger Angst vor den anderen zu haben. Aber weit weg von den Mitschülern wird auch niemand sie ansprechen und fragen, ob sie mitspielen möchte. Sie wird also nicht im Klassenverband aufgenommen, sondern bleibt einsam. Manchen Menschen genügt das, sie sind gerne für sich. Der Mensch ist aber ein Gruppen-Tier. Das heißt, wir leben seit Jahrtausenden in kleinen Sippen und fühlen uns sicherer, wenn wir unser Rudel um uns herum haben.

Bild gelb: Auf dem zweiten Bild geht Anna immerhin auf den Spielplatz, wo auch die anderen Kinder ihrer Klasse spielen. Sie spielt zwar alleine, hat aber immerhin die Chance, dass ein anderes Kind sie anspricht und fragt, ob sie mitspielen möchte. Das ist besser, als sich völlig abzusondern. Wie im letzten Bild gesagt, sind manche Leute aber zufrieden, wenn sie ihre Ruhe haben. Es muss nicht schlecht sein, wenn man gerne alleine spielt. Mehr Spaß macht es aber meist, zusammen mit anderen zu spielen.

Bild grün: Die Möglichkeit, die Lehrerin anzusprechen ist auf jeden Fall besser, als sich ganz alleine irgendwo zu verkriechen. Natürlich it es möglich, dass die Lehrerin ihr hilft, dass die anderen sie mitspielen lassen. Es ist ja auch Aufgabe einer Lehrerin, einer neuen Schülerin zu helfen, Freundschaften aufzubauen. Allerdings kann auch die Lehrerin andere Kinder nicht zwingen, Anna mitspielen zu lassen. Vielleicht tun die anderen Schüler das dann nur, weil die Lehrerin es verlangt hat?

Bild blau: Die beste Möglichkeit ist es, wenn Anna die anderen Kinder fragt, ob sie mitspielen darf. Natürlich ist das schwierig, wenn man schüchtern oder ängstlich ist. Man befürchtet dann Ablehnung. Was ist, wenn die anderen Schüler sagen, dass man sie nicht mit dabei haben will? Aber wenn man nicht fragt, wird man alleine bleiben. Und fast immer werden die anderen Kinder – so wie hier – sagen: Klar, kannst du mitspielen. Und wenn nicht, dann fragt man eben ein anderes Kind. Oft gibt es in der Klasse auch andere Schüler, die schüchtern sind und nicht so viele Freunde haben. Vielleicht fragt man gerade ein solches Kind, das auch alleine spielt?

Eine ideale Lösung, die garantiert zu einer festen Freundschaft führt, gibt es leider nicht. Was es aber sehr wohl gibt, sind einige wichtige Faktoren, die die Chancen von Anna, gute Kontakte zu knüpfen und echte Freunde zu finden, enorm erhöhen. Eine davon schauen wir uns jetzt einmal an: Initiative ergreifen. Denn die Mitschüler von Anna haben wahrscheinlich schon einen festen Freundeskreis und sind nicht auf neue Freunde angewiesen, im Gegensatz zu ihr. Wenn Anna jemanden sympathisch findet, sollte sie sich trauen, ihn oder sie anzusprechen, um gemeinsam etwas zu unternehmen. Das sollte zu Anfang am besten irgendetwas kleines sein, wie zusammen auf dem Spielplatz spielen. Vielleicht kann man später zusammen Eisessen, ins Kino gehen oder sich gegenseitig zum Geburtstag einladen? So baut man langsam Freundschaften auf. Man muss sich nur trauen und fragen.

> **Die Reaktion** „Anna fragt Kinder, ob sie mitspielen darf. Die Kinder spielen zusammen mit Anna." (Bild blau) ist als sehr wirksam einzustufen.

Fragen

1. Spielst du lieber alleine oder in einer Gruppe?
2. Bestimmt warst du auch schon einmal neu in einer Gruppe, zum Beispiel in der Kita, in der Schule oder in einem Sportverein. Wie hast du dich als Neue oder Neuer gefühlt?
3. Wie verhältst du dich wenn du in der Schule oder zum Beispiel auf dem Spielplatz ein Mädchen oder einen Jungen kennenlernen möchtest?
4. Hast du schon einmal einem neuen Kind geholfen, sich in die Gruppe oder Klasse zu integrieren und das neue Kind gefragt, ob es beim Spielen mitmachen möchte?

_____

_____

_____

_____

2.2.3 Ines wird beleidigt

Boris und Ines müssen ein Referat für die Schule vorbereiten.

Boris hat eine schlechtere Note als Ines.

Boris beschuldigt Ines vor dem Lehrer, das Referat nicht selbstständig vorbereitet zu haben.

Welche Reaktion wäre für Ines am wirkungsvollsten?

Aufgabe

Schau dir die folgende Bildergeschichte an. Während Ines fleißig am Referat für die Schule gearbeitet hat, vernachlässigte Boris seine Vorbereitung und spielte stattdessen Fußball. Aus Neid erzählt Boris dem Lehrer, dass Ines ihr Referat abgeschrieben hat. Diese Äußerung gegenüber dem Lehrer verletzt Ines natürlich, denn sie hatte ihre Arbeit mit viel Mühe selbst geschrieben.

Austausch

Auswahlmöglichkeiten

Hier werden dir vier Bilder vorgelegt, die diese Geschichte ergänzen können. Welches Bild ist für dich die am besten passende Möglichkeit? Bitte entscheide dich für eines der vier farblich markierten Bilder.

Übersicht von Auswahlmöglichkeiten

Bestimmt kennst du Neid, denn er tut weh. Vielleicht bist du neidisch, weil dein Freund ein Spielzeug hat, das du selbst nicht hast oder auf das neue Fahrrad deiner Freundin. Oft ist man gar nicht auf Dinge anderer Menschen neidisch, sondern auf Dinge, die die anderen tun können. Vielleicht beneidest du eine Mitschülerin für ihre Eins in Mathe, während du selbst nur eine Drei erhalten hast. Neid ist wie eine Wut auf das, was der andere hat und man selbst nicht. Je schlechter es einem geht, umso neidischer kann man werden. Aber wie kann man Neid loswerden?

Bild rot: Wenn andere versuchen einem zu schaden, liegt es natürlich nahe, Verbündete zu suchen, um Rückhalt von anderen zu bekommen. Es hilft einem selbst sehr, wenn Freunde oder auch Familienangehörige sagen, dass man im Recht ist. Natürlich löst sich das eigentliche Problem dadurch nicht. Der Lehrer könnte jetzt Boris glauben, dass Ines ihren Vortrag abgeschrieben hat.

Bild gelb: Gar nichts zu tun, kann auch eine Lösung sein, denn man umgeht damit manchmal Konflikte. Statt sich aufzuregen, bleibt man einfach ruhig. Aber auch hier wird das Problem nicht gelöst, dass der Lehrer Boris Glauben schenken könnte.

Bild grün: Dem Lehrer zu beweisen, dass man das Referat selbst geschrieben hat, dürfte die beste Lösung sein. Vielleicht kann Ines ja Beweise bringen, zum Beispiel wo und wie sie die Informationen für ihren Vortrag gesammelt hat? Damit kann sie nachweisen, dass Boris gelogen hat. Manchmal muss man dafür kämpfen zu beweisen, dass man selbst im Recht ist. Ines fühlt sich unwohl und vielleicht denkt sie darüber nach, wie sie sich rächen kann. Auch wenn es nicht leicht für Ines ist, sie sollte versuchen, etwas Abstand zu der Sache zu finden. Oder eine Aussprache mit dem entsprechenden Lehrer suchen, um die Angelegenheit zu klären. Vielleicht hilft auch ein Gespräch mit Boris, mit den Eltern, mit einem Beratungslehrer oder mit der Schulleitung.

Bild blau: Es ist verständlich, dass Ines nach diesem Vorfall traurig ist und weint. Wenn man enttäuscht ist, sollte man ruhig weinen. Natürlich löst das nicht das Problem. Der Lehrer könnte weiterhin denken, dass Ines das Referat wirklich abgeschrieben hat.

Neid wird umso kleiner, je wohler man sich selbst fühlt. Wenn man selbst gute Leistungen bringt und mit beiden Beinen fest im Leben steht, muss man nicht neidisch auf andere sein. Neid ist eher ein Zeichen dafür, dass man sich selbst für minderwertig hält und wenig Selbstbewusstsein hat. Wenn man den Fokus auf das lenkt, was man selbst schon im Leben erreicht hat, kann man sich aufrichtig auch für andere freuen.

Die Reaktion „Ines sagt Boris und dem Lehrer, dass sie am Referat selbst gearbeitet hat." (Bild grün) ist als sehr wirksam einzustufen.

Fragen

1. Warst du schon einmal neidisch auf andere? Was hatten sie bekommen, was du nicht hast? Wie hat sich der Neid angefühlt?
2. War schon einmal jemand neidisch auf dich? Was hattest du, was diese Person nicht hat? Wie hast du dich da verhalten?
3. Was machst du, wenn jemand dich bei einem Lehrer (oder einer anderen Person) schlecht macht und Lügen über dich erzählt?
4. Hast du schon einmal eine Lüge über einen anderen erzählt, um dieser Person zu schaden, weil du sie nicht magst?

_____

_____

_____

_____

2.2.4 Hilfsbereiter Nils

Rita jammert laut über ihren Computer. Sie weiß, dass ihr Bruder Nils das nicht überhören kann.

Nils sagt Rita was sie machen muss. Rita meint, dass die Anweisungen von Nils ihr nicht helfen.

Auf Ritas Computer will Nils das Problem selbst lösen.

Wie soll sich Nils verhalten?

Aufgabe

Schau dir die folgende Bildergeschichte an. Rita sitzt am Computer. Der entwickelt ein ganz ungeahntes Eigenleben und widersetzt sich ihren Anweisungen. Ihre Nervosität steigt und schließlich beginnt sie, laut vor sich hin zu schimpfen und zu jammern. Ihr Bruder Nils kann es nicht überhören: „Dieser Computer macht, was er will. Wie soll ich es hinkriegen?" Nils hat die besseren PC-Kenntnisse, er gibt sich souverän: „Du musst es genauso machen, wie ich es dir schon mal gezeigt habe". Doch Rita meint, dass sie die Tricks von Nils bereits anwendet, aber der Computer auf sie trotzdem nicht hört. Noch bewahrt Nils die Ruhe: „Das kriegen wir hin. Lass mich das für dich machen". Doch damit ist Rita nicht einverstanden: „Nein, so lerne ich es nie! Ich bin nicht blöd! Ich kann das auch!"

Auswahlmöglichkeiten

Hier werden dir vier Bilder vorgelegt, die diese Geschichte ergänzen können. Welches Bild ist für dich die am besten passende Möglichkeit? Bitte entscheide dich für eines der vier farblich markierten Bilder.

Übersicht von Auswahlmöglichkeiten

Situationen, in denen man Hilfe anbietet, die der andere gar nicht haben möchte, kommen durchaus häufig im Leben vor. Wie kann man damit umgehen?

Bild rot: Es ist nett, wenn man jemandem seine Hilfe anbietet und das Problem für den anderen löst. Aber dabei lernt die andere Person ja nicht, wie man selbst seine Schwierigkeiten angeht. Man erzeugt nur Abhängigkeit. Letztlich sollte jeder in der Lage sein, eigene Probleme selbständig lösen zu können. Das erzeugt dann Selbstbewusstsein und Unabhängigkeit. Wenn Rita die Hilfe von Nils partout nicht annehmen will, ist es völlig in Ordnung, wenn er sich zurückzieht. Dann kann Rita tief durchatmen und es selbst noch einmal versuchen. Wenn sie es selbst schafft, wird sie stolz auf sich sein. Wenn Nils es für sie macht, wird sie das Gefühl haben, zu dumm zu sein, um mit Computern umzugehen. Manchmal hilft man anderen Menschen am meisten, indem man ihnen nicht hilft.

Bild gelb: Wenn Nils einfach nur sagt, was Rita tun soll, dann ist das vielleicht nett gemeint, sie wird aber nicht lernen, mit ihrem Computer umzugehen. Er kann ihr natürlich Hilfe anbieten, aber offensichtlich will Rita diese Hilfe gar nicht haben.

Bild grün: Die Computer zu tauschen wird vermutlich nicht viel ändern. Die meisten Computer haben ja ähnliche Betriebssysteme und wenn Rita es auf ihrem Computer nicht schafft, dann wird sie auf dem Computer von Nils dieselben Fehler machen. Auch die Äußerung von Rita, es erst nachher wieder zu versuchen, wird das Problem nicht lösen. Allerdings ist es manchmal so, dass das Gehirn eine Pause zum Erholen braucht. Oft machen wir denselben Fehler immer wieder und erst nach einer Pause kommt man auf eine neue Idee, wie man eine Problem lösen kann.

Bild blau: Nils ist sicherlich enttäuscht, dass Rita seine Hilfe nicht annimmt und er geht zu seinem Vater. Diese Lösung ist auch in Ordnung, weil er Rita seine Hilfe nicht aufzwingt. Die Reaktion des Vaters, dass er fragt, ob Rita überhaupt nach Hilfe gefragt hat, zeigt, dass Rückzug hier eine gute Lösung ist. Auf jedes Anzeichen von Hilfslosigkeit reagiert Nils im Glauben, etwas tun zu müssen. Auf den ersten Blick erscheint die Motivation von Nils ganz sympathisch. Er ist hilfsbereit, übertreibt das nur ein bisschen zum Wohle von Rita. Doch diese Hilfe wird in diesem Fall weder gebraucht noch erwünscht. Seine aufdringliche Art wird dazu führen, dass Rita sich abgewertet, klein gemacht und für blöd erklärt fühlt.

Die Errungenschaften der Menschheit sind nur entstanden, weil wir zusammenarbeiten. Dabei ist es auch notwendig, hin und wieder die Hilfe anderer anzunehmen. Auch wenn es einfach scheint, ist es für einige Menschen manchmal extrem schwierig, Hilfe anzunehmen. Es kann besonders hart für diejenigen sein, die glauben, dass man seine Unabhängigkeit und seine Fähigkeit, mit Dingen allein zurechtzukommen, verliert, wenn man um Hilfe bittet. Manche Menschen neigen dazu, zu glauben, dass sie in der Lage sein sollten, völlig alleine oder ohne Hilfe zurechtzukommen. Menschen sind soziale Wesen, die miteinander kooperieren müssen, um sich voll zu entfalten. Wenn wir keine Hilfe akzeptieren oder nicht zugeben, dass wir Hilfe brauchen, nehmen wir anderen Menschen die Chance, großzügig und freundlich zu sein.

> **Zwei Reaktionen** „Nils zieht sich zurück." (Bild rot) und „Nils geht zu seinem Vater und bittet ihn, Rita zu helfen." (Bild blau) sind also als sehr wirksam einzustufen.

Fragen

1. Wollte dir schon einmal jemand helfen und du wolltest diese Hilfe gar nicht haben?
2. Wolltest du schon einmal jemandem helfen, aber diese Person hat deine Hilfe abgelehnt?
3. Hast du manchmal das Gefühl, keine Hilfe zu brauchen, weil die Person, die dir hilft, deine Unabhängigkeit bedroht?
4. Hast du vielleicht Angst, dass du unprofessionell wirkst, wenn du um Hilfe bittest?
5. Wann hast du das letzte Mal jemanden um Hilfe gebeten? Wie hast du dich dabei gefühlt?

_____

_____

_____

_____

_____

Anregungen

1. Schreibe eine Geburtstagsrede über dich selbst, so wie sie dein bester Freund über dich halten würde. Von welchen deiner Taten, Fähigkeiten, Haltungen und erreichten Zielen erzählt er?
2. Lerne, dich besser zu akzeptieren, indem du deine Stärken erkennst. Wenn du dir deiner positiven Eigenschaften bewusst bist, werden dir Urteile oder Zurückweisungen von anderen weniger schaden.
3. Erstelle eine Liste deiner besten Eigenschaften und Fähigkeiten. Denke darüber nach, wenn du an deinen Fähigkeiten zweifelst oder wenn du dir Sorgen machst, ob andere dich gut finden.

2.2.5 Zweifel an der Freundschaft

Aufgabe

Schau dir die folgende Bildergeschichte an. Die Familie von Oskar zieht weg in eine weit entfernte Stadt. Irgendwie hat Oskar aber Angst, dies seinem besten Freund Anton zu erzählen. Erst drei Tage vor dem Umzug sagt er es. Wie wird Oskar reagieren?

Auswahlmöglichkeiten

Hier werden dir vier Bilder vorgelegt, die diese Geschichte ergänzen können. Welches Bild ist für dich die am besten passende Möglichkeit? Bitte entscheide dich für eines der vier farblich markierten Bilder.

Übersicht von Auswahlmöglichkeiten

Eine Freundschaft (oder sogar eine Liebe) aufzugeben, ist immer schmerzhaft. Viele Menschen haben Angst dasvor, dies auszusprechen und zögern es möglichst lange hinaus, bis es eigentlich schon zu spät ist. Dann ist die andere Person natürlich erst recht enttäuscht und frustriert.

Bild rot: Natürlich wird Anton sich nun einen neuen Freund zum Spielen suchen müssen, aber das heißt nicht, dass die Freundschaft zu Oskar automatisch beendet sein muss. Falsch ist vor allem der Gedanke, dass Anton nicht wichtig für Oskar ist. Anton kann ja nichts dafür, dass seine Eltern wegziehen. Wahrscheinlich hat Oskar so lange darüber geschwiegen, weil er weiß, dass es beide traurig macht.

Bild gelb: Draußen zusammen spielen können die beiden Jungs natürlich nicht mehr, wenn Oskar wegzieht, aber die moderne Kommunikation macht es ja möglich, trotzdem Kontakt zu halten. Über Internet und Smartphone ist das kein Problem. Beide können sogar miteinander Internet-Video-Games spielen. Entfernungen spielen hier keine große Rolle mehr. Natürlich ist es traurig, dass Oskar wegzieht, aber das muss nicht das Ende der Freundschaft sein.

Bild grün: Anton ist verärgert, weil Oskar ihm das erst so spät gesagt hat. Das ist verständlich, Oskar hätte das viel früher sagen müssen, nicht erst drei Tage vorher. Aber Anton sollte sich besser Gedanken machen, warum Oskar ihm das erst so spät berichtet hat. Vielleicht versteht er dann, dass Oskar Angst vor Antons Reaktion hatte und dass der Umzug beide traurig macht. Es war ja wahrscheinlich keine böse Absicht von Oskar.

Bild blau: Einen Erwachsenen um Rat zu fragen, ist oft eine gute Möglichkeit. In diesem Bild reagiert Antons Mutter auch sehr verständnisvoll und erklärt ihrem Sohn, dass Anton ja nichts für den Umzug kann. Es geht nicht anders, weil sein Vater eine neue Arbeit hat. Und die Mutter weist darauf hin, dass dies nicht das Ende der Freundschaft sein muss.

Als Anton plötzlich erfährt, dass sein bester Freund Oskar in drei Tagen mit seiner Familie in eine andere Stadt zieht, ist er beleidigt. Warum hat Oskar so lange geschwiegen, obwohl er von dem Umzug bereits lange Bescheid weiß? Sie sind doch die besten Freunde. Oskar fühlt sich schlecht. Er weiß, dass aus seinem Umzug ein Geheimnis zu machen, nicht nur ihm selbst gegenüber feige war. Vielleicht hat er sich auch eingeredet, er hätte das aus dem Wunsch heraus geheimgehalten, Anton zu schützen, ihn mit dieser Ankündigung nicht vor den Kopf zu stoßen. Wahrscheinlich hatte Oskar einfach nur Angst, kritisiert zu werden und hat es darum nicht früher erzählt. Am besten sollte sich Oskar vornehmen, künftig offener zu werden und alles, was wichtig ist, direkt mit anderen zu besprechen. Anton hat Verständnis, dass kleine Geheimnisse in einer Freundschaft völlig normal sind, solange sie nicht das Vertrauen des anderen missbrauchen. Vertrauen in einer Freundschaft kann wachsen und damit auch die Bereitschaft, etwas mehr von sich mitzuteilen. Verlangen kann man das aber nicht.

> **Die Reaktion** „Anton will sicherstellen, dass er und Oscar weiterhin in Kontakt bleiben." (Bild gelb) ist als sehr wirksam einzustufen. Aber auch mit der Mutter darüber zu sprechen, ist sinnvoll.

Fragen

1. Musstest du schon einmal jemandem eine negative Mitteilung machen? Ist es dir schwergefallen? Wie hast du das gemacht?
2. Hat dir schon einmal jemand eine schlimme Botschaft überbracht? Wie hat diese Person das gemacht? Was hätte dir geholfen? Wie hättest du die schlechte Botschaft am ehesten ertragen?
3. Gibt es Dinge, die du eigentlich einer anderen Person sagen müsstest, aber es geht dir einfach nicht über die Lippen?
4. Fällt es dir schwer, Geheimnisse für dich zu behalten?

_____

_____

_____

_____

2.2.6 Hannah wird beneidet

Hannah hat in der Schule ohne Mühe Bestnoten. Ihre Lehrerin lobt sie vor der ganzen Klasse.

Weil Hannah hübsch ist, wird sie für ihr Aussehen von ihren Klassenkameraden fertiggemacht.

Hannah wird oft nicht als Teil der Klasse gesehen.

Wie soll Hannah am besten mit dieser Situation umgehen?

Aufgabe

Schau dir die folgende Bildergeschichte an. Hannah schreibt in der Schule Spitzen-Zensuren. Natürlich sind ihre Klassenkameradinnen neidisch und ärgern Hannah. Als alle sich den Geburtstagskuchen von Timo teilen, bekommt sie nichts ab. Wie soll Hannah sich künftig verhalten?

Auswahlmöglichkeiten

Hier werden dir vier Bilder vorgelegt, die diese Geschichte ergänzen können. Welches Bild ist für dich die am besten passende Möglichkeit? Bitte entscheide dich für eines der vier farblich markierten Bilder.

Übersicht von Auswahlmöglichkeiten

Mobbing an Schulen kann in den verschiedensten Situationen auftreten und beinhaltet ein vielfältiges Verhalten. Die Misshandlungen laufen meistens nicht während des Unterrichts ab, sondern ereignen sich oft außerhalb, zum Beispiel in der Pause, im Schulbus, auf dem Schulhof oder der Toilette. Mobbing kann den Betroffenen direkt verbal und körperlich treffen oder in einer stummen Form des indirekten Handelns verletzend sein. Die Mitschüler machen sich über Hannahs Aussehen lustig. Hannah weiß nicht mehr weiter. Eine Mitschülerin erlaubt sich, eine fiese Bemerkung über Hannah vor den anderen zu machen: „Schaut mal, die schöne Hannah! Sie hat sich heute besonders hübsch gemacht" Und tatsächlich wenden sich einige Mitschüler von Hannah ab. Hannah wird von der Klasse geschnitten. Das wird ihr erneut deutlich, als sie von Timos Geburtstagskuchen nichts abbekommt.

Bild rot: Mit der Lehrerin sprechen, kann eine gute Möglichkeit sein. Oft wissen Erwachsene einen Rat. Vielleicht spricht die Lehrerin mit den Schülern und zeigt auf, wie grausam es ist, jemanden zu mobben. Leider besteht darin auch die Gefahr, dass die anderen sich nun erst Recht bevormundet fühlen und Hannah als „Petze" bezeichnen und dann weiter ausschließen. Man muss sich das also gut überlegen.

Bild gelb: Im Grunde kann Hannah ja nichts dafür, dass sie so gut in der Schule ist. Manchen Kindern fällt das Lernen sehr leicht, anderen schwer. Und sie kann wohl auch nichts dafür, dass sie obendrein noch hübsch ist. Das ist oft angeboren, man kann sich gar nicht dagegen wehren. Soll Hannah nun versuchen, hässlich auszusehen und sich bemühen, nur noch schlechte Zensuren zu bekommen, nur weil andere Kinder neidisch sind? Das darf nicht sein! Wenn man etwas erreicht hat, wird es immer neidische Menschen geben, die versuchen, einem zu schaden. Mit dem Neid der anderen muss man klarkommen. Man darf sich davon nicht verbiegen lassen. Vielleicht könnte Hannah Freundschaften aufbauen, indem sie einem anderen Kind, das nicht so gut ist, bei den Aufgaben hilft? Oder sie zeigt einem Mädchen, wie man sich frisiert und kleidet, sodass es attraktiv aussieht.

Bild grün: Jetzt schlechte Noten schreiben, würde wohl nichts helfen. Andere Kinder würden sie eher noch weiter verspotten. Die Mitschüler würden die Streberin vermutlich auslachen, wenn sie eine Fünf in der Mathearbeit schreibt. Letztlich sollte man immer bestrebt sein, gute Leistungen zu erzielen. Man darf sich nicht von anderen verbiegen lassen, die nicht so gut sind.

Bild blau: „Auge um Auge, Zahn um Zahn" heißt es schon in der Bibel. Damit ist gemeint, dass man es anderen mit gleicher Münze heimzahlt. Hannah ist durch ihr hübsches Aussehen und ihre tollen Zensuren aber schon zur Außenseiterin in der Klasse geworden. Wenn sie nun auch noch zickig reagiert, wird sich nichts verbessern, sondern ihre Lage wird sich verschlechtern. Statt sich aufzuregen, sollte sie versuchen, gute Miene zum bösen Spiel zu machen und auf die Provokationen ihrer Mitschüler gelassen reagieren. Die anderen ärgern sich ja nur, weil sie nicht so hübsch und nicht so klug sind wie Hannah.

Oft stecken hinter Mobbing vielfältige Ursachen. Es ist schwierig, sie zu ergründen, da es häufig schon weit fortgeschritten ist, wenn es bemerkt wird. Im Fall von Hannah können Neid und Konkurrenzdenken die Gründe für Mobbing ihrer Mitschüler sein, weil Hannas Fleiß von der Lehrerin gelobt wird. In dieser Situation sollte Hannah auf keinen Fall das Gefühl bekommen, dass sie Schuld daran ist, dass sie gemobbt wird. Hannah könnte sich zum Beispiel auch zur Wehr setzen und dem Vertrauens- oder Klassenlehrer sagen, dass etwas nicht stimmt und sie sich nicht wohl fühlt. Sie kann ihre eigenen Eltern oder auch andere Schüler, die sich nicht am Mobbing beteiligen, zu Rate zu ziehen.

Die Reaktion „Hannah denkt, dass ihre Mitschüler auf sie neidisch sind. Sie bleibt so wie sie ist." (Bild gelb) ist als sehr wirksam einzustufen.

Fragen

1. Haben andere Kinder dich auch schon ausgeschlossen und dir nichts abgegeben?
2. Hast du schon andere Kinder ausgeschlossen oder ihnen nichts abgegeben, weil du sie nicht leiden mochtest?
3. Kennst du Beispiele, wie sich Mobbing äußert?
4. Wie können Betroffene mit Mobbing umgehen? Was kann man tun, wenn andere einen beschimpfen und beim Spielen nicht mitmachen lassen?

_____

_____

_____

_____

2.2.7 Mandy im Zooladen

Aufgabe

Schau dir die folgende Bildergeschichte an. Mandys Wellensittich braucht Vogelfutter. Ihre Mutter bittet sie, in den Zooladen zu gehen, der sich im Nachbarhaus befindet. Dort sagt der Verkäufer zu ihr etwas wirklich Sonderbares: „Ich schenke dir das Vogelfutter, aber dafür will ich einen Kuss von dir." Der Verkäufer hält Mandy am Arm fest. Das tut zwar nicht richtig weh, aber unangenehm ist das schon.

Auswahlmöglichkeiten

Hier werden dir vier Bilder vorgelegt, die diese Geschichte ergänzen können. Welches Bild ist für dich die am besten passende Möglichkeit? Bitte entscheide dich für eines der vier farblich markierten Bilder.

Übersicht von Auswahlmöglichkeiten

Leider kommt es oft vor, dass Männer junge Mädchen mit solchen Angeboten belästigen. Wenn eine Frau sich in einen Mann verliebt, dann ist es völlig in Ordnung, dass sie ihm einen Kuss schenkt. Aber man sollte auf gar keinen Fall jeden küssen, der das möchte. Auch nicht, wenn man etwas geschenkt bekommt.

Bild rot: Wenn Mandy sich von dem Verkäufer kurz küssen lässt, dann wird der Mann es beim nächsten mal wieder versuchen. Letztlich kann Mandy dann nie wieder alleine in den Zooladen gehen, ohne dass er sie mit seinen Zärtlichkeiten belästigt. Also definitiv keine gute Idee.

Bild gelb: Diese Möglichkeit ist schon besser als die erste. Mandy sagt, dass sie ihn ja morgen küssen möchte und fragt erst ihre Mutter, wie sie sich verhalten soll. Damit löst sie die Situation erst einmal. Wahrscheinlich wird ihre Mutter mit dem Verkäufer schimpfen, weil er einem Kind ein solch unzüchtiges Angebot gemacht hat. Allerdings hat sie den Verkäufer letztlich mit ihrer Aussage angelogen und ihm Hoffnungen gemacht. Das führt dazu, dass sie den nahegelegenen Laden nie wieder alleine betreten kann.

Bild grün: Wenn Mandy klar „Nein" sagt „Ich mag nicht geküsst werden!", dann setzt sie dem Verkäufer eine klare Grenze. Der Verkäufer wird vielleicht enttäuscht sein, aber fremde Männer sollten keine Kinder küssen. Das ist nicht erlaubt und es ist richtig, wenn Mandy sich hier eindeutig ausdrückt.

Bild blau: Auch in dieser Möglichkeit setzt Mandy eine klare Grenze. Sie möchte nicht geküsst werden und sagt das ganz eindeutig, was absolut richtig ist. Sie schlägt sogar nach dem Verkäufer, der sie festhält. Das darf sie aber erst tun, wenn der Mann sie nicht loslässt. Besser ist es, erst zu versuchen, sich loszureißen und wegzurennen. Gegenwehr und Gewalt darf sie erst einsetzen, wenn der Verkäufer sie nicht loslässt.

Es ist wichtig, Neinsagen zu lernen. Man muss in der Lage sein, selbst Grenzen zu setzen, wenn man in eine unangenehme Situation gerät. Das ist allerdings nicht so einfach. Die Voraussetzung dafür ist, die eigenen Gefühle gut zu kennen und sich äußern zu können, ohne andere Personen zu verletzen oder zu kränken. Es ist schwer, gerade bekannten und geliebten Personen Nein zu sagen, auch aus Angst, diese Person oder ihre Zuneigung zu verlieren. Vielleicht kennt Mandy den Verkäufer schon lange, manche erwachsenen Männer verlieben sich sogar in junge Mädchen. Trotzdem dürfen sie in Deutschland ein Kind nicht einfach auf den Mund küssen. Das ist verboten und daher ist Mandy völlig im Recht, wenn sie den Kuss abwehrt.

„Nein, das will ich nicht!" – sollen Kinder sagen, wenn sie von Fremden zum Mitgehen aufgefordert werden oder wenn andere Personen ihre Grenzen überschreiten. Wir wünschen uns selbstbewusste Kinder, die ihre Bedürfnisse kennen und sie deutlich machen. Kinder wissen in der Regel sehr gut, was sie mögen und was nicht. Sie merken, wenn eine Situation „komisch" wird und sie ahnen, dass man über Dinge reden muss, die Angst machen. Kinder äußern ihr Nein allerdings nicht immer mit Worten. Manche Kinder werden still und ziehen sich zurück, andere werden mürrisch und quengelig. Es ist schwierig und sehr mutig, Nein zu sagen, wenn größere Kinder oder Erwachsene Forderungen stellen.

Austausch

Die Reaktion „Mandy reißt sich los und rennt aus dem Zooladen. Der Verkäufer ist überrascht." (Bild grün) ist als sehr wirksam einzustufen.

Fragen

1. Kannst du dich an Situationen erinnern, in denen du zu jemandem ein klares und eindeutiges „Nein!" gesagt hast?
2. Kannst du dich an Situationen erinnern, in denen du etwas von einem anderen Menschen haben wolltest und diese Person hat deinen Wunsch mit einem klaren „Nein!" abgelehnt?
3. Dürfen Kinder in bestimmten Situationen zu den Anforderungen von Erwachsenen Nein sagen?
4. Kann ein Nein manchmal jemanden verletzen?

_____

_____

_____

_____

2.2.8 Eine Begegnung im Bus

Aufgabe

Schau dir die folgende Bildergeschichte an. Linda sieht jeden Morgen im Bus einen Jungen, den sie total nett findet. Sie schaut ihn oft an und er schaut auch immer wieder zu ihr. Linda will ihn so gern ansprechen, aber der Bus ist meistens voll mit anderen Schülerinnen und Schülern und sie traut sich nicht, weil sie Angst hat, dass er sie auslacht.

Auswahlmöglichkeiten

Hier werden dir vier Bilder vorgelegt, die diese Geschichte ergänzen können. Welches Bild ist für dich die am besten passende Möglichkeit? Bitte entscheide dich für eines der vier farblich markierten Bilder.

Übersicht von Auswahlmöglichkeiten

Es ist immer eine schwierige Situation, jemanden anzusprechen, den oder die man total süß findet. Den meisten von uns fällt das nicht leicht, weil man Angst hat, abgelehnt zu werden. Es wäre peinlich, wenn der andere dann sagt, dass er oder sie einen nicht nett findet. Aber wie kann man diese Situation lösen?

Bild rot: Linda traut sich nicht, den Jungen anzusprechen. Wahrscheinlich ist das nicht die beste Lösung, weil sie ihn dann vermutlich nie näher kennenlernen wird. Vielleicht, wenn sie sich öfter anblicken, merkt Norbert, dass Linda Interesse an ihm hat und er spricht sie an. Aber ebenso gut kann es sein, dass er sich auch nicht traut.

Bild gelb: Am besten (und am wenigsten peinlich) ist es, wenn man mit Smalltalk miteinander ins Gespräch kommt. Unter „Smalltalk" versteht man Gerede über eigentlich unwichtige Dinge, wie zum Beispiel das Wetter. Wenn Linda sich bewusst neben Norbert setzt, könnte sie zum Beispiel sagen: „Oh, ich glaube der Bus hat Verspätung, musst du auch um 08:00 in der Schule sein?" Oder: „Dafür, dass die Fahrpreise so hoch sind, könnte der Bus ruhig öfter fahren, nicht nur alle 20 Minuten." Oder: „Gott sei Dank, dass der Bus endlich gekommen ist, draußen war so ein kalter Wind." Oder, wie hier, kann sie einfach fragen: „Fährst du öfter mit diesem Bus?". Wenn Norbert auch Interesse an Linda hat, wird sich ein Gespräch ergeben und beim nächsten Mal setzt man sich dann gleich zusammen, um sich irgendwann miteinander zu verabreden. Das geht gut, wenn der Bus voll ist. Es wird niemandem wirklich auffallen, da sich viele Leute im Bus unterhalten.

Bild grün: Hier spricht Linda den Jungen gleich an und sagt ihm ihren Namen. Das geht natürlich auch. Es könnte etwas zu direkt sein. Vielleicht fühlt Norbert sich überfahren, wenn sie ihn direkt nach seinem Namen fragt? Wenn er sie auch mag, wird er das aber gut finden und es wird ein Gespräch entstehen. Es sei denn, Linda ist nicht sein Typ. Dann wird er wahrscheinlich nur kurz antworten und Linda nicht mehr beachten. Linda sollte das ruhig auch tun, selbst wenn der Bus voll ist. Wenn er sie nicht mag, ist die Situation aber nicht sehr peinlich. Im Bus ist es vielleicht etwas ungewohnt, wenn sich jemand neben einen setzt und gleich seinen Namen sagt, aber es gibt viele andere Situationen, wo dies möglich ist. Zum Beispiel auf einer Party, auf einer Hochzeitsfeier oder wenn mehrere Schulklassen etwas gemeinsam machen.

Bild blau: Den Jungen anzusprechen und gleich auf ein Eis einzuladen, ist viel zu direkt. Bevor man sich verabredet, sollte man vorsichtig vorfühlen, ob der oder die andere einen auch mag. Die beiden kennen sich ja noch gar nicht. Vielleicht haben sie völlig verschiedene Interessen. Da gleich zusammen Eisessen zu gehen, kann enttäuschend werden. Im günstigsten Fall sagt Norbert zu, aber wenn er es ablehnt, wird die Situation peinlich und Linda hinterher völlig frustriert sein. Außerdem wird ihr jedesmal unangenehm sein, in den Bus zu steigen.

Am einfachsten findet man Freunde, indem man mit jemandem redet und dabei herausfindet, was man gemeinsam hat. Aber wie macht man das, wenn man die Person nicht kennt und vielleicht auch noch schüchtern ist? Im Bus zum Beispiel verbringt man viel Zeit. Wenn man einsteigt, kann man es so machen wie Linda: einfach einen unbekannten Jungen um etwas bitten, nach dem Weg fragen, oder fragen, ob man sich neben ihn (oder sie) setzen kann und so anfangen miteinander über irgendein Thema zu reden, das gerade aktuell ist. Auf jeden Fall braucht das Mut, aber es lohnt sich!

Linda musst sich erst einmal klar darüber werden, dass es kein Beinbruch ist, einen Korb zu kriegen. Und peinlich sein muss es ihr auch nicht, solange sie es nett und höflich macht. Es ist nun mal so, dass Sympathie nicht immer auf Gegenseitigkeit beruht. Wenn man abgelehnt wird, ist das zwar zunächst ein blödes Gefühl, weil niemand gerne zurückgewiesen wird, aber nach kurzer Zeit kann sich auch ein Gefühl des Stolzes einstellen. Man ist stolz auf sich selbst, weil man es gewagt hat. Und dieser Stolz gibt einem Selbstbewusstsein für die nächsten Versuche bei jemand anderem.

Die Reaktion „Linda setzt sich neben den Jungen und schaut, wie er reagiert. Mit Smalltalk kommt sie ins Gespräch mit dem Jungen." (Bild gelb) ist als sehr wirksam einzustufen.

Fragen

1. Hast du auch Angst, eine unbekannte Person anzusprechen, die du nett, interessant oder attraktiv findest?
2. Bist du schon einmal von jemand anderem, den du bisher nicht kanntest, angesprochen worden, weil diese Person dich nett fand?
3. Wie reagierst du darauf, wenn dich jemand anspricht, den oder die du absolut nicht magst?
4. Wie reagierst du darauf, wenn dich jemand anspricht, den oder die du sehr sympathisch findest?
5. Welche Smalltalk-Themen fallen dir ein, um mit anderen ins Gespräch zu kommen?
6. Kannst du dir vorstellen, mit einem Gleichaltrigen ein Gespräch zu beginnen?
7. Hast du eine Idee, wo man Freunde finden kann?

_____

_____

_____

_____

2.2.9 Ein dummer Witz

Aufgabe

Schau dir die folgende Bildergeschichte an. Angela hat eine Bekannte, die dunkelhäutig ist, sie heißt Suna. Sunas Vater kommt von der Elfenbeinküste in Afrika und ist vor über zehn Jahren nach Deutschland eingewandert. Suna ist in Deutschland geboren. Die Mädchen verstehen sich gut und natürlich machen sie auch miteinander Scherze. Dann plötzlich erzählt Angela diesen Witz: „Na, Suna, wo ist denn deine Trommel? Ihr trommelt ja in Afrika die ganze Zeit." Daraufhin hat Suna plötzlich geschwiegen. Angela hat aber bemerkt, wie sehr das gesessen hat.

Austausch

Auswahlmöglichkeiten

Hier werden dir vier Bilder vorgelegt, die diese Geschichte ergänzen können. Welches Bild ist für dich die am besten passende Möglichkeit? Bitte entscheide dich für eines der vier farblich markierten Bilder.

Übersicht von Auswahlmöglichkeiten

Jeder versucht heute witzig zu sein. Gemeinsam über einen Scherz zu lachen, stärkt die Gemeinschaft. Leute, die witzig sein können, haben oft auch viele Freunde. Humor hilft zudem über Lebenskrisen hinweg. Leider ist es manchmal so, dass Scherze auch beleidigend sein können. Eigentlich wollte man etwas Lustiges sagen, aber der Witz ist gar nicht lustig, sondern wird von dem anderen als kränkend empfunden. So etwas passiert leider öfter mal und man braucht ein feines Gespür dafür, zu erkennen, dass man eine andere Person verletzt hat. Man erwartet ein fröhliches Lachen, aber der andere ist beleidigt. Was kann man tun?

Bild rot: Hier versucht Angela einfach weitere Witze zu machen, die einen ähnlichen Inhalt haben. Vielleicht hofft sie, dass Suna irgendwann doch lacht. Wahrscheinlicher ist aber, dass Suna durch diese Art von Scherzen zunehmend verletzt reagiert und sich zurückzieht. Also keine gute Lösung. Angela ist nicht feinfühlig genug, um zu verstehen, dass ihr Witz nicht lustig war.

Bild gelb: Suna weist darauf hin, dass sie in Deutschland geboren wurde und keine Trommel spielt. Das ist auch richtig von ihr. Nun kann Angela einsehen, dass sie einen Fehler gemacht hat. Sie entschuldigt sich bei Suna. Insgesamt ist dies eine gute Lösung, bis auf den Fakt, dass Suna ihr erst sagen musste, dass der Scherz mit den Trommeln sie verletzt hat.

Bild grün: Angela hat durchaus bemerkt, dass ihr Scherz nicht so ganz in Ordnung war, aber sie vermag nicht, sich diesen Fehler einzugestehen. Sie redet sich ein, dass ihr Witz nicht so schlimm war und dass sich das bestimmt wieder einrenken wird. Vielleicht klappt das ja auch und Suna verzeiht ihr den dummen Witz. Aber die beste Lösung ist es nicht, hier einfach abzuwarten. Wenn es ein Problem zwischen Menschen gibt, dann sollte man darüber reden und es klären und nicht auf die lange Bank schieben.

Bild blau: Angela hat bemerkt, dass sie Suna mit ihrem Trommel-Witz getroffen hat. Sie ist sensibel genug, um zu spüren, dass Suna darüber traurig ist. Es ist toll, dass sie sich nun von sich aus bei Suna entschuldigt. Den meisten Menschen fällt dies schwer. Sie müssen, wie man so schön sagt, erst über den eigenen Schatten springen. Daher ist es hoch anzurechnen, wenn sich jemand entschuldigt.

Andere zu beleidigen ist nicht in Ordnung. Manchmal sagen oder tun wir wirklich, wirklich dumme Dinge, die andere verletzen. Doch wir können uns als Wiedergutmachung dafür aufrichtig entschuldigen. Wichtig ist, dass man andere so behandelt, wie man selbst auch behandelt werden will. Dann ist es eigentlich egal, wie man aussieht oder woher man kommt.

Die Reaktion „Angela merkt, dass sie Suna beleidigt hat. Sie entschuldigt sich bei Suna." (Bild blau) ist als sehr wirksam einzustufen.

Fragen

1. Hast du dich schon einmal bei jemandem entschuldigen müssen? Wie hast du dich vorher gefühlt und wie nachher? Hat die andere Person die Entschuldigung angenommen?
2. Hat sich schon einmal jemand bei dir entschuldigt? Hast du die Entschuldigung angenommen. Konntest du dieser Person wirklich verzeihen?
3. Warum können schon Wörter verletzen?
4. Gibt es an deiner Schule auch Rassismus, d.h. werden Menschen mit dunkler Hautfarbe ausgeschlossen oder sogar beschimpft? Wie gehst du damit um?

_____

_____

_____

_____

2.2.10 Die richtige Portion Selbstvertrauen

Aufgabe

Schau dir die folgende Bildergeschichte an. Tiara ist ein Plappermäulchen, sie redet ständig. Ihre Freundin Elisa kann sich dadurch oft nicht konzentrieren, sie möchte auch einmal ihre Ruhe haben.

Austausch

Auswahlmöglichkeiten

Hier werden dir vier Bilder vorgelegt, die diese Geschichte ergänzen können. Welches Bild ist für dich die am besten passende Möglichkeit? Bitte entscheide dich für eines der vier farblich markierten Bilder.

Übersicht von Auswahlmöglichkeiten

Manche Menschen hören sich selbst gerne reden. Man nennt das „Redesucht", „Logorrhö" oder mit einem gehässigen Wort auch „Sprechdurchfall". Eine Zeit lang, kann es ganz amüsant sein, ihnen zuzuhören, aber irgendwann nervt es die Zuhörer, weil sie selbst fast nie zu Wort kommen. Was kann man hier tun?

Bild rot: Hier weist Elisa darauf hin, dass Tiara sie mit ihrem ständigen Reden oft stört, besonders im Unterricht, wenn Elisa sich konzentrieren muss. Sie spricht das ganz offen an und gibt Tiara damit die Möglichkeit, darüber nachzudenken und vielleicht ihr Verhalten zu verändern, wenn sie Elisa nicht als Freundin verlieren möchte.

Bild gelb: Auch in dieser Möglichkeit weist Elisa ihre Tischnachbarin darauf hin, dass sie zu viel redet. Im Gegensatz zum ersten Bild wird Elisa hier aber sehr beleidigend. Natürlich ist Elisa verärgert, wenn Tiara sie mit ihrem Geschwätz ständig vom konzentrierten Arbeiten ablenkt, aber Sätze wie „Dein Benehmen ist unmöglich", „Du gehst mir auf den Wecker" und „Dein Gerede ergibt keinen Sinn" sind Vorwürfe, die Tiara sicherlich sehr treffen. Tiara meint es ja nur gut. Sie will Elisa an ihrem Leben teilhaben lassen und erzählt alles, was ihr gerade in den Kopf kommt.

Bild grün: Es kann eine wirkungsvolle Taktik sein, solche Menschen mit endlosem Redefluss zu unterbrechen und sie darauf hinzuweisen, dass man selbst auch gerne etwas dazu sagen möchte. Allerdings muss man erfahrungsgemäß dabei relativ laut werden und durchsetzungsstark sein. Menschen mit „Redesucht" sind so in ihren eigenen Gedanken gefangen, dass sie zunächst ihre Geschichte zu Ende erzählen müssen, bevor sie jemand anderen zu Wort kommen lassen. Fast immer reden sie stur einfach weiter. Wenn dann beide sprechen, wird irgendwann einer beleidigt sein und schweigen.

Bild blau: Elisa ist beleidigt, geht weg und will mit Tiara nichts mehr zu tun haben. Das ist verständlich. Leider wird Tiara nicht verstehen, was sie falsch gemacht hat. Sie meint es ja nur gut und glaubt, dass sie mit ihren Erzählungen ihre Zuhörer gut unterhält. Wenn ihr niemand beibringt, auch einmal den Mund zu halten und anderen zuzuhören, wird sie diesen Fehler immer weiter machen und langfristig werden sich die Menschen dann von ihr abwenden. Es wäre schon gut, statt wütend abzuhauen, das Gespräch zu suchen und Tiara zu erklären, was sie falsch macht.

Sich abzugewöhnen zu viel zu reden ist für viele Menschen schwierig. „Reden ist Silber, Schweigen ist Gold" heißt es in einem bekannten Sprichwort. In manchen Situationen kann es allerdings unangebracht oder unangenehm für andere sein, wenn ein Mensch ununterbrochen redet. Manche Menschen brauchen es, ständig im Mittelpunkt zu stehen. Sie schmücken unwichtige Begebenheiten so aus, dass ein riesiges Drama daraus gemacht wird. Einmal den Bus oder Zug zu verpassen, passiert jedem und die meisten erwähnen das nur im Nebensatz. Jemand mit „Redesucht" macht in seiner Erzählung eine riesige Katastrophe daraus und wiederholt dann oft Satz für Satz, wer in dieser Situation etwas gesagt hat. Es handelt sich oft um Leute, die an einer sogenannten „histrionischen Persönlichkeitsstörung" leiden. Sie müssen im Mittelpunkt stehen und ihre Erzählungen sind oft durchaus spannend. Dadurch finden sie immer wieder

Zuhörer. Auf lange Sicht gehen sie mit dem ständigen Gerede und ihren Übersteigerungen aber anderen auf die Nerven. Viele Menschen, die andere nicht ausreden lassen, interessiert auch die Meinung des Gegenübers nicht wirklich. Das kann daran liegen, dass sie zu sehr von ihrer eigenen Ansicht überzeugt sind oder sie möchten andere Ansichten nicht hören, weil sie eventuell damit nicht zurechtkommen.

Mit der richtigen Portion Selbstvertrauen gelingt es, diesen Vielrednern zu sagen, dass sie auch das Zuhören lernen müssen. Im sozialen Austausch ist es wichtig zu reden, aber ebenso wichtig ist es, dem anderen auch zuzuhören. Optimal ist ein Anteil von 50:50. Menschen, die sich selbst gerne reden hören, aber nicht zuhören können, sollte man aufrichtig sagen, was man von ihnen denkt. Aufrichtig zu sein bedeutet nicht, dass man jemandem direkt ins Gesicht sagt, dass man ihn nicht ausstehen kann. Wahre Aufrichtigkeit liegt darin, den störenden Faktor ausfindig zu machen und anzusprechen. So ein Faktor kann zum Beispiel ununterbrochenes Reden sein. Um überhaupt zu Wort zu kommen, muss man den Redefluss dieser Menschen aber erst unterbrechen.

Tiara hat den Drang, Elisa ständig etwas zu erzählen. Sie redet manchmal ununterbrochen und dabei merkt sie wahrscheinlich nicht mal, dass sie Elisa stört. Die beste Strategie für Elisa ist, mit Tiara das Problem zu klären. Durch ein aufrichtiges Gespräch, das sich mit dem Problem beschäftigt, kann sich eine wohlwollende Verbindung zwischen Tiara und Elisa entwickeln.

Die Reaktion „Elisa sucht das Gespräch mit Tiara. Sie sagt Tiara, dass sie oft das Wort an sich reißt." (Bild rot) ist als sehr wirksam einzustufen.

Fragen

1. Gibt es in deiner Umgebung jemanden, der ununterbrochen redet und kaum zu stoppen ist?
2. In welchen Situationen redest du ohne Pause und möchtest nicht, dass man dich unterbricht?
3. Warum wird man beim Reden manchmal unterbrochen?
4. Gibt es auch Themen, bei denen man eine andere Person nicht unterbrechen sollte?

Anregungen

Oft nicken wir mit dem Kopf, wenn die andere Person spricht. Solange wir das tun, hat unser Gegenüber überhaupt keinen Grund, damit aufzuhören. Die einfachste Methode, einen langen Redefluss zu unterbrechen, besteht darin, mit dem Kopfnicken aufzuhören und den Blickkontakt zu meiden. Dadurch fühlt sich unser Gegenüber so unwohl, dass er aufhört zu reden. Vielleicht fragt er sogar, ob irgendwas los ist.

2.2.11 Ein verlockendes Angebot

Steffi spielt im Garten mit Kitty, ihrer Katze. Plötzlich springt Kitty aufs Gartentor und läuft die Straße entlang. Steffi rennt der Katze nach.

Kitty ist Steffi entlaufen. Steffi steht auf der Straße. Ein Mann steigt aus dem Auto und spricht Steffi an.

Der Mann will Steffi zu sich nach Hause bringen, um ihr Katzenbabys zu zeigen. Er öffnet vor Steffi die Autotür.

Wie soll sich Steffi verhalten?

Aufgabe

Schau dir die folgende Bildergeschichte an. Steffi spielt im Sandkasten im Vorgarten ihres Hauses. Zum Glück sieht sie wie Kitty, die Katze der Nachbarn, vorbeirennt. Steffi will mit Kitty spielen, aber Kitty flitzt zum Gartentor, springt auf den Gehweg und läuft die Straße entlang. Eigentlich darf Steffi den Vorgarten nicht verlassen, aber sie rennt der Katze nach. Kitty läuft und läuft, Steffi kommt Kitty kaum hinterher. Dann steht Steffi auf der Straße und die Katze ist weg. Plötzlich steigt ein Mann aus seinem Auto. Er stellt sich vor und fragt Steffi, was los ist. Der Mann will Steffi Katzenbabys zeigen und ihr sogar ein eigenes Kätzchen schenken, wenn sie mitkommt.

Auswahlmöglichkeiten

Hier werden dir vier Bilder vorgelegt, die diese Geschichte ergänzen können. Welches Bild ist für dich die am besten passende Möglichkeit? Bitte entscheide dich für eines der vier farblich markierten Bilder.

Übersicht von Auswahlmöglichkeiten

Eine ähnliche Situation hatten wir schon in der Geschichte „Tom und das Eis" (Nr. 2.1.13). Vielleicht erinnerst du dich? Leider sind die Tricks, mit denen böse Menschen versuchen, Kinder zu sich nach Hause zu locken, oft sehr ausgeklügelt und man muss überhaupt erst ahnen, dass jemand versucht, einen hereinzulegen. In solchen Situationen muss man Erwachsenen nicht gehorchen. Sogar wegrennen, unfreundlich sein, schreien, schlagen etc. können in einem solchen Fall eine akzeptable Art sein, sich zu wehren. Allerdings ist das Neinsagen manchmal eine schwierige Sache. In der Geschichte „Mandy im Zooladen (Nr. 2.2.7) ist es der nette Verkäufer, den das Mädchen schon gut kennt, der Mandy einen Kuss geben will. Bei Menschen, die man kennt, ist es noch schwieriger als bei Fremden, klar und deutlich „Nein!" zu sagen.

Bild rot: Statt ins Auto zu steigen und mit dem fremden Mann mitzufahren, bittet Steffi ihn, ihr bei der Suche nach Kitty zu helfen. Immerhin lehnt sie es ab, in sein Auto zu steigen und das ist auf jeden Fall schon einmal richtig. Man weiß aber nicht, was der Fremde tun wird, wenn sie zusammen nach der entlaufenen Katze suchen? Falls er etwas Böses vorhat, wird er möglicherweise eine Gelegenheit finden. Dass er nichts Gutes will, zeigt ja auch, dass er plötzlich keine Zeit hat, Kitty zu suchen, obwohl er vorher angeblich genug Zeit hatte, um Steffi mit zu sich nach Hause zu holen.

Bild gelb: Steffi sagt klar, dass sie nicht mit Fremden mitgeht. Das ist auf jeden Fall die beste Lösung. So kann nichts passieren. Die Katzenbabys möchte sie gern sehen und sie könnte sogar ein eigenes Kätzchen bekommen. Der Mann ist nett, aber Steffi kennt ihn nicht. Sie ahnt, dass der fremde Mann wahrscheinlich lügt. Ihre Eltern sagen ihr immer, dass sie nie zu einem Fremden ins Auto steigen darf. Auch dann nicht, wenn er eine Belohnung verspricht oder etwas Tolles zeigen oder schenken will (wie etwa einen Welpen oder ein Kätzchen).

Bild grün: Steffi bittet einen ihr bekannten Jungen mitzukommen und mit ins Auto zu steigen. Sie glaubt, dass das ein Schutz ist und ihr nun nichts passieren kann. Aber kann ein anderes Kind wirklich ein Schutz sein? Der Mann ist erwachsen und vielleicht stark. Vielleicht macht er sogar mit beiden Kindern schlimme Dinge? Es ist nicht klug, zu einem Fremden ins Auto zu steigen, auch wenn man zu zweit ist.

Bild blau: Steffi will erst ihre Eltern anrufen, ob sie mit dem Mann mitfahren darf. Das ist sozusagen eine kleine Lösung des Problems und im Prinzip richtig. Natürlich werden die Eltern nicht zustimmen, da sie den Mann ja gar nicht kennen. Seine Eltern um Rat zu fragen, ist fast immer eine gute Idee.

Die Reaktion „Steffi ruft laut: «Nein! Ich gehe nicht mit Fremden mit!». Sie dreht sich um und rennt los. Der Mann steigt ins Auto und fährt davon." (Bild gelb) ist als sehr wirksam einzustufen.

Fragen

1. Ist dir so etwas schon passiert, dass Fremde dir etwas Tolles versprochen haben, wenn du mit ihnen mitgehst?
2. Kennst du jemanden, der bei einem solchen Angebot mitgehen würde?
3. Wie fühlt es sich an, wenn du diesen Satz laut aussprichst: „Wenn ich Nein sage, meine ich auch Nein!!!"?
4. Was könnte Steffi in dieser Situation sonst noch machen?

_____

_____

_____

_____

2.2.12 Paula zeigt Mitgefühl

Aufgabe

Schau dir die folgende Bildergeschichte an. Gretas schönes Kleid wird ausgerechnet an ihrem Geburtstag von einem Vogel schmutzig gemacht. Paula sieht eine unendlich traurige Greta in einem wunderschönen roten Kleid mit Vogelkot auf der Schulter. Doch wie empathisch ist Paula? Ist sie in der Lage, Gretas Gefühle zu erkennen und sich in sie hineinzuversetzen?

Austausch

Auswahlmöglichkeiten

Hier werden dir vier Bilder vorgelegt, die diese Geschichte ergänzen können. Welches Bild ist für dich die am besten passende Möglichkeit? Bitte entscheide dich für eines der vier farblich markierten Bilder.

Übersicht von Auswahlmöglichkeiten

Bei dieser Übung geht es darum, ob und wie gut man sich in andere hineinfühlen kann. Das nennt man „Empathie". Greta hat Geburtstag, sie freut sich total auf diesen Tag und hat ihr schönstes Kleid angezogen. Nun hat ein Vogel ihr das Kleid beschmutzt und sie ist von einer Minute auf die andere todtraurig. Wie kann Paula sich hier verhalten?

Bild rot: Paula findet es komisch und lacht darüber. Sonderbarerweise finden viele Menschen es lustig, wenn anderen ein Missgeschick passiert. Dazu gibt es ganze Filmchen, die zeigen wie andere stolpern, hinfallen, ausrutschen, sich nasse Füße holen oder erschrecken. Warum wir das so komisch finden, ist ungeklärt, eigentlich müsste man ja Mitleid haben. Man nennt dieses Phänomen „Schadenfreude". Für denjenigen, dem das Missgeschick passiert ist, ist es leider im ersten Moment alles andere als lustig. Klug ist, wenn man dann mit den anderen mitlacht. Greta ist nicht in der Lage, in dieser Situation die unfreiwillige Komik zu erkennen. Schade, denn Humor könnte ihr helfen, diese Widrigkeit ihres großen Tags in einem anderen Licht zu sehen. Denn sich nicht so wichtig zu nehmen, sich und anderen Fehler und Schwächen zuzugestehen, entspannt und macht gelassen.

Bild gelb: Paula sagt, dass der Vogelschiss ein böses Zeichen ist und dass Greta vielleicht noch andere schlimme Dinge drohen. Damit hilft sie Greta natürlich gar nicht, sondern macht ihr sogar noch Angst. Übrigens gibt es viele Länder und Kulturen, in denen ein solches Missgeschick als Glücksbringer angesehen wird. Leider ist unbekannt, woher dieser Aberglaube stammt. Aber es wäre dennoch hilfreicher gewesen, wenn die Freundin auf diesen Aberglauben hingewiesen hätte.

Bild grün: Paula hilft ihrer Freundin und entfernt den Kot von Gretas Kleid so gut es geht. Hier zeigt Paula Empathie, d.h. sie fühlt sich in Greta ein, versteht dass das Geburtstagskind traurig ist und hilft ihr dabei, den Schaden zu beheben.

Bild blau: Den Satz „Das ist nicht mein Problem" hört man heute leider ständig. Dieser Satz zeigt, dass die betreffende Person kein Mitleid mit jemandem hat, dem etwas Schlechtes widerfahren ist. Durch mangelhafte Empathie kommt es aber dazu, dass wir einander nicht helfen. Wenn man in Not ist, wünscht man sich Hilfe von anderen Menschen. Wenn aber jeder sagt: „Das ist nicht mein Problem", dann hilft keiner mehr dem anderen und wir stehen in einer gefährlichen Situation plötzlich alleine da. Wer möchte, dass ihm geholfen wird, sollte auch bereit sein, anderen zu helfen.

Ist dir bereits bekannt, was Empathie (oder Mitgefühl) ist und wie sie funktioniert? Empathie ist die Fähigkeit, Emotionen bei sich selbst und anderen zu erkennen und nachzuempfinden. Empathisch zu handeln, bedeutet nicht nur nachzuvollziehen, was der andere denkt, fühlt oder plant, es bedeutet auch, Mitgefühl zu haben, ihm Verständnis entgegenzubringen und wenn möglich, zu unterstützen. Empathisches Handeln ist enorm wichtig im Alltag: für ein gutes soziales Miteinander, zum Knüpfen stabiler Beziehungen, zum Lösen von Konflikten ebenso wie für den schulischen Erfolg. Wenn du also lernst, anderen Menschen emphatisch zu begegnen, hast du das wichtigste Gepäck für die Reise durch das Leben dabei.

> **Die Reaktion** „Paula holt ein Taschentuch und hilft Greta damit, den Dreck wegzumachen. Sie lächelt freundlich dabei." (Bild grün) ist als sehr wirksam einzustufen.

Fragen

1. Hast du schon einmal jemandem geholfen oder jemanden getröstet, dem ein Missgeschick passiert ist?
2. Ist dir schon mal ein Missgeschick passiert? Bist du zum Beispiel ausgerutscht und hingefallen? Wie hast du dich gefühlt? Hat dir jemand geholfen?
3. Warum sollte man Empathie unbedingt lernen? Warum ist Mitgefühl so wichtig für das Zusammenleben von Menschen?

_____

_____

_____

Anregungen

Wer schon mal eine große Muschel an sein Ohr gehalten hat, weiß, dass das Geräusch sich wie fernes Meeresrauschen anhört. Man kann sich durchaus vorstellen, in dem Meeresrauschen die Gedanken anderer Menschen zu hören. Dieses Ritual mit der „Zaubermuschel" kann Kindern dabei helfen, sich in andere hineinzuversetzen. Schaffen Sie dem Kind eine gemütliche Umgebung, setzen Sie sich dazu, lauschen Sie mit ihm zusammen an der „Zaubermuschel" und geben Sie dem Kind kleine Hilfestellungen. Manchmal reichen schon kleine Impulse, damit Kinder Dinge in einem ganz anderen Licht sehen.

2.2.13 Das unterbrochene Ballspiel

Aufgabe

Schau dir die folgende Bildergeschichte an. Bei einem Ballspiel wirft Karl aus Versehen Klara einen Ball auf den Kopf. Klara weint und setzt sich auf den Boden. Wie soll Karl sich nun verhalten?

Auswahlmöglichkeiten

Hier werden dir vier Bilder vorgelegt, die diese Geschichte ergänzen können. Welches Bild ist für dich die am besten passende Möglichkeit? Bitte entscheide dich für eines der vier farblich markierten Bilder.

Übersicht von Auswahlmöglichkeiten

Auch diese Geschichte handelt davon, wie gut man sich in andere hineinversetzen kann. Was kann Karl tun?

Bild rot: Karl möchte das Spiel sofort fortsetzen, er hat das Gefühl, dass Klara übertreibt und dass es gar nicht so schlimm sein kann, einen Ball an den Kopf zu bekommen. Er zeigt hier kein Mitgefühl, das heißt keine Empathie. Klara wird sich unverstanden fühlen und sie wird wahrscheinlich keine Lust mehr auf Ballspielen haben. Er verliert unter Umständen eine gute Freundin.

Bild gelb: Auch hier zeigt Karl gar keine Empathie. Er lässt Klara einfach alleine sitzen und sucht sich neue Spielkameradinnen. Das ist nicht in Ordnung, denn er hat den Schaden ja angerichtet, auch wenn er es nicht gewollt hat. Es geht nicht, dass man die Geschädigte dann einfach sitzen lässt. Wenn Klara die Freundschaft jetzt abbricht, ist das verständlich. So jemanden braucht niemand als Freund. Richtige Freunde sollten sich helfen und Verständnis füreinander zeigen.

Bild grün: Karl geht weg. Er hat Angst, dass andere ihn auslachen, wenn er ein Mädchen tröstet. Wie dumm ist das denn von ihm? Klara ist seine Freundin und wenn er sie tröstet, ist das absolut richtig. Wer darüber lacht, hat kein Mitgefühl – und das ist schändlich. Karl hat Klara mit seinem Ballwurf verletzt. Daher ist es absolut falsch, sich einfach nicht zu kümmern und wegzugehen. Wichtig ist hier die Reaktion der anderen Kinder der Gruppe, die diese Szene beobachten. Durch ihr Lachen können sie Karl in seiner Entscheidung beeinflussen. Vielleicht lachen sie, weil sie meinen, dass Klara völlig übertreibt und ein läppischer Ball am Kopf gar nicht so doll wehtun kann? Möglicherweise lachen die Kinder Karl aus, wenn er als Junge ein Mädchen tröstet. Doch was erscheint für Karl in dieser Situation als sozial kompetent? Er muss sich nicht davon beeinflussen lassen.

Bild blau: Wenn er seine Freundschaft zu Klara nicht ruinieren will, sollte Karl Klara fragen, was los ist und sie trösten. Das ist natürlich die richtige Reaktion. Wenn man einer anderen Person wehgetan hat oder ihr Schaden zugefügt hat, dann ist man dafür verantwortlich. Es sollte selbstverständlich sein, dann hinzugehen, sich zu entschuldigen und zu versuchen, den Schaden irgendwie wiedergutzumachen. Sicherlich wird Klara ihm verzeihen, sie weiß ja, dass Karl das nicht mit Absicht getan hat. So bleiben beide Freunde.

Der Wunsch, anderen helfen zu wollen, ist eine aufrichtige, typisch menschliche Emotion. Es wird sogar behauptet, dass Menschen, die anderen helfen, glücklicher sind. Aber nicht jeder ist immer für seine Mitmenschen da. Der Charakter und auch die Bereitschaft, anderen zu helfen, entsteht schon in der Kindheit. Die meisten Kinder zeigen ein gutes soziales Verhalten, während andere überhaupt keine Rücksicht nehmen und damit ihren Mitmenschen und sich selbst schaden.

Die Reaktion „Karl tröstet Klara. Er entschuldigt sich bei ihr." (Bild blau) ist als sehr wirksam einzustufen.

Fragen

1. Hast du schon mal aus Versehen beim Spielen jemandem wehgetan? Wie hast du dich verhalten?
2. Fällt es dir leicht oder schwer, dich zu entschuldigen, wenn du Mist gebaut hast?
3. Sollte man sich auch entschuldigen, wenn man jemandem aus Versehen, also ohne Absicht, wehgetan hat?
4. Wie ist es für dich, wenn jemand dir wehgetan hat und sich dafür entschuldigt? Kannst du die Entschuldigung gleich annehmen oder brauchst du einige Zeit, bis du der anderen Person wirklich verzeihen kannst?

_____

_____

_____

_____

2.3 Akzeptanz

Auf dem Weg zur Selbständigkeit dürfen Kinder ihre Fähigkeiten nicht ständig in Frage stellen. Vielmehr müssen sie die Gelegenheit haben, ihre Fähigkeiten zu entdecken. Die Kinder sollen von Kleinauf spüren, dass ihnen auch etwas zugetraut wird. Kinder, die zu selbständigen Persönlichkeiten heranwachsen sollen, müssen die Welt selbst erobern können. Dabei werden sie sicher auch unangenehme Erfahrungen machen, die aber zum Leben gehören.

Bei den folgenden Bildergeschichten lernen Kinder selbstständig zu denken, zu handeln und Verantwortung zu übernehmen. Sie üben auch einander zuzuhören, eigene Ideen mitzuteilen, Wünsche zu formulieren, miteinander zu reden und Kritik zu äußern. Sie lernen, sich auf alltägliche Situationen einzulassen und sich angemessen zu verhalten. Darüber hinaus können sie auch jede Menge eigene Fähigkeiten entdecken und weiterentwickeln.

Kurzbeschreibung von Bildgeschichten aus diesem Kapitel

2.3.1	Emma und Vorurteile	Das Anderssein eines ausländischen Jungen begreift Emma als Bereicherung.
2.3.2	Selbstbewusster Olaf	Olaf findet seine rosa Mütze toll und die Farbwahl steht für ihn in keinem Zusammenhang mit seinem eigenen Geschlecht.
2.3.3	Karin will auf Rollschuhen fahren	Karin ist klar, dass nicht jeder Wunsch von ihr sofort erledigt werden kann. Sie zeigt Selbstbeherrschung.
2.3.4	Eine Blamage bei Karaoke	Ein Freund von Emil gerät in eine peinliche Situation bei Karaoke und ist verzweifelt. Emil hilft seinem Freund, zu sich selbst zu finden.
2.3.5	Gerissene Hose	Plötzlich steht Guido im Mittelpunkt der Aufmerksamkeit. Seine gerissene Hose gibt ihm das Gefühl, sich schämen zu müssen. Doch er lacht über sich selbst.
2.3.6	Romy macht einen Vorschlag	Romy meint, dass ein ausländisches Mädchen aus ihrer Klasse nicht ausgegrenzt werden muss, weil sie sich zurzeit nicht an die anderen Kinder anpassen kann oder möchte.
2.3.7	Angst vor dem Neuen	Im ersten Moment traut sich Erik nicht an dem großen Jungen vorbei, der an der Tür steht und ihm den Weg versperrt. Aber dann spricht er den Jungen an und merkt, dass er gar nicht böse ist.
2.3.8	Ein Film für Lilly	Für Nick und Lilly reicht schon eine Kleinigkeit, die hochgeschaukelt wird, bis sich ein handfester Krach entwickelt hat. Doch Nick kann den Streit schlichten, bevor dieser eskaliert.
2.3.9	Wie geht das Vertragen?	Manchmal nascht Willy alles alleine weg und lässt für seinen Bruder Kurt nichts übrig. Dann findet Willy eine Geste der Wiedergutmachung.
2.3.10	Ray kann selbstsicher kommunizieren	Es gehört Disziplin dazu, jemanden ausreden zu lassen, bevor man seine Bitte ausspricht. Ray fragt zwei Lehrerinnen um Hilfe, die sich gerade unterhalten.
2.3.11	Mathilda entdeckt ihre Stärken	Mathilda lernt, nicht mehr eifersüchtig zu sein und findet heraus, wo ihre besonderen Stärken liegen.

2.3.1 Emma und Vorurteile

Aufgabe

Schau dir die folgende Bildergeschichte an. Ein chinesischer Junge mit dem Namen Lu zieht in die Nachbarschaft von Erich, Moritz und Emma. Die Jungs machen sich lustig über die schlitzförmigen Augen. Als Emma draußen Ball spielt, kommt der Chinese auf sie zu. Wie soll sich Emma verhalten?

Akzeptanz

Auswahlmöglichkeiten

Hier werden dir vier Bilder vorgelegt, die diese Geschichte ergänzen können. Welches Bild ist für dich die am besten passende Möglichkeit? Bitte entscheide dich für eines der vier farblich markierten Bilder.

Übersicht von Auswahlmöglichkeiten

Manchmal finden wir andere komisch, weil sie anders aussehen. Wie soll man sich dieser Person gegenüber verhalten?

Bild rot: Hier ist Emma etwas skeptisch. Offenbar kennt sie bislang noch kein anderes Kind mit asiatischem Aussehen. Sie gibt aber Lu die Chance, mehr über sich zu erzählen, um ihn näher kennenzulernen und Vorurteile zu überwinden. Das ist also eine richtige Lösung. Allerdings hat Emma hier schon Vorurteile, die sie erst einmal überwinden muss. Sie akzeptiert Lu nicht sofort als gleichwertiges Kind.

Bild gelb: Auf diesem Bild lädt Emma das chinesisch aussehende Kind gleich zum Ballspielen ein. Sein Aussehen ist ihr egal. Auch dies ist eine Möglichkeit, Vorurteile gegen anders aussehende Menschen gar nicht erst aufkommen zu lassen. Vielleicht redet sie bei oder nach dem Ballspiel noch mit Lu und erfährt dann etwas über sein Leben und bemerkt die Gemeinsamkeiten.

Bild grün: Davon, dass Erich und Moritz sich über die „Schlitzaugen" des Chinesen lustig gemacht haben, lässt sich Emma hier beeinflussen. Deshalb lehnt sie es ab, mit ihm Ball zu spielen. Das ist schade. Denn so hat sie eine Chance vertan, einen Spielkameraden zu gewinnen und Lu ist sicherlich traurig, dass er keine Freunde findet.

Bild blau: Lu traut sich nicht, Emma zu fragen, ob er mitspielen darf und Emma lässt ihn nicht mitspielen, weil Lu nicht fragt. Das ist eine dumme Situation und sehr schade. Wenn sich keines der beiden Kinder überwindet, den anderen zu fragen, dann verlieren beide die Chance, sich näher kennenzulernen.

Menschen sehen unterschiedlich aus. Man schließt leicht andere aus, nur weil sie eine andere Nationalität haben, einer fremden Kultur angehören, eine körperliche, geistige oder emotionale Behinderung haben oder einer anderen Religion angehören. Menschen sind tolerant, wenn sie andere Meinungen Überzeugungen, Verhaltensweisen und Vorlieben gelten lassen. Toleranz ist ein sehr wichtiger Faktor für nahezu jede menschliche Interaktion. Nur durch sie wird es erst möglich, dass Menschen glücklich und friedlich zusammenleben und dabei trotzdem ihre Besonderheit bewahren können. Leider zeigt sich oft, dass tolerantes Verhalten alles andere als selbstverständlich ist.

„Der Chinese" wird von den Jungs über seine „schlitzförmige" Augenform definiert und bewertet. Die Augenform sorgt für Spott, die Kinder machen sich über das Aussehen „des Chinesen" lustig und ziehen eine Grenze zwischen sich selbst und Anderen. In diesem Fall Menschen, die eine andere Augenform als sie selbst besitzen. „Der Chinese" wird dadurch als „fremd" abgestempelt. Dieser Fall verdeutlicht die gesellschaftlich geteilte ungleiche Bewertung von Vielfalt. Dies hat Konsequenzen. Leider steht Ausgrenzung oft in einem Zusammenhang mit bestimmten Merkmalen und Verhaltensweisen. Die Folge ist, dass sich das Selbstbild von Kindern auf einer unterschiedlichen Grundlage entwickelt und sich verschiedene und oft ungleiche Entwicklungschancen eröffnen. Das ist schade, jeder sollte gleiche Chancen haben. Emma will Ungerechtigkeiten nicht zulassen.

> **Zwei Reaktionen** „Emma spielt mit Lu Fußball. Sein «fremdes» Aussehen ist ihr egal." (Bild gelb) und „Emma verschiebt das Spiel. Sie wartet erstmal ab, was Lu über sich erzählt." (Bild rot) sind als sehr wirksam einzustufen.

Fragen

1. Wie verhältst du dich, wenn ein anders aussehendes Kind mit dir spielen will (z.B. ein ausländisch aussehendes Kind? Ein sehr dickes oder sehr dünnes Kind? Ein Kind, das auf den ersten Blick behindert wirkt?
2. Wie verhältst du dich, wenn du siehst, dass ein solches Kind von anderen nachgeäfft und ausgelacht wird (wie hier das Ziehen von Schlitzaugen)?
3. Was ist Toleranz? Wie verhält man sich tolerant?
4. Kannst du einige Beispiele für Toleranz und für Intoleranz nennen?

_____

_____

_____

_____

Anregungen

Vergleiche dich und deinen Freund: Wo seht ihr euch ähnlich? Was unterscheidet euch?

Versuche mal, selbst komisch auszusehen. Schaue dich im Spiegel genau an. Wie siehst du aus, wenn du ernst schaust, wenn du lächelst, wenn du wütend bist? Versuche nun, ein fremdes Gesicht zu machen, indem du lustige, gefährliche oder schiefe Grimassen machst.

2.3.2 Selbstbewusster Olaf

Olaf trägt eine rosa Mütze. Lea findet das lustig.

Fabian verunsichert Olaf, indem er ihn auf seine Mütze aufmerksam macht.

Lea und Fabian sehen Olaf auf der Straße. Olaf merkt, dass über ihn getuschelt wird.

Was soll Olaf tun, damit Kinder sein Aussehen akzeptieren?

Aufgabe

Schau dir die folgende Bildergeschichte an. Olaf hat sich eine rosa Mütze gewünscht, die er nun voller Freude trägt. Aber andere Kinder finden diese Mütze nicht so toll für einen Jungen. Er wird mit sonderbaren Kommentaren und Fragen konfrontiert. Wie wird Olaf sich weiter verhalten? Soll er seine geliebte rosa Mütze weiter tragen oder lieber eine andere?

Akzeptanz

Auswahlmöglichkeiten

Hier werden dir vier Bilder vorgelegt, die diese Geschichte ergänzen können. Welches Bild ist für dich die am besten passende Möglichkeit? Bitte entscheide dich für eines der vier farblich markierten Bilder.

Übersicht von Auswahlmöglichkeiten

Direkt nach der Geburt werden Babys in zwei Gruppen eingeteilt: in Mädchen und Jungen. Viele Eltern und Großeltern ordnen den beiden Gruppen rein instinktiv die passenden Farben zu: Rosa für Mädchen und für Jungen Hellblau. Ist das eine falsche Denkweise? Sollte jeder das tragen können, was ihm gefällt?

Bild rot: Hier setzt sich Olaf selbstbewusst durch. Er liebt die rosa Mütze und sieht gar nicht ein, dass er sie nicht tragen darf, nur weil die Farbe Mädchen zugeordnet wird. Er ist eigenständig und passt sich nicht einfach an. Diese Reaktion ist wünschenswert, sie eignet sich aber nur für Kinder, die eigenständig und gut integriert sind und die keine Angst vor Ablehnung haben. Schüchterne können ihr Selbstbewusstsein aber mit einer solchen Übung durchaus trainieren. Man kann auch einmal Abstand nehmen von dem, was andere über einen denken und sagen und einfach das machen, worauf man Lust hat.

Bild gelb: Olaf entscheidet sich, dass er die rosa Mütze nicht mehr tragen will, weil die anderen ihn auslachen. Er nimmt sich nun seine blaue Mütze und setzt sie auf. Mit diesem Verhalten passt er sich an geltende Normen an. Er lebt seine Individualität nicht aus. Dennoch kann es in vielen Situationen sinnvoll sein, sich unterzuordnen. Insbesondere schüchternen Kindern mit wenig Selbstbewusstsein fällt es schwer, etwas zu tun, was der Norm nicht entspricht. Hier kann es durchaus wichtig sein, sich anzupassen, um nicht noch mehr zum Außenseiter zu werden.

Bild grün: Die Frage ist nicht, ob Olaf den beiden anderen Kindern wirklich aus dem Wege gehen kann (das wird nicht funktionieren), sondern ob Olaf hier wirklich nachgeben soll? Er mag seine rosa Mütze und gibt seine eigenen Interessen auf, wenn er anderen Kindern nun aus dem Wege geht. Letztlich verliert er damit vielleicht sogar seinen Freundeskreis. Wenn man etwas will, sollte man dafür auch geradestehen.

Bild blau: Hier sucht Olaf Rat bei seinen Freunden. Das ist eine durchaus verständliche Reaktion. Menschen versuchen immer ihre eigene Meinung mit der anderer abzugleichen. Man möchte mit seinen Einstellungen nicht alleine dastehen und deswegen fragt man andere, was sie darüber denken. Allerdings, und das wird in diesem Bild gut gezeigt, haben Menschen sehr unterschiedliche Meinungen. Das eine Kind sagt, dass es die rosa Mütze toll findet, das andere kritisiert, dass nur Mädchen rosa Mützen tragen. Letztlich muss Olaf entscheiden, ob er sich der Meinung der Mehrheit anschließt oder ob er seine eigene durchsetzt.

Im Grundschulalter wollen Kinder zu einer Jungen- oder Mädchengruppe gehören. Sie wollen nichts anders machen als die anderen Kinder dieser Gruppe, wie Kleidung in der angeblich falschen Farbe zu tragen. Sie passen sich ihr nicht nur an, sondern übertreiben oft, um auch ganz sicher zu sein, dass sie nicht ausgelacht werden. Oft ändert sich das in der Pubertät. Dann tragen viele Jugendliche bewusst provokative Kleidungsstücke, gerade weil sie auffallen und cool aussehen wollen. Während das Tragen einer rosa Mütze von einem Jungen in der Grundschule als peinlich eingestuft werden kann, ist es etwa ab zwölf oder 13 Jahren der Hit.

Olaf mag rosa sehr gerne und besitzt deshalb auch eine neue Mütze in dieser Farbe. Vor dem Zusammentreffen mit Lea und Fabian hat sich Olaf damit wohlgefühlt und die Farbwahl stand für ihn in keinem Zusammenhang mit seinem eigenen Geschlecht. Nun wird ihm vermittelt, dass Geschlechtszugehörigkeit mit Einschränkungen verbunden ist und dass es „falsch" oder nicht erlaubt sei, als Junge eine „Mädchenmütze" zu tragen. Diese Botschaft wurde nicht in direkter Form vermittelt, doch Olaf setzt die „Mädchenmütze" ab und stattdessen die „Jungenmütze" auf. So kann diese Botschaft auch als Beschreibung aufgefasst werden. Stellt man sich mögliche Reaktionen von Olaf vor, so wären auch Antworten denkbar, wie etwa: „Nein, die Mütze ist für alle, die dürfen alle tragen!" oder „Ich finde die Mütze trotzdem schön!"

Die Reaktion „Olaf fühlt sich mit seiner rosa Mütze wohl. Er mag seine Mütze und er will sie tragen." (Bild rot) ist als sehr wirksam einzustufen.

Fragen

1. Spielst du manchmal Spiele, die eher für das andere Geschlecht gedacht sind (z.B. als Junge mit Puppen, als Mädchen mit Kriegsspielzeug)? Wie fühlst du dich dabei? Was sagen andere dazu?
2. Trägst du manchmal Kleidung, die eher für das andere Geschlecht gedacht ist? Wie fühlst du dich dabei? Was sagen andere dazu?
3. Fällt es dir leicht, deine *eigene Meinung* vor anderen zu vertreten?

_____

_____

_____

Anregungen

Schreibe Situationen auf, in denen du unzufrieden warst. In welchen Situationen hast du dich so gefühlt, als wärst du nicht gut genug und in welchen warst du tatsächlich nicht gut genug?

Gab es Situationen in deinem Leben, in denen du starkes Selbstvertrauen hattest? Welche Einstellungen und Verhaltensweisen können dich in der Zukunft voranbringen?

Suche im Park oder auf dem Spielplatz nach Dingen, die nicht perfekt, aber trotzdem schön sind. Das kann zum Beispiel ein Ast sein.

2.3.3 Karin will auf Rollschuhen fahren

Karin trifft Tessa. Tessa hat ihre neuen Rollschuhe dabei.

Tessa zeigt Karin, wie gut sie auf ihren neuen Rollschuhen fahren kann.

Karin ist noch nie auf Rollschuhen gefahren. Sie ist neugierig und möchte selber fahren.

Wie soll sich Karin entscheiden?

Aufgabe

Schau dir die folgende Bildergeschichte an. Tessa zeigt Karin ihre neuen Rollschuhe, die sie von ihren Großeltern zum Geburtstag bekommen hat. Karin ist noch nie mit solchen Schuhen gelaufen. Sie möchte es ausprobieren und fragt bei Tessa nach, ob sie auf ihren Rollschuhen fahren darf. Doch Tessa erlaubt es nicht., denn Karin könnte ihre neuen Rollschuhe ja kaputt machen! Was wird Karin nun tun?

Akzeptanz

Auswahlmöglichkeiten

Hier werden dir vier Bilder vorgelegt, die diese Geschichte ergänzen können. Welches Bild ist für dich die am besten passende Möglichkeit? Bitte entscheide dich für eines der vier farblich markierten Bilder.

Übersicht von Auswahlmöglichkeiten

Meins und deins: Gegenstände gehören in der Regel jemandem, der sie sich gebastelt, bezahlt oder geschenkt bekommen hat. Fällt es dir manchmal schwer, deine Sachen zu teilen? Das ist auch verständlich, weil es in der Natur des Menschen liegt, Dinge für sich zu beanspruchen. Teilen ist eine soziale Fähigkeit, die jeder Mensch erlernen muss. Man kommt nicht zu kurz, wenn man teilt, es kann sogar von Vorteil sein. Denn es macht meist mehr Spaß, zu zweit zu spielen als allein.

Bild rot: Karin versucht Tessa zu überreden, ihr die Rollschuhe doch einmal auszuleihen. Sie benutzt den alten Trick: Ich gebe dir etwas, aber dafür möchte ich etwas haben. Auf Lateinisch nennt man das „Quid pro quo". Nicht so schnell aufzugeben und doch zu versuchen, seine Ziele zu erreichen, ist eine gute Taktik. Manchmal muss man kämpfen, um seine Ziele zu erreichen, und wer vorschnell aufgibt, wird seine Wünsche nie verwirklichen. Nicht so schön an diesem Beispiel ist natürlich, dass Karin ein Geheimnis weitererzählen will, das Linn ihr erzählt hat. Das ist nicht ehrenhaft. Wenn man von einem anderen Menschen ein Geheimnis erfahren hat, dann sollte man es tief in seinem Herzen begraben und auf gar keinen Fall weitererzählen.

Bild gelb: Karin geht weg und hält Tessa für eine hochnäsige Ziege, weil sie ihr die Rollschuhe nicht leihen will. Karin verfolgt hierbei ihre Ziele nicht wirklich. So wird sie im Leben nichts erreichen. Will man sich Wünsche erfüllen, muss man oft dafür kämpfen anstatt beleidigt wegzugehen.

Bild grün: Auf diesem Bild versucht Karin ihre Freundin Tessa zu überreden, ihr die Rollschuhe doch auszuleihen. Im Prinzip ist das gut, denn sie gibt nicht so schnell auf und versucht Argumente zu finden. Das ist lobenswert. Sie macht aber den Fehler, ihre Freundin als Angsthase zu bezeichnen. Das provoziert Karin natürlich, sodass sie ihr ihre Rollschuhe nun erst Recht nicht ausleihen wird.

Bild blau: Tessa schlägt vor, dass sie zusammen Rollschuhfahren können, wenn Tessa eigene hat. Karin nimmt sich vor, sich Rollschuhe zum Geburtstag zu wünschen. Dies ist ein sehr sinnvoller Kompromiss, vor allem weil Karin bei Tessa bleibt und ihr beim Fahren zusieht. Dadurch bleibt die Freundschaft erhalten. Wer weiß: Vielleicht, wenn Karin vom Rollschuhlaufen erschöpft ist, bietet sie ihrer Freundin dann sogar an, einige Runden zu laufen?

Einen Gegenstand, an dem man hängt, zu verleihen, setzt sehr viel Vertrauen voraus. Der andere könnte ihn kaputtmachen oder nicht zurückgeben. Dann ist Ärger vorprogrammiert. Im sozialen Austausch miteinander ist es aber wichtig, dass wir Gegenstände auch einmal verleihen. Abzugeben kann ja auch ein positives Gefühl verursachen, denn man hilft einer anderen Person, Diese ist im Gegenzug dankbar und hilft bestenfalls aus, wenn man selbst einmal etwas braucht. Um den Wunsch zu verspüren, jemandem etwas abzugeben, musst du dir vorstellen können, was derjenige gerade fühlt. Ob er traurig ist oder fröhlich, verzweifelt oder wütend. Wenn du ein anderes Kind um sein Lieblingsspielzeug bittest, solltest du es nicht zwingen das Spielzeug abzugeben, sondern einfühlsam (empathisch) sein. Du kannst zum Beispiel fragen, ob es bereit ist, für einen kurzen Moment darauf zu verzichten. Schließlich kann das andere Kind nicht genau wissen, ob du gut mit seinem geliebten Spielzeug umgehst und es überhaupt zurückgibst. Es ist also wichtig, auch mal Kompromisse zu finden.

Die Reaktion „Karin bleibt bei Tessa und schaut ihr beim Fahren zu." (Bild blau) ist als sehr wirksam einzustufen.

Fragen

1. Teilst du dein Spielzeug mit anderen Kindern?
2. Würdest du ein nagelneues Lieblingsspielzeug, das du gerade bekommen hast, an ein anderes Kind verleihen?
3. Hat jemand schon mal Sachen kaputt gemacht, die du verliehen hast? Wie war deine Reaktion darauf?
4. Hast du schon einmal Sachen, die jemand dir geliehen hat, kaputt gemacht, verloren oder einfach nicht zurückgegeben?

2.3.4 Eine Blamage bei Karaoke

Aufgabe

Schau dir die folgende Bildergeschichte an. Karaoke ist ein beliebtes Spiel, bei dem nur die Instrumentalmusik von Liedern vorgespielt wird (Playback), währnd der Gesang fehlt. Der Teilnehmer soll nun das Lied dazu singen. Anton und Emil sind befreundet. Anton hat bald einen Auftritt. Vor lauter Nervosität singt er aber falsch. Als ob das alleine nicht gereicht hätte, macht sich ein Mitschüler über ihn lustig. Anton ist sehr traurig darüber und spricht sich mit Emil aus. Welchen Rat sollte Emil ihm geben?

Akzeptanz

Auswahlmöglichkeiten

Hier werden dir vier Bilder vorgelegt, die diese Geschichte ergänzen können. Welches Bild ist für dich die am besten passende Möglichkeit? Bitte entscheide dich für eines der vier farblich markierten Bilder.

Übersicht von Auswahlmöglichkeiten

Die Erfahrung, vor einem Publikum aufzutreten, ist für viele Kinder etwas ganz Besonderes. Dies gilt gerade für schüchterne Kinder. Es gehört viel Mut dazu, vor vielen Fremden zu sprechen. Doch diese Erfahrung steigert das Selbstvertrauen und gehört zur Persönlichkeitsentwicklung dazu. Anton ist sich ziemlich sicher, dass er auch ein anderes Mal aus Nervosität wieder falsch singen wird. Er ist sehr verunsichert, weil er vor gut 100 Menschen singen musste. Wie kann er es schaffen, sein Lampenfieber während der Aufführung loszuwerden? Was kann sein Freund Emil für ihn tun?

Bild rot: Irgendwie haben hier beide Kinder Recht. Karaoke soll Spaß machen und wenn jemand gar nicht singen kann und trotzdem mitmacht, kann das auch sehr lustig sein (jedenfalls für die anderen, die nicht singen). Allerdings wollte Anton hier nicht einfach nur Spaß haben, er hatte die Hoffnung und den Ehrgeiz, wirklich gut zu singen und Beifall zu erhalten. Dass Emil ihm sagt, dass es auch zu Karaoke gehört, dass man sich blamiert, ist daher nicht wirklich hilfreich.

Bild gelb: Emils Tipp, dass man auch über seine eigenen Fehler lachen sollte, ist goldrichtig. Natürlich könnte Anton sich nun frustriert zurückziehen und nie wieder singen. Aber das wäre schade, denn eigentlich kann er wirklich gut singen. Solche Misserfolge darf man nicht zu ernst nehmen. Dieses Mal hat es nicht geklappt, aber wenn Anton es immer wieder versucht, wird es irgendwann besser und er kommt beim Karaoke eine Runde weiter. Er weiß ja nun woran es liegt: Die Musik war viel zu laut eingestellt und er konnte sich selbst nicht hören. Das lässt sich beim nächsten Mal ändern. Eine Situation, in der man versagt oder sich sogar blamiert hat, ist eine gute Übung. Man sollte die Fehler analysieren, die man gemacht hat, um es beim nächsten Mal besser zu machen.

Bild grün: Emil empfiehlt Anton im Chor zu singen, damit seine Fehler weniger auffallen. Dieser Rat ist sicherlich gut gemeint, trifft aber absolut ins Leere. Emil setzt sich ja gar nicht damit auseinander, dass Anton traurig ist, weil er sich beim Karaoke blamiert hat. Im Chor will Anton natürlich nicht singen. Er möchte ja, dass seine eigene Leistung anerkannt wird.

Bild blau: Hier wollen Anton und Emil noch einmal mit dem Schüler reden, der nach Antons Auftritt eine dumme Bemerkung gemacht hat. Im Prinzip ist es eine gute Idee, diesem Mitschüler einmal zu sagen, dass er mit seiner Bemerkung daneben lag. Allerdings löst das nicht das Problem und beantwortet nicht die Frage, ob Anton künftig weiter bei Karaoke-Auftritten mitmachen sollte. Emil bestärkt seinen Freund nicht, es unbedingt weiterzuversuchen.

Emil weiss, dass sein Freund ein guter Sänger ist. Es kann sein, dass Anton extrem ehrgeizig und leistungsorientiert ist. Muss jeder Auftritt von ihm, gerade bei Karaoke, hervorragend sein? Muss immer das eigene Leistungsmaximum erreicht werden? Oder reicht die einfache Erkenntnis, dass ein niedrigeres Niveau, welches weniger Leistungsstress und Lampenfieber verursacht, ein sichereres Erfolgserlebnis ermöglicht. Auf jeden Fall sollte Anton sein Lieblingshobby nicht aufgeben!

Die Reaktion „Emil muntert Anton auf. Anton soll sein Lieblingshobby nicht aufgeben." (Bild gelb) ist als sehr wirksam einzustufen.

Fragen

1. Hast du bereits vor Publikum ein Gedicht aufgesagt oder ein Lied gesungen? Wie ging es dir dabei?
2. Hast du dich auch schon einmal mit etwas, was du gesagt oder getan hast, blamiert? Wie bist du mit diesem Gefühl klargekommen?
3. Was würdest du jemandem raten, der oder die sich gerade blamiert hat? Würdest du diese Person trösten?

_____

_____

_____

2.3.5 Gerissene Hose

Aufgabe

Schau dir die folgende Bildergeschichte an. Beim Fußballspiel reißt bei Guido die Hose im Schritt auf. Zuerst entsteht nur ein kleines Loch, das er nicht so schlimm findet, und er merkt nicht einmal, wie es immer größer wird. Einer Mädchengruppe, die beim Spiel zuschaut, fällt Guidos zerrissene Hose aber auf und sie machen sich darüber lustig. Wie kann Guido darauf reagieren?

Akzeptanz

Auswahlmöglichkeiten

Hier werden dir vier Bilder vorgelegt, die diese Geschichte ergänzen können. Welches Bild ist für dich die am besten passende Möglichkeit? Bitte entscheide dich für eines der vier farblich markierten Bilder.

Übersicht von Auswahlmöglichkeiten

Manchmal amüsiert es dich sehr, wenn anderen ein Missgeschick passiert. Das ist in Ordnung! Denn Schadenfreude ist weniger schlimm als man denkt – und das gilt für alle Beteiligten. Manchen Menschen ist gefühlt gar nichts peinlich. Sie lassen sich durch nichts aus der Ruhe bringen. Aber was ist wirklich peinlich? Es gibt Momente, die jeder kennt: Wir alle sind schon in das eine oder andere Fettnäpfchen getreten oder sind unglücklich gestolpert. In dieser Geschichte muss ein Junge mit einer Blamage fertig werden.

Bild rot: „Humor ist, wenn man trotzdem lacht" sagt ein deutsches Sprichwort. Hier gelingt es Guido aus der (eigentlich peinlichen) Situation einen Scherz zu machen und alle lachen darüber. Das ist eine tolle Lösung. Leider ist man nicht immer so schlagfertig, dass einem ein derart witziger Spruch einfällt. Auf jeden Fall löst Guido hier die ganze Spannung der Situation auf.

Bild gelb: Natürlich ist es peinlich, wenn die Hose gerade im Schritt immer weiter aufreißt. Wegzugehen und die Hose von der Mutter flicken zu lassen oder eine neue zu kaufen, kann auch eine Lösung sein. Es ist natürlich schade, weil Guido jetzt nicht weiterspielen kann, aber vielleicht hängt die Sporthose irgendwann ganz in Fetzen an ihm, wenn er auf dem Fußballfeld bleibt. Zu denken, dass andere doof sind und ein Loch im Kopf haben, ist erleichternd. Man gibt sich in dieser peinlichen Situation nicht selbst die Schuld, sondern anderen. Und das ist gut fürs Selbstbewusstsein.

Bild grün: Auch diese Lösung der Situation ist o.k. Guido lässt sich von dem Gelächter der drei Mädchen nicht provozieren, sondern spielt einfach stur weiter, ohne sich beirren zu lassen. Das spricht für seine Charakterstärke. Er hat Spaß am Spiel, lässt die anderen halt lachen. Ihm ist das egal.

Bild blau: Dies ist vermutlich die schlechteste Lösung. Guido ist das alles oberpeinlich, er schämt sich und wird rot. Das kratzt an seinem Selbstbewusstsein. Solche Gedanken führen zu Minderwertigkeitskomplexen. Er kann ja nichts dafür, dass die Hose gerissen ist. Warum sollte er sich daher in den Gedanken hineinsteigern, dass er ein Trottel ist?

Der unerwünschte Mittelpunkt der Aufmerksamkeit zu sein, ist meist keine lustige Erfahrung. Besonders wenn irgendwas geschehen ist, was einem das Gefühl gibt, sich schämen zu müssen. Sei beruhigt: Das passiert jedem mal. Manchmal tut oder sagt man an der falschen Stelle etwas Blödes und hinterher merkt man, dass das jetzt nicht so gut war. Wenn einem etwas richtig Peinliches passiert, ist es am besten, mit den anderen über sich selbst zu lachen. Vieles ist gar nicht so peinlich, wie man selbst empfindet – es gibt genügend Leute, denen vermutlich schon ähnliches passiert ist. Irgendwann ist man so weit darüber weg, dass man es vielleicht auch selbst wirklich witzig findet. Eine peinliche Situation mit Humor zu entschärfen, ist oft die beste Lösung sofern man schlagfertig genug ist und die passende Antwort parat hat.

Akzeptanz

> **Die Reaktion** „Guido findet eine lustige Möglichkeit, die Situation mit der gerissenen Hose aufzulösen." (Bild rot)ist als sehr wirksam einzustufen.

Fragen

1. Ist dir schon einmal etwas wirklich Peinliches passiert? Bist du schon einmal in ein *Fettnäpfchen* getreten?
2. Kannst du über dich selbst lachen?
3. Fällt dir ein witziger Spruch ein, wenn anderen etwas Peinliches passiert?
4. Fällt dir ein witziger Spruch ein, wenn du dich mal blamiert hast?

_____

_____

_____

_____

2.3.6 Romy macht einen Vorschlag

Aufgabe

Schau dir die folgende Bildergeschichte an. In der Schule treffen Kinder Vorbereitungen für ein Theaterstück. Romy merkt, dass bei den Proben im Publikum Enisa sitzt, die vor kurzem aus Syrien gekommen ist. Sie beobachtet die Schüler auf der Bühne. Enisa kann nicht so gut Deutsch sprechen und deshalb hat kaum Freunde. Wie kann Romy sich verhalten?

Akzeptanz

Auswahlmöglichkeiten

Hier werden dir vier Bilder vorgelegt, die diese Geschichte ergänzen können. Welches Bild ist für dich die am besten passende Möglichkeit? Bitte entscheide dich für eines der vier farblich markierten Bilder.

Übersicht von Auswahlmöglichkeiten

In vielen Ländern dieser Welt herrschen Kriege oder Naturkatastrophen wie z.B. Erdbeben und Hungersnöte. Es ist verständlich, dass Familien, die dort leben, nicht zusehen möchten, wie ihre Kinder hungern oder Gewalt erleben. Sie versuchen in Länder zu fliehen, in denen die Menschen in Sicherheit leben und wo es genug Essen gibt. Das Problem ist, dass es viele Millionen sind, die in Armut leben und dass die reichen Länder nicht alle diese Flüchtlinge aufnehmen können. Dadurch gibt es viele Vorurteile solchen Flüchtlingen gegenüber. Diese Menschen unterscheiden sich von den meisten Deutschen aufgrund ihrer Herkunft, ihres Aussehens, ihrer Sprache, ihrer Lebensgewohnheiten oder kulturellen Prägungen. Sie werden als „anders" erlebt. Wie kann sich Romy am besten verhalten?

Bild rot: Romy denkt, dass sie sich besser mit Enisa unterhalten könnte, wenn das Mädchen aus Syrien Deutsch sprechen würde. Dies hilft aber beiden nicht. Vielleicht könnte Romy versuchen, dem Mädchen aus dem Ausland die deutsche Sprache beizubringen? Das würde bei der Integration helfen und irgendwann können die beiden sich auch unterhalten.

Bild gelb: Auf diesem Bild bittet Romy ihre Freundin Sandra, dass diese sich um Enisa kümmern soll. Das ist hilfreich gemeint, aber niemand weiß, ob Sandra dazu wirklich Lust hat. Besser wäre es gewesen, wenn Sandra aus eigener Motivation zu dem syrischen Mädchen gegangen wäre. Drängt man eine Person etwas zu tun, hat diese nicht unbedingt Lust dazu.

Bild grün: Romy schickt Enisa weg, weil sie ja gar nicht bei der Aufführung mitmacht. Bei Proben zu einem Theaterstück geht ja oft etwas schief. Beispielsweise hat jemand seinen Text vergessen oder verspricht sich. Das kann durchaus peinlich sein. Offenbar fühlt Romy sich bei den Proben gestört, weil sie von Enisa beobachtet wird. Ein bisschen ist das verständlich, aber bei dieser Möglichkeit beachtet Romy nicht, dass sie Enisa sehr weh tut. Viele aus dem Ausland stammende Kinder haben Schreckliches erlebt, bis hin zum Tod von Familienangehörigen. Oft sind sie dadurch verängstigt und aufgrund der Sprachschwierigkeiten verstehen sie häufig nicht, was sie dürfen, was verboten ist und was von ihnen erwartet wird. Wenn Romy ein ohnehin verängstigtes Kind auch noch wegschickt, verstärkt sie das Leid.

Bild blau: Romy fragt die Lehrerin, Frau Schmidt, ob Enisa in dem Theaterstück vielleicht mittanzen kann. Das ist eine hervorragende Lösung. Auch wenn Enisa nicht so gut Deutsch sprechen kann, kann sie auf jeden Fall tanzen. Dadurch wird Enisa integriert und kann Freunde in Deutschland finden.

Flucht aus einem Land, in dem Hunger, Krieg und Katastrophe herrschen, ist nicht der einzige Grund dafür, „der/die Neue" zu sein. Häufig leben Menschen nur eine vorübergehende Zeit an einem Ort und finden dann ein neues Zuhause. Menschen verlassen ihr Zuhause auf eigenen Wunsch, etwa weil sie sich beruflich verändern oder weil sie in eine schönere Wohnung oder ein größeres Haus ziehen. Oftmals werden sie gezwungen, aufgrund eines Arbeitsplatzverlustes oder des Todes eines Familienangehörigen ihr Zuhause zu verlassen. Ein Wohnortwechsel kann gerade für Kinder, die dann eine neue Schule besuchen und den Freundeskreis verlieren, als bedrückend oder leidvoll empfunden werden. Auch Flüchtlingskinder mussten in großer Not ihr Zuhause verlassen. Nach einer Flucht ist das Ankommen in Deutschland für viele Menschen schwer.

Anfangs stehen vor allem Sprachprobleme im Vordergrund. Besonders geflüchtete Kinder brauchen deshalb die Empathie und die Unterstützung ihrer Mitschülerinnen und Mitschüler. Romy denkt daran, dass Enisa nicht ausgegrenzt werden muss, sie verhält sich verständnisvoll gegenüber Enisa.

> **Die Reaktion** „Romy geht zu Frau Schmidt. Sie schlägt vor, dass Enisa im Theaterstück mittanzt." (Bild blau) ist als sehr wirksam einzustufen.

Fragen

1. Gibt es in deiner Klasse Schüler mit ausländischer Herkunft? Wie gut sind sie integriert? Hilfst du ihnen, in Deutschland Fuß zu fassen und die Sprache zu lernen?
2. Warst du in deinem Leben schon einmal der oder die Neue in der Schule, z.B. nach einem Umzug? Wie hast du dich gefühlt?
3. Warst du schon einmal im Ausland und hast die Sprache nicht verstanden, die dort gesprochen wurde? Wie war das für dich?
4. Hast du schon einmal versucht, die Heimatsprache der ausländischen Kinder zu lernen, die in der Nachbarschaft wohnen oder in deiner Klasse sind? Es wäre doch toll, vielleicht einige Sätze auf Spanisch, Portugiesisch, Türkisch, Syrisch, Ukrainisch oder Erithreisch sagen zu können. Warum sollen nur diese Kinder die deutsche Sprache lernen?

_____

_____

_____

_____

Anregungen

Die Kinder sollen überlegen, in welchen Situationen sie selbst schon einmal Hilfe und Unterstützung angenommen haben und in welcher sie jemandem Hilfe und Unterstützung gegeben haben.

Übersetze den Satz „Willst du mit mir spielen?" in die Landessprache der ausländischen Kinder, die du kennst (das geht z.B. mit einem Übersetzungsprogramm aus dem Internet ganz leicht): Do you want to play with me? Vuoi giocare con me? Quieres jugar conmigo? …

2.3.7 Angst vor dem Neuen

In der Schule baut Erik mit seinem Freund einen Turm aus Holzklötzen.

Als Erik zum Gruppenzimmer seiner Schwester geht sieht er, dass daraus ein großer Junge rennt.

Nun steht der Junge vor der Tür. Wenn Erik zu seiner Schwester will, muss er an dem Jungen vorbei.

Soll sich Erik trauen, zu seiner Schwester zu gehen?

Aufgabe

Schau dir die folgende Bildergeschichte an. Erik baut mit seinem Freund einen tollen Turm aus Holzklötzen. Er will diesen Turm seiner Schwester zeigen, die sich im Gruppenraum befindet. Als Erik vor der Tür steht, kommt ein großer Junge heraus. Er brüllt „Hey du! Pass auf!" So ein Geschrei kann Erik nicht leiden. Er geht ein Stück weg. Der große Junge steht neben der Tür. Erik weiß gar nicht, wie er heißt, er findet, dass der Junge böse guckt. Wenn Erik zu seiner Schwester will, muss er an dem Großen vorbei. Der schaut jetzt zu Erik. Oh ... wie er guckt! Bestimmt stößt er ihn oder sagt etwas Blödes. Erik ärgert sich, dass er seiner Schwester den tollen Turm nicht zeigen kann, nur weil er sich vor dem blöden Jungen fürchtet.

Auswahlmöglichkeiten

Hier werden dir vier Bilder vorgelegt, die diese Geschichte ergänzen können. Welches Bild ist für dich die am besten passende Möglichkeit? Bitte entscheide dich für eines der vier farblich markierten Bilder.

Übersicht von Auswahlmöglichkeiten

Solche Situationen, dass andere sich einem in den Weg stellen und ärgern, hat (leider!) jeder schon einmal erlebt. Fast immer geht dies von jenen aus, die glauben, dass sie die Stärkeren sind (was nicht stimmen muss, vielleicht kann der Kleinere ja auch Karate). Es ist nicht ganz einfach, sich dann richtig zu verhalten. Was hättest du getan, wenn du Erik wärst?

Bild rot: Erik vermeidet die Konfrontation. Er geht zurück in den Raum, in dem er den Turm gebaut hat, ohne ihn seiner Schwester zu zeigen. Im Prinzip ist diese Lösung durchaus in Ordnung, denn Erik vermeidet die Konfrontation mit dem großen Jungen. Natürlich tut er damit das, was der Große vielleicht gewollt hat: Er hat dem Kleineren Angst gemacht und sich durchgesetzt. Also hat er gewonnen und und wird sich auch in Zukunft weiterhin so verhalten.

Bild gelb: Erik wartet einfach vor der Tür, bis der Junge verschwunden ist. Auch diese Lösung ist soweit o.k., denn Erik vermeidet die Konfrontation mit dem Großen, der wahrscheinlich irgendwann die Lust daran verliert, die Tür zu versperren und dann (hoffentlich) weggeht. Vielleicht sucht der große Schüler aber auch Streit, dann wird er Erik anrempeln und ihn provozieren, solange Erik dort wartet. Daher ist diese Lösung nicht ganz so gut.

Bild grün: Einen Erwachsenen um Hilfe bitten, ist oft eine gute Lösung. Eigentlich hätte die Lehrerin Erik in den Gruppenraum begleiten können. Allerdings lernt Erik dadurch nicht, seine Probleme selbst zu lösen. Es ist ja noch gar nichts passiert, was rechtfertigen würde, dass er Hilfe braucht. Außerdem reagiert die Lehrerin hier völlig falsch, denn sie ist nicht bereit zu helfen. Vielleicht hat sie gerade keine Zeit, aber es wäre besser gewesen, wenn sie wenigstens gefragt hätte, was los ist.

Bild blau: Auf diesem Bild traut Erik sich, den Jungen anzusprechen und zu fragen, ob er vorbeigehen darf. Auch wenn der andere Junge gefährlich aussieht, sollte man so mutig sein, das zu tun. Erik lernt hier, seine eigenen Probleme selbst zu lösen. Was kann passieren? Schlimmstenfalls sagt der Große „Nein!" und versperrt weiterhin den Weg. Dann kann Erik noch immer weggehen oder die Lehrerin fragen. In diesem Fall stellt sich aber heraus, dass Eriks Ängste überflüssig waren. Der Junge wollte ihm die Tür wohl gar nicht versperren. Erik hat sich unnötig Sorgen gemacht.

Ängste vor Situationen, die dann gar nicht eintreten, macht man sich gerne mal. Stelle dir mal vor, dass morgen in eine Nachbarwohnung ein älterer Junge einzieht. Du hast ihn noch nie gesehen, erfährst aber, dass er Boxsport betreibt. Sofort versuchst du, dir ein Bild von diesem Jungen zu machen. Dabei hast du möglicherweise Vorurteile, die du über Boxer schon einmal gehört hast. Vielleicht denkst du nun, dass er aggressiv ist, dass man mit ihm nicht diskutieren kann und dass er gleich zuschlägt. Alle Menschen haben Vorurteile, sie sind in der Struktur des Denkens und Lernens angelegt.

Wenn du zum Beispiel einmal von einer Gruppe älterer Kinder gemobbt wurdest, dann könntest du daraus das Vorurteil ableiten, dass alle älteren Kinder dir gegenüber böse sind. Das stimmt zwar nicht, aber dennoch hat deine Angst auch einen Vorteil:

Wenn sich künftig eine Gruppe älterer Kinder nähert, passt du ganz genau auf und wirst dadurch nicht mehr in eine unangenehme Situation verwickelt. Vorurteile sind nicht immer schlecht, manchmal können sie dich vor Schaden bewahren.

Besonders stark halten sich Vorurteile gegenüber Menschengruppen, denen wir bisher noch nie begegnet sind, denn es ist logischerweise schwierig, eine Vorstellung von jemandem zu ändern, den man noch gar nicht kennt. Typisch sind vorgefasste Meinungen gegenüber Punks, Rockern, Einwanderern, Arbeitslosen, aber auch gegenüber Bauern, Putzfrauen oder Menschen, die bei der Müllabfuhr arbeiten. Solche Vorurteile müssen nicht immer negativ sein, so billigt man gutaussehenden Menschen oft positive Eigenschaften zu, aber auch Ärzten oder Professoren. Deswegen ist auch das wirksamste Mittel gegen solche Vorurteile, sich untereinander auszutauschen. Und wenn man sich dann erstmal unterhält, merkt man ziemlich oft: Meine Vorstellungen waren völlig falsch!

Die Reaktion „Erik fragt den Jungen höflich, ob er vorbei gehen darf." (Bild blau) ist als sehr wirksam einzustufen.

Fragen

1. Wo begegnen dir Vorurteile im Alltag?
2. Welche vorgefertigten Meinungen hast du?
3. Welche Assoziationen hast du mit bestimmten Berufsgruppen, wie zum Beispiel Versicherungsvertretern, Friseuren, Maklern oder Politikern?

_____

_____

_____

Anregungen

Erinnere dich an Risiken, die du eingegangen bist und die sich gelohnt haben. Erlebe noch einmal das Gefühl, dass du danach hattest.

2.3.8 Ein Film für Lilly

Lilly sitzt im Wohnzimmer und schaut einen Ponyfilm. Ihr großer Bruder Nick kommt ins Zimmer.

Nick greift sich die Fernbedienung und wechselt den Sender. Lilly ist damit nicht einverstanden.

Nick schubst Lilly beiseite. Lilly boxt und tritt Nick ans Bein. Nick merkt, dass Lilly nicht nachgeben wird.

Wie soll sich Nick verhalten?

Aufgabe

Schau dir die folgende Bildergeschichte an. Lilly hat es sich im Wohnzimmer auf dem Sofa gemütlich gemacht. Sie schaut einen tollen Ponyfilm. Ihr Bruder Nick kommt ins Zimmer. Er lässt sich neben Lilly aufs Sofa plumpsen, nimmt die Fernbedienung und wechselt zu einem anderen Programm. Lilly will ihren Film weitersehen. Sie ärgert sich. Als Lilly Nick die Fernbedienung nehmen will, schubst er sie. So eine Gemeinheit kann Lilly nicht ausstehen. Lilly verlangt: „Stell meinen Film wieder an". Als Nick sagt, dass er keine Babyfilme guckt, beginnt der Kampf um die Fernbedienung. Lilly wird wütend. Sie könnte Nick in der Luft zerreißen. Vor Wut fühlt sie sich ganz stark. Sie hat überhaupt

Akzeptanz

keine Angst vor Nick. Sie boxt ihn, tritt ihn und brüllt: „Das find ich so gemein von dir! Immer willst du alles bestimmen!" Nick erschrickt. Er weiß nicht, was er tun soll. So wütend hat er seine Schwester noch nie erlebt.

Auswahlmöglichkeiten

Hier werden dir vier Bilder vorgelegt, die diese Geschichte ergänzen können. Welches Bild ist für dich die am besten passende Möglichkeit? Bitte entscheide dich für eines der vier farblich markierten Bilder.

Übersicht von Auswahlmöglichkeiten

Streit zwischen Geschwistern ist geradezu ein Regelfall. Psychologen gehen davon aus, dass die Austragung wichtig ist, um zu lernen, sich im weiteren Leben durchzusetzen. Verwöhnte Einzelkinder haben es da oft schwerer. In dieser Geschichte ist Nick offenbar daran gewöhnt, sich gegen seine Schwester durchzusetzen. Er ist erstaunt, dass sie total wütend wird und ihm vorwirft, dass immer alle nach seiner Nase tanzen müssen. Mit so viel Zorn hatte er nicht gerechnet, als er zu seinem Piratenfilm umgeschaltet hat. Wie soll er sich nun verhalten?

Bild rot: Nick schubst seine Schwester aus dem Zimmer, damit er in Ruhe seinen Piratenfilm sehen kann. Dies ist sicherlich keine wirklich kluge Lösung. Lilly wird beleidigt sein und es vermutlich den Eltern sagen. Wenn Nick Pech hat, kommt dann gleich sein Vater ins Wohnzimmer gestürmt und macht den Fernseher ganz aus. Abgesehen davon, wird Lilly ihrem Bruder gegenüber schlechte Laune haben.

Bild gelb: Hier macht Nick zwei Kompromissvorschläge: Entweder schauen beide erst den Piraten- und dann den Ponyfilm oder aber, beim nächsten Mal darf Lilly bestimmen. Das heißt, sie fangen als erstes mit dem Ponyfilm an. Das sind gute Ansätze, einen Streit zu vermeiden, auch wenn Nick hier versucht sich durchzusetzen. Die Lösung ist o.k., noch besser wäre es gewesen, wenn Nick bereit gewesen wäre, erst den Pony- und dann den Piratenfilm anzuschauen. Oder, am allerbesten, wenn er seiner Schwester angeboten hätte: Heute bestimmst du und beim nächsten Mal bestimme dafür ich, was wir sehen.

Bild grün: Nick verlässt mit einer abfälligen Bemerkung das Zimmer. Immerhin gibt er nach und geht damit einer weiteren Konfrontation aus dem Weg. Natürlich ist es nicht die beste Lösung, denn er wird nun tagelang sauer auf seine Schwester sein und der Familienfrieden wird dadurch gestört.

Bild blau: Dass es keine gute Lösung ist, dass die beiden sich gegenseitig verprügeln, muss wohl nicht wirklich kommentiert werden. Einer von beiden wird heulend das Zimmer verlassen und dann gibt es richtig Streit in der Familie.

Bei solchen Streitigkeiten ist es klug, gemeinsam zu überlegen und zu besprechen, wie man einen Kompromiss finden kann. Die beiden machen sich gegenseitig Zugeständnisse. Jeder kann möglicherweise seinen Willen nicht ganz durchzusetzen können, aber jeder hat bei einem guten Kompromiss auch einiges erreicht. Das ist ein Grundzug für gute Kompromisse: Alle müssen ein wenig von ihren Zielen zurückstecken, und am Ende fühlt sich niemand benachteiligt.

Natürlich sind nicht alle Kompromisse ausschließlich gut, oft muss man Federn lassen. Manchmal findet man auch einen Kompromiss, mit dem nicht alle zufrieden sind. Schlimmstenfalls kann ein schlechter Kompromiss zu neuem Streit führen. Aber dann muss man halt einen neuen, besseren Kompromiss suchen.

Was könnte man tun, um Streit möglichst zu vermeiden? Völlig vermeiden lässt er sich nicht, denn er gehört wie Revierkämpfe im Tierreich auch bei uns Menschen dazu. Manchmal hilft motorisches Abreagieren, um mit Ärger fertig zu werden und ausgeglichener zu sein. Wenn man sich über etwas geärgert hat, sollte man zum Beispiel Joggen oder Inlinerlaufen gehen oder mit anderen Kindern Fuß- oder Basketball spielen.

Akzeptanz

Die Reaktion „Nick vereinbart mit seiner Schwester, dass sie zusammen zuerst seinen Piratenfilm schauen." (Bild gelb) ist als sehr wirksam einzustufen. Beim nächsten Film darf Lilly dann bestimmen.

Fragen

1. Kannst du das Wort „Kompromiss" einfach erklären?
2. Hast du in deinem Leben Situationen erlebt, in der jemand in einer Problemsituation einen Kompromiss vorgeschlagen hat?
3. Hast du auch schon einmal einen Kompromiss vorgeschlagen, wenn du Streit mit jemandem hattest?

_____

_____

_____

2.3.9 Wie geht das Vertragen?

Aufgabe

Schau dir die folgende Bildergeschichte an. Willi und Kurt sind Brüder. Wenn es zu Hause etwas zu naschen gibt, stopft Willi es in sich hinein und lässt nichts für seinen Bruder übrig. Er hat die ganze Schokolade und das gesamte Eis alleine gegessen und sein Bruder ist sauer. Willi benutzt nur faule Ausreden. Nun schlägt Kurt vor, dass sie sich vertragen und Willi im ersten Schritt zugeben soll, wer die ganze Schokolade und das Eis denn nun vernascht hat.

Akzeptanz

Auswahlmöglichkeiten

Hier werden dir vier Bilder vorgelegt, die diese Geschichte ergänzen können. Welches Bild ist für dich die am besten passende Möglichkeit? Bitte entscheide dich für eines der vier farblich markierten Bilder.

Übersicht von Auswahlmöglichkeiten

Kurt ist wütend auf seinen Bruder Willy, weil er nie Leckereien für ihn übrig lässt. Willy ist wütend auf Kurt, weil er immer alles bestimmen will. Kurt meint, dass Willy mehr Rücksicht auf ihn nehmen soll. Es kann doch nicht wahr sein, dass Willy alles alleine nascht und für ihn nichts übrig lässt. Was ist hier die beste Lösung?

Bild rot: Willi entschuldigt sich, dass er nicht daran gedacht hat, seinem Bruder etwas von den Süßigkeiten übrigzulassen und kauft von seinem Taschengeld Schokolade und zwei große Eistüten, eine für Kurt und eine für sich. Das ist natürlich die beste Lösung.

Bild gelb: Die Forderung von Kurt, dass Willi die Süßigkeiten künftig teilen soll, ist natürlich berechtigt und Willi ist das eigentlich peinlich, dass er alles alleine gegessen hat. Aber anstatt seine Schuld zuzugeben, projiziert er das auf seinen Bruder und gibt dem die Schuld, weil dieser angeblich alles bestimmen und Willi bevormunden will. Er zieht sich beleidigt zurück, was natürlich keine vernünftige Lösung ist, sondern den Konflikt noch vergrößert.

Bild grün: Willi schiebt die Schuld auf Melanie und behauptet, dass sie die ganzen Süßigkeiten gegessen habe. Das ist natürlich eine freche Lüge und Lügen haben bekanntlich kurze Beine. Das heißt, über kurz oder lang wird Willi dabei erwischt und dann ist die Situation richtig peinlich. Also keine kluge Lösung.

Bild blau: Hier lügt Willi seine Eltern an und behauptet, dass sein Bruder Kurt alle Süßigkeiten alleine gegessen habe. Nach dem Motto „Angriff ist die beste Verteidigung" machen manche Leute das so. Sie haben etwas Schlimmes getan, aber damit man sie nicht verdächtigt, geben sie die Schuld jemand anderem. Auch hier lügt Willi und das wird auf Dauer nicht gut ausgehen. Man wird ihn erwischen und dann gilt: „Wer einmal lügt, dem glaubt man nicht."

Wie geht das, einen Streit zu beenden? Sich zu vertragen ist oft alles andere als einfach. Sich zu entschuldigen, ist ein wichtiger und oft schwerer Schritt, aber zumindest nach einem heftigen Streit wäre es gut, eine Geste der Wiedergutmachung zu finden. Und bestenfalls auch herauszufinden, was eigentlich los war, in einem selbst und im anderen. Sich für einen Fehler zu entschuldigen, verlangt einen starken Charakter. Denn Lügen ist ein Zeichen für Schwäche.

„Selber essen macht fett," sagte man im Krieg, wenn Hunger herrschte. An sich selbst zu denken, ist uns in die Wiege gelegt, aber soziale Verhaltensweisen wie Nahrungsmittel zu teilen, sodass jeder wenigstens etwas zu essen hat, muss der Mensch erst lernen. Oft haben wir leider kein Gespür dafür, wie sich unsere Handlungen auf andere auswirken. Nicht immer achten und tolerieren wir Bedürfnisse, Gefühle oder Interessen anderer. Das verständnisvolle Verhalten soll sich im Alltag zeigen: in der Schule, im Straßenverkehr, in zwischenmenschlichen Beziehungen. Wer Rücksicht nimmt, nimmt sich selbst „zurück", um auf andere zu achten. Überall, wo unterschiedliche Persönlichkeiten und Charaktere zusammentreffen oder zusammenarbeiten müssen, prallen auch verschiedene Vorstellungen, Verhaltensweisen oder Werte aufeinander. Rücksichtnahme ist also eine Notwendigkeit und eine enorme Herausforderung für unser Sozialverhalten.

Akzeptanz

> **Die Reaktion** „Willi kauft von seinem Taschengeld Schokolade und Eis. Er lädt Kurt zum Essen ein." (Bild rot) ist als sehr wirksam einzustufen.

Fragen

1. Kennst du Beispiele, wo jemand Rücksicht auf dich genommen hat und z.B. mit dir geteilt hat?
2. Kennst du Beispiele, wo du Rücksicht auf andere genommen hast und z.B. etwas mit anderen geteilt hast?
3. Was glaubst du, warum gibt es so viele rücksichtslose Menschen?

_____

_____

_____

2.3.10 Ray kann selbstsicher kommunizieren

Wenn Ray merkt, dass ein Gespräch in die falsche Richtung geht, kann er jemanden im Satz unterbrechen.

Ray unterbricht jemanden beim Reden, wenn es einen Notfall gibt. Diesmal hat Ray gesehen, wie ein Auto und ein Motorrad zusammengestoßen sind.

Zwei Lehrer unterhalten sich in der Bibliothek. Ray kann die Federmappe nicht selbst öffnen und braucht Hilfe.

Wie soll sich Ray verhalten?

Aufgabe

Schau dir die folgende Bildergeschichte an. Ray unterbricht auf dem ersten Bild ein Mädchen, das eine ausufernde Geschichte erzählt. Auf dem zweiten Bild unterbricht er zwei Mitschülerinnen, weil an der Kreuzung ein Unfall passiert ist. Auf dem dritten Bild schafft er es nicht, seine Federtasche zu öffnen. Kann er die beiden Lehrer, die sich unterhalten, auch unterbrechen?

Akzeptanz

Auswahlmöglichkeiten

Hier werden dir vier Bilder vorgelegt, die diese Geschichte ergänzen können. Welches Bild ist für dich die am besten passende Möglichkeit? Bitte entscheide dich für eines der vier farblich markierten Bilder.

Übersicht von Auswahlmöglichkeiten

In einem guten Gespräch darf jeder ausreden und lässt seinen Gesprächspartner zu Wort kommen. Aber manchmal erklärt ein Gesprächspartner etwas zu langatmig oder will etwas eher Unwichtiges erzählen. Er redet dann oft zu viel, macht keine Pausen oder weicht vom Thema ab. In diesem Fall darf man seinen Gesprächspartner mit einem Satz, wie z.B. „Was willst du mir eigentlich sagen?" unterbrechen. Wenn Ray merkt, dass ein Gespräch in die falsche Richtig läuft, unterbricht er seinen Gesprächspartner im Satz. Wenn Ray Zeuge eines Notfalls wird, soll er sofort die 112 wählen oder andere auf den Unfall aufmerksam machen. Es ist nicht schlimm, wenn dabei eine Unterhaltung unterbrochen wird. Aber ist es so wichtig, wenn Ray seine Federmappe nicht öffnen kann, weil der Reißverschluss klemmt, dass er dann zwei Lehrer im Gespräch unterbrechen darf?

Bild rot: Ray zupft einen der Lehrer am Arm und bittet um Hilfe. Es kann sein, dass Ray unter Druck steht, weil er seine Schreibgeräte dringend braucht. Aber es ist natürlich kein Notfall, der es erfordert, Erwachsene bei ihrem Gespräch zu unterbrechen. Die Lehrer fühlen sich gestört und belästigt.

Bild gelb: Ein verklemmter Reißverschluss am Federmäppchen ist natürlich kein wirklicher Notfall, der es rechtfertigt, auf die Lehrer zuzurennen und laut um Hilfe zu rufen. Wenn man so etwas öfter macht, wird man nicht mehr Ernst genommen, wenn doch einmal etwas Schlimmes passiert ist. Laut um Hilfe rufen darf man wirklich nur, wenn ein Unfall passiert ist, ein Überfall oder etwas anderes ganz Schlimmes.

Bild grün: Ein guter Trick, die Aufmerksamkeit auf sich zu lenken, ist es, die Federtasche mit lautem Knall auf den Boden wirft. Leider wird das Öffnen dann zwecklos sein, weil Stifte und Füller dabei bekanntlich kaputtgehen.

Bild blau: Natürlich ist es die beste Möglichkeit, sich zu den Lehrern zu stellen und abzuwarten, bis diese reagieren. Sicherlich wird einer der Lehrer nach einiger Zeit fragen, was Ray denn möchte? Oder, wie hier, kann Ray in einer Redepause mit dem Wort „Entschuldigung" sein Anliegen vorbringen. Das ist höfliches Verhalten.

Es handelt sich dabei um keinen Notfall. Deshalb sollte Ray abwarten, bis im Gespräch der Lehrerinnen eine Pause entsteht, um sie in diesem Moment höflich um Hilfe zu bitten. Natürlich gehört Disziplin dazu, jemanden ausreden zu lassen, bevor man seine Bitte ausspricht. In Momenten, in denen dies schwerfällt, sollte man sich am besten daran erinnern, wie unangenehm es ist, von anderen unterbrochen zu werden.

Die Reaktion „Ray geht zu den Lehrern und wartet, bis eine Pause im Gespräch entsteht. Danach sagt er, dass er Hilfe braucht." (Bild blau) ist als sehr wirksam einzustufen.

Fragen

1. Wann hast du schon andere im Gespräch unterbrochen? Wie haben diese reagiert?
2. Gibt es Menschen, die dich im Gespräch ständig unterbrechen? Wie findest du das?
3. Warum ist Respekt wichtig in der Schule?

_____

_____

_____

2.3.11 Mathilda entdeckt ihre Stärken

Mathilda ist neidisch auf ihren Bruder Nick, der mal wieder beim Laufwettbewerb gewonnen hat.

Mathilda will auch Läuferin werden. Sie geht zum Lauftraining, obwohl ihr das Laufen keinen Spaß macht.

Einige Tage später vertritt Mathilda ihre Freundin in einer Tanzgruppe. Tanzen macht Matihilda richtig Spaß.

Was soll Mathilda tun, damit ihre Eltern sie genauso lieb haben, wie ihren Bruder?

Aufgabe

Schau dir die folgende Bildergeschichte an. Mathilda ist unglücklich, weil ihr Bruder Nick mal wieder beim Laufwettbewerb gewonnen hat. Sie will schnell so gut wie ihr Bruder laufen können, damit ihre Eltern sie genauso wie Nick loben. Deshalb geht Mathilda zum Lauftraining, obwohl ihr das kein Spaß macht. Mathilda läuft so schnell sie kann, aber die anderen lassen sie weit zurück. Mathilda ist verzweifelt. Ihr wird klar, dass sie niemals bei Wettkämpfen gewinnen kann, egal wie sehr sie sich mit dem Lauftraining quält. Matilda geht aber auch in eine Tanzgruppe, die ihr total viel Spaß bringt. Wie soll sie sich künftig verhalten, damit ihre Eltern sie ebenso lieb haben wie ihren Bruder?

Akzeptanz

Auswahlmöglichkeiten

Hier werden dir vier Bilder vorgelegt, die diese Geschichte ergänzen können. Welches Bild ist für dich die am besten passende Möglichkeit? Bitte entscheide dich für eines der vier farblich markierten Bilder.

Übersicht von Auswahlmöglichkeiten

Eifersucht und Neid zwischen Geschwistern sind normal. Meist glaubt jeder, dass eines der Geschwister vorgezogen wird, alles bekommt und dass die Eltern das andere Kind viel mehr lieb haben. Komischerweise glauben das beide Kinder von dem anderen. Nick wird von seinen Eltern überschwänglich gelobt, weil er gut laufen kann und bei Rennen oft einen Preis gewinnt. Matilda glaubt, dass ihre Eltern sie ebenso loben werden, wenn sie auch bei Rennen gewinnt. Was soll sie am besten tun?

Bild rot: Matilda lässt das Laufen bleiben. Sie sieht ein, dass sie niemals so gut wie andere sein wird. Aber sie liebt das Tanzen und ist wirklich gut darin. Daher konzentriert sie sich darauf. Wahrscheinlich werden ihre Eltern sie nach ihrer ersten Aufführung sehr loben. Sie konzentriert sich auf das, was ihr Spaß macht – und das ist richtig so.

Bild gelb: Matilda versucht sich im Laufen zu verbessern und tanzt. Dabei verzettelt sie sich aber. Man kann selten gut in allen Bereichen sein. Sie sollte sich entscheiden und zwar möglichst für die Sportart, die ihr Spaß bringt.

Bild grün: Zum Laufen hat sie keine Lust und wenn wir zu etwas absolut keine Lust haben, werden wir auch nicht erfolgreich darin sein.

Bild blau: Matilda glaubt, dass ihre Eltern sie nur lieb haben, wenn sie in derselben Sportart wie ihr Bruder Nick gut ist. Das ist natürlich Unsinn. Ihre Eltern werden sie auch loben, wenn sie besonders gut im Tanzen ist. Vielleicht ist eine Aufführung, in der sie tanzt, sogar viel mehr wert als ein Preis beim Laufwettbewerb. Es ist also nicht richtig, wenn Mathilda alles aufgibt.

Mathilda findet heraus, dass sie andere Dinge gut kann. Als sie ihre Freundin beim Tanzen vertritt, merkt sie, dass in einer Tanzgruppe zu tanzen, ihr wirklich Spaß macht. Mathilda hat herausgefunden, wo ihre besonderen Stärken liegen. Die Eifersucht auf ihren Bruder hat ein Ende, weil Mathilda gelernt hat, dass jeder seine besonderen Stärken hat. Und ihre Eltern haben sie und ihren Bruder gleich lieb.

Eifersucht zeigt sich manchmal offensichtlicher und manchmal versteckter. Vielleicht hast du dich schon mal mit einem Gleichaltrigen gestritten, weil du dich mit ihm direkt verglichen oder sogar mit ihm konkurriert hast: „Ich kann das schon besser". Dir sollte aber klar sein, dass du dich nicht immer mit anderen vergleichen kannst: Du bist du. Es kommt darauf an, dass du das, was du machst, so gut machst wie du kannst. Denn jeder Mensch hat eigene Talente. Und jeder hat Grund, stolz auf sich zu sein. Auch wenn Eifersucht nicht vollkommen verschwindet, wird sie sich verringern, wenn dein Selbstbewusstsein gestärkt wird.

> **Die Reaktion** „Mathilda geht tanzen. Sie erkennt, dass ihre Eltern sie genauso lieb haben wie ihren Bruder, auch wenn sie keine Läuferin ist." (Bild rot) ist als sehr wirksam einzustufen.

Fragen

1. Was kannst du besser als deine Geschwister oder Freunde?
2. Bist du auf jemanden eifersüchtig, weil diese Person etwas besser kann als du?
3. Wenn du Geschwister hast, denkst du auch manchmal, dass deine Eltern deinen Bruder oder deine Schwester mehr lieben als dich?

_____

_____

_____

2.4 Soziales Handeln

Die folgenden Bildergeschichten zum sozialen Handeln helfen Kindern, sich bewusst mit verschiedenen sozialen Situationen auseinanderzusetzen und dabei das eigene Verhalten zu reflektieren. Es werden angemessene Verhaltensweisen gefördert, die Kinder befähigen, zukünftige soziale Situationen besser zu regeln.

Kurzbeschreibung von Bildergeschichten aus diesem Kapitel

2.4.1	Klaus und Leon gegen Gewalt	Klaus und Leon werden dem aggressiven Verhalten muslimischer Schüler ausgesetzt. Sie überlegen sich eine Lösung für ein friedliches Miteinander.
2.4.2	Ohne Fleiß kein Preis	Paul bittet um Hilfe und steht damit nicht mehr vor einer unlösbaren Aufgabe.
2.4.3	Timo wird erpresst	Timo sieht eine Gruppe älterer Schüler, die auf ihn zukommt. Timo wird von den älteren Schülern bedroht. Doch er findet eine Lösung.
2.4.4	Neidischer Jan	Jan ist frustriert und neidisch, weil seine Lehrerin Laura für bessere Leistungen lobt. Er ist leider nicht so gut wie Laura. Jan lernt fleißig für bessere Noten.
2.4.5	Leon und die Petze	Boris schreibt das Geheimnis von Leon auf die Tafel .Die Lehrerin will wissen, wer das gemacht hat? Leon und Boris klären diese Angelegenheit unter sich.
2.4.6	Pia will beste Freundin bleiben	Pia möchte die Freundschaft zu Ingrid nicht auflösen. Sie überlegt sich eine Strategie, um mit Ingrid befreundet zu bleiben.
2.4.7	Jenny wird beneidet	Jenny erzählt allen, wie gut es ihr gerade geht. Doch sie erkennt, dass einige Menschen ihr Verhalten als Problem sehen. Zukünftig wird sie nur mit ihren Freunden über ihre Gefühle reden.
2.4.8	Streit zwischen Schwestern	Die Schwestern von Philipp scheinen mit einer Konfliktsituation alleine nicht klarzukommen. Philipp versöhnt die Mädchen miteinander.
2.4.9	Kai braucht Ruhe	Kai hat mit seinem Bruder Meinungsverschiedenheiten. Kai schlägt einen Kompromiss vor. Sein Ziel ist eine Einigung, die für beide Brüder akzeptabel ist.
2.4.10	Vincent und Chris im Streit	Chris ärgert sich über seinen kleinen Bruder Vincent. Chris sagt Vincent, dass ihm ein friedliches Zusammenleben wichtig ist.
2.4.11	Mira beendet eine Freundschaft	Mira hat sich entschieden, die Freundschaft zu Doris zu beenden. Sie findet dafür die richtige Lösung.
2.4.12	Ein Missgeschick in der Küche	Tom Tom und Lena sehen, wie in der Küche ein Mädchen einen Teller zerbricht. Die beiden Kinder überlegen, ob sie der Lehrerin darüber Bescheid sagen sollen.
2.4.13	Eine Begegnung auf der Straße	Bert begegnet auf der Straße einem Jugendlichen, der ihm Angst macht. Er erkennt schnell einen Konflikt und spricht den Jungen an.

2.4.1 Klaus und Leon gegen Gewalt

Klaus und Leon werden von einigen muslimischen Schülern belästigt.

Klaus und Leon beklagen sich bei der Lehrerin über die muslimischen Schüler.

Die Aggressionen steigen. Muslimische Schüler schlagen Klaus und Leon.

Was sollen Klaus und Leon am besten machen, um die Gewalt zu verhindern?

Aufgabe

Schau dir die folgende Bildergeschichte an. Klaus und Leon werden in der Schule von einigen muslimischen Jungen bedroht. Sie beklagen sich darüber bei der Lehrerin, die aber nur verspricht mit den Jungen zu reden. Auf dem dritten Bild sind die muslimischen Jungen aber trotzdem noch rabiater geworden und bedrohen und verprügeln Klaus und Leon sogar. Was sollen die deutschen Schüler nun machen?

Soziales Handeln

Auswahlmöglichkeiten

Hier werden dir vier Bilder vorgelegt, die diese Geschichte ergänzen können. Welches Bild ist für dich die am besten passende Möglichkeit? Bitte entscheide dich für eines der vier farblich markierten Bilder.

Übersicht von Auswahlmöglichkeiten

Der Mensch ist ein Herdentier. Wir versuchen uns immer zu kleinen Rudeln zusammenzuschließen, da man dadurch viele Aufgaben besser lösen kann als alleine. Im Schutz der Gruppe fühlen wir uns stark. Manche Kinder bilden z.B. auch in der Klasse Gruppen oder sogar richtige Banden. Das ist o.k., solange sie anderen Kindern keine Angst machen. Wenn Kinder sich kurzzeitig oder für längere Phasen in Gruppen zusammenschließen, kann es auch zu aggressiven Handlungen kommen. In der Gruppe verteilt sich die Verantwortung und Hemmschwellen, die beim Einzelnen durchaus vorhanden sind, können niedriger sein. Wenn aber eine Gruppe in der Klasse andere Schüler provoziert, belästigt oder quält, sollten präventive Maßnahmen getroffen werden. Der Umgang miteinander, die Stimmung in der Klasse und das friedliche Miteinander sollten aber nicht erst dann berücksichtigt werden, wenn bereits Probleme aufgetaucht sind. Gewaltfreie Schule bedeutet, dass alle Kinder in einer guten Atmosphäre lernen können. Was können Klaus und Leon tun, um die Gewalterfahrung durch die muslimischen Jungen zu beenden?

Bild rot: Klaus und Leon beklagen sich nochmals bei der Lehrerin. Sie verspricht mit den Eltern der muslimischen Jungen zu reden, was wohl nichts genützt hat, denn unter dem Bild lässt sich nachlesen, dass die muslimischen Jungen nun von der Schule verwiesen werden. Zunächst einmal mit einem Erwachsenen zu reden, ist immer eine gute Möglichkeit. Allerdings wird der Verweis von der Schule die muslimischen Kinder aus Frust noch aggressiver machen. Sie kommen dann erst recht auf die schiefe Laufbahn. Vielleicht lauern sie sogar Leon und Klaus auf, weil sie den deutschen Jungen die Schuld an dem Schulverweis geben. Daher ist es keine Lösung, wenn die Lehrkraft die muslimischen Jungen in eine andere Klasse oder Schule abschiebt. Erst wenn man geklärt hat, was die Verhaltensauffälligkeit verursacht, können Lösungswege gefunden werden.

Bild gelb: Einen Kurs über Selbstverteidigung belegen, ist auch eine praktische Lösung. Es ist klug, wenn man sich zur Not gegen Gewalt auch körperlich wehren kann. Wenn man geschlagen wird, ist es völlig legitim, sich zu wehren. Allerdings löst dies den Konflikt wohl nicht. Es wird zwischen Klaus und Leon auf der einen und den muslimischen Kindern auf der anderen Seite dann immer öfter zu Schlägereien kommen und wahrscheinlich bringen die muslimischen Kinder dann noch ein paar tatkräftige Freunde oder ihre großen Brüder mit. Dann sind sie in der Mehrzahl, sodass selbst die beste Kampftechnik den deutschen Kindern nichts mehr nützt.

Bild grün: Kinder, von denen man sich bedroht fühlt und die einen bereits verprügelt haben, zu einer Klassenfeier einzuladen, ist natürlich eine sehr mutige Tat. Aber wenn die muslimischen Jungen zustimmen, kann das den Konflikt tatsächlich beenden und die Jungen freunden sich möglicherweise sogar an. Die Frage ist, ob Klaus und Leon wirklich über ihren Schatten springen können und so mutig sind, möglichst immer jeweils nur einen der muslimischen Kinder anzusprechen und zum Weihnachtsfest einzuladen. Das erfordert viel Mut. Ob die muslimischen Jugendlichen dann so klug sind und diese Einladung auch wirklich annehmen, steht leider auch in den Sternen. Aber den Versuch ist es auf jeden Fall wert.

Bild blau: Eine Ausstellung über Vorurteile zu machen, kann eine gute Lösung sein, wenn man damit zeigt, dass man Flüchtlingskindern positiv gegenübersteht und versucht, ihnen bei der Integration zu helfen. Vielleicht lernen die muslimischen Jungen daraus, dass Klaus und Leon ihnen nicht feindlich gegenüberstehen. Wenn die auf Bild 3 gezeigte Lösung nicht funktioniert, könnte man so etwas versuchen.

Die Entstehung von aggressivem Verhalten basiert oft auf Frustration. Je näher man einem Ziel ist, das einem dann verwehrt wird, um so wütender wird man. Ein Kind, das gerade kurz davor ist, im Computerspiel das höchste Level zu erreichen, wenn die Mutter reinkommt und den PC ausschaltet, wird mit Sicherheit wütend reagieren. Aggression ist oft auch ein Zeichen dafür, dass Kinder an ihre Grenzen gekommen sind. Manche wissen sich dann nicht anders zu helfen. Wenn sie mit einer Situation nicht fertig werden, schlagen oder belästigen sie ihre Mitschüler. Man sollte also die Ursachen herausfinden, warum ein Kind wütend wird. Bei Flüchtlingskindern liegt die Ursache oft darin, dass sie von der Umwelt stigmatisiert und von vielen Aktivitäten ausgeschlossen werden. Wenn sie nicht gut Deutsch sprechen und schlechte Zensuren in der Schule haben, steigern sich Frustration und Neid.

Die Reaktion „Klaus und Leon laden die muslimischen Schüler zur Weihnachtsfeier in ihr Klassenzimmer ein." (Bild grün) ist als sehr wirksam einzustufen.

Fragen

1. Gehörst du zu einer Gruppe von Kindern, die zusammenhalten oder zu einem Verein?
2. Hast du schon einmal davon gehört, dass Gruppen von Jugendlichen aggressiv werden und andere bedrohen?
3. Was kann man gegen Aggression an Schulen tun?
4. In welchen Situationen kann es zu aggressivem Verhalten oder Gewalt kommen? Was sind die Auslöser?

_____

_____

_____

_____

Anregungen

Hast du dich schon mal gefragt, wie sich „Guten Tag" in verschiedenen Sprachen anhört? Bitte Nachbarn, Freunde oder bekannte Erwachsene, die eine andere Sprache sprechen, dich in ihrer eigenen Sprache zu grüßen. Kannst du „Guten Tag" in verschiedenen Sprachen nachsprechen? Ein Internet-Translator kann dir helfen, das herauszufinden.

Wenn man eine fremde Sprache nicht versteht und sie nicht spricht, ist es schwierig, sich zu unterhalten. Dazu kannst du ein kleines Experiment mit deinem Freund machen. Überlege dir, was du ihm sagen möchtest. Dann sprich eine Fantasiesprache mit ihm, zum Beispiel: „Quirlie duadu". Damit der andere versteht, was du sagen möchtest, zeige ihm das mit deinen Händen, Armen und deinem Gesicht. Kann er erraten, was du ihm sagen willst?

2.4.2 Ohne Fleiß kein Preis

Aufgabe

Schau dir die folgende Bildergeschichte an. Paul und Peter lernen für die Klassenarbeit. Beide Schüler sind ehrgeizig und beide versuchen, eine Eins zu schreiben. Nach mehreren Stunden Lernens muss Paul feststellen, dass er nichts gelernt und wenig verstanden hat. Das zeigt sich, als die Ergebnisse der Klassenarbeiten bekannt werden. Peter hat eine Eins und Paul nur eine Vier, obwohl er sich wirklich Mühe gegeben hat. Paul steht einfach nur da und weiß alleine nicht mehr weiter.

Soziales Handeln

Auswahlmöglichkeiten

Hier werden dir vier Bilder vorgelegt, die diese Geschichte ergänzen können. Welches Bild ist für dich die am besten passende Möglichkeit? Bitte entscheide dich für eines der vier farblich markierten Bilder.

Übersicht von Auswahlmöglichkeiten

Das Erreichen eines Ziels ist meist auch mit Anstrengung verbunden. Sich dafür zu motivieren, fällt manchen Kindern besonders bei herausfordernden Aufgaben schwer. Dazu gehört auch der Schulbereich: Hausaufgaben machen und das Lernen für Klassenarbeiten fällt schwer, wenn man ebenso ein Comptergame spielen könnte. Selbständigkeit bedeutet, dass Schulkinder Hausaufgaben, Lernen und die Vorbereitung auf Klausuren als ihre Aufgabe und ihre eigene Verantwortlichkeit begreifen. Schule ist sozusagen ihr „Job". Paul hat nur eine schlappe Vier in der Mathematikarbeit. Das frustriert ihn. Was kann er tun?

Bild rot: Wären die Aufgaben in der Mathearbeit viel zu schwer gewesen, hätten alle Kinder eine schlechte Zensur bekommen. Daher nützt diese Klage der Lehrerin gegenüber wohl nichts.

Bild gelb: Sich selbst zu trösten und vor Augen zu halten, dass man dafür ja in anderen Fächern gute Leistungen bringt, ist eine gute Taktik, um das Selbstbewusstsein aufrecht zu erhalten. Nicht jeder kann alles. Ein Kind hat eine große Nase, ein anderer Schüler eine kleine. Ebenso sind andere Fähigkeiten verteilt: Das eine Kind hat hohes Verständnis für Mathematik und muss wenig lernen, das andere hat nicht so viel mathematische Fähigkeiten und muss dementsprechend viel mehr büffeln. Aber vielleicht ist dieses Kind dafür in Musik, Malen oder Sport viel besser. Jeder hat Fähigkeiten, oft muss man erst herausfinden, was man besonders gut kann.

Bild grün: Naja, es ist wohl klar, dass dies keine gute Lösung ist. Paul lügt seine Eltern an, aber sie werden weiter nachfragen und irgendwann muss er zugeben, dass ihm die Mathearbeit missglückt ist. Diese Taktik hilft auf Dauer nicht.

Bild blau: Peter kann Mathe gut, vielleicht kann er Paul helfen? Es ist eine gute Lösung, dass Paul ihn fragt, ob er ihm die Matheaufgaben erklären kann. Vielleicht kann Paul seinem Freund im Gegenzug auch bei etwas helfen? Man nennt es im Englischen eine *Win-win*-Situation, d.h. eine Lösung, bei der beide etwas gewinnen und erfolgreich daraus hervorgehen.

Die moderne Welt ist voller Ablenkungen. Natürlich macht es viel mehr Spaß, ein Computergame zu spielen, mit Freunden zu chatten oder im Internet zu surfen. Lernen ist langweilig, aber man braucht es nunmal, um erfolgreich zu sein. Wie kann man sich motivieren? Mit einem Lernplan wird Paul immer genau wissen, was er tun muss und kann strukturiert an seiner Klausurvorbereitung arbeiten. Dazu gehört auch ein Lernumfeld, in dem er sich konzentrieren kann. Je mehr Ablenkung auf dem Schreibtisch liegt, desto schlechter wird er sich auf die Arbeit fokussieren können. Wichtig sind auch Gründlichkeit und ein moderates Lerntempo, anstatt sich nur oberflächlich mit der Materie zu beschäftigen. Pausen sind sehr wichtig, denn die Aufmerksamkeit lässt nach maximal anderthalb Stunden nach. Dann darf man für eine halbe Stunde etwas Schönes tun, bis man sich dann wieder an die Lernaufgabe setzt. Wenn man ein Kapitel geschafft hat, sollte man sich mit etwas Schönem selbst belohnen. Und man sollte unbedingt Hilfe in Anspruch nehmen. In kleinen Lerngruppen geht das alles viel besser. So kann man sich beispielsweise in einer Englisch-Lerngruppe auf Englisch unterhalten.

Wer um Hilfe bittet, bekommt diese meistens auch und steht damit nicht mehr vor einer unlösbaren Aufgabe. Der andere, der um Hilfe gebeten wird, ist glücklich, weil er für seine Fähigkeiten oder sein Wissen geschätzt wird. Dabei ist es ein schönes Gefühl zu sehen, wie man jemand anderem unter die Arme greifen konnte.

Die Reaktion „Paul bittet Peter um Hilfe." (Bild blau) ist als sehr wirksam einzustufen.

Fragen

1. Wenn man eine schwierige Aufgabe beginnt, macht es Sinn, missmutig und lustlos heranzugehen?
2. Womit kann man sich selbst motivieren, bevor man mit einer langweiligen Aufgabe beginnt?
3. Wozu eigentlich lernt man in der Schule etwas?

_____

_____

_____

2.4.3 Timo wird erpresst

Aufgabe

Schau dir die folgende Bildergeschichte an. Nach der Schule geht Timo nach Hause. Plötzlich sieht er eine Gruppe älterer Schüler, die auf ihn zukommt. Timo wird von den älteren Schülern bedroht. Sie wollen sein Taschengeld haben. Was kann Timo tun?

Soziales Handeln

Auswahlmöglichkeiten

Hier werden dir vier Bilder vorgelegt, die diese Geschichte ergänzen können. Welches Bild ist für dich die am besten passende Möglichkeit? Bitte entscheide dich für eines der vier farblich markierten Bilder.

Übersicht von Auswahlmöglichkeiten

Es ist traurig, dass es immer wieder vorkommt, dass große Schüler Geld von kleinen Kindern erpressen. Es ist extrem schwer, sich dagegen zu wehren. Was kann Timo tun?

Bild rot: Timo sieht auf dem Spielplatz einige Erwachsene mit ihren Kindern. Er wechselt die Straßenseite und rennt dorthin. Erpresser mögen keine Zeugen. Sie werden Timo nichts tun, wenn andere dabei sind. Künftig wird er versuchen, ihnen aus dem Weg zu gehen.

Bild gelb: Timo beschließt, sein Taschengeld nicht herzugeben. Das ist im Prinzip richtig. Wenn man Erpressern einmal Geld gegeben hat, wollen sie immer wieder etwas. Die räuberische Jugendbande weiß, dass es da etwas zu holen gibt und sie werden es immer wieder versuchen. Die Frage ist, was einem wichtiger ist: die paar Euro, die man im Portemonnaie hat oder ein blaues Auge plus ausgeschlagenem Zahn. Abwarten nützt hier nichts. Auch wenn es eigentlich falsch ist, sollte Timo lieber sein Geld herausgeben, damit man ihn nicht verletzt. Geld zu verlieren ist ärgerlich, aber gebrochene Knochen tun weh. Hinterher sollte Timo mit seinen Eltern zur Polizei gehen und Anzeige erstatten. Eine einzelne Anzeige nützt vielleicht nicht viel, wenn es keine Zeugen gibt, die das bestätigen. Aber wenn alle, die von der Jugendbande bedroht werden, zur Polizei gehen, dann wird man die bösen Jungs irgendwann erwischen.

Bild grün: Timo gerät in Panik und denkt das Wort „Hilfe!". Die Panik ist verständlich, wenn man von einer Gruppe Jugendlicher bedroht wird. Wenn die Jungs ihn tatsächlich verprügeln, sollte er ruhig laut um Hilfe schreien. Solche Jugendbanden mögen keine Zeugen und mit Glück kommt ein Erwachsener herbeigeeilt.

Bild blau: Timo versucht sich zu beruhigen und denkt, dass die bösen Jungen ihm eigentlich nichts tun können. Sich in Stress-Situationen, z.B. einer Prüfung, selbst zu beruhigen, ist eigentlich eine gute Taktik, um mit Problemen klarzukommen. Bei einem Überfall oder einer Erpressung wird es vermutlich nicht viel nützen. Natürlich können die Jungen auf Timo einschlagen, das Risiko ist leider hoch.

Meist ist es eine gute Alternative, mit anderen Menschen das Gespräch zu suchen und durch einen Kompromiss eine Lösung zu finden. Bei einem solchen Überfall geht das erfahrungsgemäß nicht. Die Jugendbande will Timo Schrecken einjagen, damit er sein Geld herausgibt. In solchen Situationen weiß man, dass man lieber kein Gespräch anfangen sollte, denn Streit und Gewalt werden folgen.

Wenn du in einer solchen Situation bist, kannst du einiges tun, um sie zu entschärfen.

Vermeide Panik und Hektik. Mache keine hastigen Bewegungen, welche die Angreifenden herausfordern können. Wer wegläuft, ist noch lange kein Feigling. Die Frage ist, ob du schneller laufen kannst als die Angreifer? Aber den Versuch ist es wert. In Kinofilmen sieht man Helden, die eine ganze Gruppe anderer lässig vermöbeln und danach keine Schramme am Körper haben, während die Bösen sich vor Schmerzen krümmen. Das sind Kinofilme, aber nicht die Realität. Du bist nicht Conan der Barbar. Sich in eine Rauferei verwickeln zu lassen, hat nichts mit Mut und Weglaufen nichts mit Feigheit zu tun. Dies gilt vor allem dann, wenn mehrere Kinder provozieren oder angreifen. Ist Weglaufen gar nicht möglich, solltest du die Angreifenden ansprechen, ohne aggressiv zu werden. Bitte keine Drohungen oder Beleidigungen und die Angreifenden nicht körperlich berühren. Denn das könnte als Provokation verstanden werden. Vielleicht kannst du sie so lange in ein Gespräch verwickeln, bis ein Erwachsener kommt.

Solche Erpresser sagen meist Dinge wie: „Wenn du das deinen Eltern sagst, dann bringen wir dich um!" Damit wollen sie Angst machen, aber eigentlich haben sie selbst Angst, erwischt zu werden. Timo sollte daher unbedingt seinen Eltern erzählen, was passiert ist und am nächsten Tag in der Schule Bescheid sagen, was auf dem Schulweg vorgefallen ist. Es ist kein Petzen, wenn er die Namen der Erpresser nennt. Erpressung ist kein Kavaliersdelikt, sondern eine kriminelle Handlung und wenn jeder darüber schweigt, dann macht diese Jungenbande immer weiter.

Die Reaktion „Timo fühlt sich bedroht. Er wechselt die Straßenseite und rennt zu einem Spielplatz, wo es Zeugen gibt." (Bild rot)ist als sehr wirksam einzustufen.

Fragen

1. Bist du schon einmal in einer Situation gewesen, in der mehrere andere dich bedroht haben? Wie ist das ausgegangen?
2. Warst du selbst schon einmal in einer Gruppe, die ein anderes, schwächeres Kind bedroht hat? Warum hast du das gemacht? Wie hast du dich hinterher gefühlt?
3. Wie soll man sich verhalten, wenn eine Situation gefährlich wird?

_____

_____

_____

2.4.4 Neidischer Jan

Laura ist eine bessere Schülerin als Jan.

Immer wieder wird Laura gelobt.

Jan ist böse auf Laura, weil sie in der Schule besser als er ist.

Was soll Jan tun, um die Aufmerksamkeit seiner Lehrerin zu gewinnen?

Aufgabe

Schau dir die folgende Bildergeschichte an. Laura ist in der Schule viel besser als Jan. Für ihre Leistung wird sie von der Lehrerin immer gelobt. Das macht Jan neidisch. Er passt zwar im Unterricht auf und macht die Hausaufgaben, aber das alles reicht nicht aus. Frust und Neid machen ihm zu schaffen. Warum wird Laura immer gelobt und er zieht den Kürzeren? Das frustriert ihn und macht ihn wütend. Was kann Jan machen?

Soziales Handeln

Jan erzählt seiner Lehrerin etwas über Laura, was nicht stimmt, um sich einen Vorteil zu verschaffen.

Jan versucht, Laura einzuschüchtern. Für abgeschriebene Hausaufgaben bekommt er eine bessere Note.

Jan erzählt den anderen Kindern, dass Laura eine Streberin ist.

Jan strengt sich bei den Hausaufgaben an. Er will in der Schule besser sein.

Auswahlmöglichkeiten

Hier werden dir vier Bilder vorgelegt, die diese Geschichte ergänzen können. Welches Bild ist für dich die am besten passende Möglichkeit? Bitte entscheide dich für eines der vier farblich markierten Bilder.

Übersicht von Auswahlmöglichkeiten

Es ist immer frustrierend, wenn andere etwas besser können als man selbst. Nach der sogenannten Frustration-Aggressions-Theorie wird man dann leicht neidisch und wütend. In dem Beispiel ist es auch nicht fair, dass die Lehrerin Laura überschwänglich lobt und Jan kritisiert. Es ist kein Wunder, dass Jan traurig wird. Was kann er tun?

Bild rot: Jan erzählt eine Lüge über Laura. Damit kann er seinen Neid und seine Wut herauslassen. Klug ist das natürlich nicht, denn die meisten Lügen kommen irgendwann heraus und es ist die Frage, ob die Lehrerin ihm das glaubt.

Bild gelb: Hausaufgaben abschreiben – das hat wohl jeder schon einmal gemacht. Allerdings lernt man nichts dabei und Jan wird nie eine gute Zensur in der Klassenarbeit schreiben, wenn er die Hausaufgaben immer nur abgeschrieben hat.

Bild grün: Jan ist neidisch und er versucht nun, Laura bei den anderen Schülern schlechtzumachen, indem er sie als Streberin bezeichnet. Das ist nicht nett von ihm, denn Laura hat ihm ja nichts getan. Sie ist ja nicht extra gut in der Schule, nur um Jan zu ärgern. Manchen Kindern fällt das Lernen eben leicht, andere sind von Natur aus fleißig. Dafür kann Laura nichts, es ist nicht ihre Schuld und Jan hat kein Recht, schlecht über sie zu reden.

Bild blau: Das ist die beste Lösung. Wenn Jan fleißig lernt, wird er bessere Klassenarbeiten schreiben und schon alleine dafür sicherlich von der Lehrerin gelobt werden.

Jeder Mensch hat seine Stärken und Schwächen. Immer gibt es Dinge, die andere besser können – schneller Laufen, schöner Malen, besser Tanzen oder höher Springen.

Neid entsteht immer dann, wenn man sich mit anderen vergleicht und feststellt, dass sie in irgendeiner Hinsicht überlegen sind. Diese Tatsache ist vor allem dann schwer zu ertragen, wenn diese Person einem besonders ähnlich ist.

Neid kann als ein ganz normales Gefühl betrachtet werden, das in manchen Fällen auch positiv genutzt werden kann, weil es uns motiviert, besser zu werden. Während positiver Neid eine aktivierende Wirkung haben kann, macht destruktiver Neid unglücklich und schlägt meist in Missgunst um. Man ist etwa der Meinung: „Ich will das, was der andere hat und wenn ich es nicht haben kann, mache ich es kaputt." Missgunst entsteht aus der Einstellung, die andere Person habe ihren Erfolg nicht verdient, oder aus dem Anspruch, immer besser sein zu wollen als andere.

Ob Neid einen herunterzieht oder die Motivation steigert, hängt von der eigenen Anschauung ab. Wenn man den beneideten Erfolg als das Ergebnis von Anstrengung, harter Arbeit und Zielstrebigkeit siehst, kann Neid anspornen und Ehrgeiz wecken. Wenn man es schafft, Neid in Bewunderung zu wandeln, findet man darin vielleicht sogar einen starken Antrieb. Man gönnt anderen ihren Erfolg, wenn man selbst mit sich zufrieden ist. Man wird neidisch, wenn man mit sich selbst unzufrieden ist. Wer Erfolg im Leben hat und sich seiner eigenen Fähigkeiten und Leistungen bewusst ist, der ist nicht neidisch.

Manchen Menschen macht das nichts aus. Sie werden nicht neidisch, weil sie wissen, dass sie dafür andere Stärken haben. Wer Spitzenleistungen im Sport erbringt, hat es nicht nötig, neidisch auf ein Kind zu sein, das schönere Sandburgen baut. Aber es kann auch sein, dass manche darunter leiden, wenn sie ihre Fähigkeiten noch nicht gefunden haben. Manche Stärken lassen sich aber mit Fleiß und Geduld aufbauen.

Die Reaktion „Jan strengt sich bei den Hausaufgaben an. Er will in der Schule besser sein." (Bild blau) ist als sehr wirksam einzustufen.

Fragen

1. Was kannst du besonders gut, besser als andere?
2. Gibt es in deiner Familie oder in deinem Freundeskreis Menschen, die du für ihre besonderen Fähigkeiten beneidest?
3. Was ist der Grund für Neid?
4. Auf was kann man neidisch sein?

_____

_____

_____

_____

2.4.5 Leon und Petze

Leon erzählt Boris, dass er Annika toll findet.

Vor dem Unterricht schreibt Boris auf der Tafel: "Leon liebt Annika!".

Frau Müller ist verärgert.

Welche Reaktion wäre für Leon am wirkungsvollsten?

Aufgabe

Schau dir die folgende Bildergeschichte an. Leon erzählt Boris ein Geheimnis, nämlich dass er Annika hübsch findet, und Boris kann sich nicht zurückhalten. Sofort schreibt er auf die Tafel, was er von Leon gehört hat. Leon findet das megapeinlich. Die Lehrerin der beiden, die gerade in die Klasse kommt, ist über die schmutzige Tafel verärgert. Sie will wissen, wessen Arbeit das ist.

Auswahlmöglichkeiten

Hier werden dir vier Bilder vorgelegt, die diese Geschichte ergänzen können. Welches Bild ist für dich die am besten passende Möglichkeit? Bitte entscheide dich für eines der vier farblich markierten Bilder.

Übersicht von Auswahlmöglichkeiten

Leon erzählt Boris, dass er Annika hübsch findet. Das sagt Leon seinem Freund natürlich im strengsten Vertrauen. Solche Dinge darf man nicht herumtratschen und schon gar nicht an die Wandtafel hängen. Was sollte Leon nun tun?

Bild rot: Leon ist wütend und will Boris nach dem Unterricht verprügeln. Das ist mehr als nur verständlich, denn Boris hätte das wirklich nicht tun sollen. Er hat sich über seinen Freund, der ihm im Vertrauen etwas Intimes verraten hat, lustig gemacht. Aber löst die Prügelei das Problem denn wirklich? Leon weiß nicht, ob er die Schlägerei gewinnt. Wenn eines der beiden Kinder dabei verletzt wird, dann gibt es noch mehr Ärger.

Bild gelb: Leon sagt der Lehrerin nicht, dass es Boris war, er verpetzt den anderen nicht. Das ist schonmal gut. Und er denkt, dass er mit Boris darüber reden muss, warum der Freund sein Geheimnis verraten hat. Vielleicht kann Boris es ihm sagen, vielleicht versteht er es sogar. Wahrscheinlich, wie auf Bild vier gesagt, wollte Boris nur einen Scherz machen. Er fand es witzig und hatte nicht bedacht, dass er seinen Freund damit kränkt. Dies ist also eine gute Lösung.

Bild grün: Leon verpetzt Boris bei der Lehrerin und sagt, dass es Boris war. Das ist verständlich, denn Boris hat ihn sehr verärgert. Der Lehrerin zu sagen, dass Boris es war, ist eine kleine Rache dafür. Aber letztlich löst sich damit keines der Probleme. Leon ist sauer, weil Boris sein Geheimnis verraten hat und Boris ist sauer, weil Leon ihn bei der Lehrerin verpetzt hat. Und nun?

Bild blau: Leon verpetzt Boris nicht bei der Lehrerin, aber er bricht den Kontakt zu Boris ab. Das ist verständlich, denn Boris hat ihn schwer gekränkt. Dass Leon Boris nicht bei der Lehrerin verpetzt, ist schonmal gut. Den Kontakt abzubrechen, heißt natürlich, dass er einen Freund verliert. Hier steht auch, warum Boris das Geheimnis seines Freundes verraten hat: Er fand es in diesem Moment witzig und hatte wohl absolut nicht daran gedacht, dass man ein Geheimnis, das ein Freund einem anvertraut, auf gar keinen Fall weitererzählen darf.

Was eigentlich ist „Petzen"? Wenn jemand etwas wirklich Gefährliches tut, dann sollte man auf jeden Fall einen Erwachsenen um Hilfe bitten, das ist kein Petzen. Und auch bei einem komischen Gefühl, wenn man nicht sicher ist, ob etwas erlaubt oder gefährlich ist, sollte man jemandem Bescheid geben, Petzen ist es erst, wenn man etwas verrät, was eigentlich niemanden etwas angeht. Wenn man zum Beispiel beobachtet, wie ein anderer Schüler in der Klassenarbeit abschreibt, dann ist das seine Sache, ob er sich mit Mogeln durchs Leben schlagen will. Es dem Lehrer zu sagen, ist jedoch Petzen. Oder wenn man beobachtet, dass ein Mitschüler heimlich raucht, dann ist das seine Sache, ob er später an Lungenkrebs sterben möchte. Es den Eltern zu sagen, ist wiederum Petzen. Und wenn man beobachtet, dass jemand im Laden eine Kleinigkeit stiehlt, dann wäre es Petzen, einen Verkäufer darauf hinzuweisen. Wenn man dagegen beobachtet, wie ein großer Schüler einen kleineren quält und schlägt, petzt man nicht, wenn man es Eltern oder Lehrern erzählt. Bei harmlosem Quatsch, wie heimliches Naschen oder in der Schule ein Geheimnis zu verraten (wenn es niemandem wirklich schadet), sollen Kinder lieber zusammenhalten. Helfen ist natürlich lobenswert, aber einfach nur dafür sorgen, dass jemand Ärger bekommt, ist albern.

Hast du schon mal erlebt, dass derjenige, der petzt, gemieden wird? „Du Petze" ist gerade für Kinder im Grundschulalter ein echtes Schimpfwort. Hinter dem Petzen steckt aber nicht immer eine böse Absicht. Besonders Kinder, die sich ungerecht behandelt fühlen, und ihr Recht einfordern wollen, petzen gerne mal. Sie hoffen, dass sie sich damit bei Erwachsenen einschleimen können..

Leon weiss nicht wirklich, ob er das der Lehrerin „petzen" soll. Einerseits findet er es mehr als unfair, dass Boris sein Geheimnis ausgerechnet auf die Tafel geschrieben hat. Andererseits ist er unsicher, wie er das überhaupt der Lehrerin sagen soll. Er will keinen Ärger mit ihr und seinen Mitschülern bekommen, weil er eine „Petze" ist. In jedem Fall ist es von Leon und Boris vernünftig, ihre Angelegenheiten unter sich zu klären.

Die Reaktion „Leon ist verärgert. Er sagt der Lehrerin nichts, nimmt sich aber vor, später mit Boris zu reden. Er will wissen, warum dieser sein Geheimnis verraten hat." (Bild gelb) ist als sehr wirksam einzustufen.

Fragen

1. Fallen dir Beispiele ein, wo jemand gepetzt hat? Warum hat diese Person gepetzt?
2. Warum sollte man bei Kleinigkeiten nicht petzen?
3. Wann sollte man petzen, also einem Erwachsenen Bescheid geben? Kannst du Beispiele nennen?

2.4.6 Pia will beste Freundin bleiben

Ingrid und Pia sind die besten Freunde. Sie verbringen miteinander viel Zeit.

Auf einer Geburtstagsparty lernt Ingrid Karin kennen. Sie versteht sich mit Karin sehr gut.

Karin ist jetzt die beste Freundin von Ingrid. Ingrid möchte zu Pia keine freundschaftliche Beziehung pflegen.

Was soll Pia tun, um die Beziehung zu Ingrid beizubehalten?

Aufgabe

Schau dir die folgende Bildergeschichte an. Ingrid und Pia waren die besten Freundinnen bis zu dem Moment als Ingrid sich entscheidet, Karin zu ihrer besten Freundin zu wählen. Da die Freundschaft der beiden sehr eng war, entscheidet sich Ingrid für ein klärendes Gespräch mit Pia, damit die Trennung möglichst schonend verläuft. Doch Pia möchte die Freundschaft zu Ingrid nicht auflösen. Sie überlegt sich eine Strategie, um mit ihr befreundet zu bleiben.

Auswahlmöglichkeiten

Hier werden dir vier Bilder vorgelegt, die diese Geschichte ergänzen können. Welches Bild ist für dich die am besten passende Möglichkeit? Bitte entscheide dich für eines der vier farblich markierten Bilder.

Übersicht von Auswahlmöglichkeiten

Es tut sehr weh, wenn eine ganz besondere Beziehung mit einer Freundin oder einem Freund in die Brüche geht. Dabei spielt es keine Rolle, ob man sich gestritten hat, ob man eine Freundschaft nicht richtig gepflegt hat oder man sich entfremdet hat, weil das Leben sich in unterschiedliche Richtungen entwickelt. Wenn man das Gefühl hat, dass die Beziehung zu einer ehemals besten Freundin noch eine Chance verdient, dann sollte man darum kämpfen. Aber was ist die beste Taktik?

Bild rot: Pia versucht Mitleid zu erheischen und auf die Tränendrüse zu drücken. Ein Leben ohne ihre Freundin Ingrid kann sie sich nicht vorstellen. Eine Beziehung kann man aber nicht auf Mitleid aufbauen. Eine Freundschaft, wie auch eine Liebe zwischen zwei Menschen, basiert auf Gleichberechtigung. Wenn Ingrid nur aus Mitleid mit Pia befreundet bleibt, dann ist das keine gleichberechtigte Freundschaft und wird schiefgehen.

Bild gelb: Pia schreibt einen Brief mit Gedichten über Freundschaft. Damit versucht sie moralischen Druck auszuüben. Der Hinweis darauf, dass Ingrid die Freundschaft verletzt hat, wird sie nur unter Druck setzen. Und auch dann bleibt Ingrid vielleicht nur aus Mitleid mit Pia zusammen. Auch wenn es gut gemeint erscheint, Kurzgeschichten und Gedichte über Freundschaft zu sammeln, bildet das keine Basis für eine gleichberechtigte Freundschaft. Auch ein Brief (oder eine Nachricht über das Smartphone) ist keine wirklich gute Option, denn die Kommunikationsmöglichkeiten sind eingeschränkt. Sich persönlich zu treffen, ist meist besser.

Bild grün: Pia beklagt sich bei ihrer Mutter. Sie soll Ingrid ein schlechtes Gewissen einreden. Der erste Teil dieser Lösung ist gut, denn wenn man Kummer hat, weil eine Freundschaft auseinanderbricht, sollte man mit einem Menschen reden, zu dem man Vertrauen hat. Die zweite Hälfte dieses Lösungsvorschlages ist weniger zielführend. Wenn die Mutter es wirklich schafft, Ingrid ein schlechtes Gewissen einzureden, wird Ingrid nur wegen des Drucks mit Pia befreundet bleiben. Dies ist jedoch keine Basis für eine gleichberechtigte Freundschaft.

Bild blau: Pia erinnert Ingrid daran, was für eine schöne Zeit die beiden zusammen hatten. Dies ist eine gute Lösung. Pia übt damit keinen Druck aus, setzt nicht auf Mitleid und verzichtet darauf, sie moralisch zu erpressen. Sie erinnert Ingrid lediglich daran, wieviel Spaß und tolle Erlebnisse sie gemeinsam hatten. Ingrid wird nun positive Erinnerungen haben und kann sich frei überlegen, ob Pia nicht doch ihre beste Freundin ist.

Es gibt verschiedene Möglichkeiten, die das Verhältnis zwischen zwei Menschen wieder stärken können. Eine davon ist, gemeinsame Erinnerungen aufzuheben. Wenn man sich persönlich trifft, um sich auszuquatschen und über tolle Zeiten, lustige Momente und Erinnerungen zu sprechen, dann ist das eine schöne Art und Weise, die ehemals starke Freundschaft wieder aufblühen zu lassen. Man sollte natürlich nicht ausschließlich über die Vergangenheit sprechen. Schöne Erinnerungen kann man als Anreiz dazu nutzen, neue zu schaffen und Pläne zu machen, wie es weiter gehen soll.

Wie auch immer zwei Freundinnen oder Freunde zueinander standen, eine Klärung sollte im Rahmen eines persönlichen Gespräch erfolgen. Eine Nachricht, ob per Brief, E-Mail, SMS oder WhatsApp-Nachricht, ist in einem solchem Fall eher eine Ausnahme.

So ein Gespräch ist natürlich nicht besonders angenehm und noch dazu kann es sein, dass die Gegenseite verletzt oder wütend ist. Eine Unterhaltung dieser Art sollte man daher vorbereiten und gut überlegen, was man sagen will. Wichtig ist dabei, offen und ehrlich zu sein. Anstatt Mitleid zu erwecken („Ich komme ohne dich nicht klar!..." ist moralische Erpressung), sollte man sachlich bleiben und aus in Ich-Perspektive formulieren („Ich kann mich nur an die schönen Momente mit dir erinnern …"). Man sollte am besten über konkrete Situationen sprechen und Verallgemeinerungen (z. B. immer, ständig usw.) vermeiden.

Die Reaktion „Pia hofft, dass sie Ingrid mit einer Erinnerung an die schöne Zeit zu zweit umstimmen kann." (Bild blau) ist als sehr wirksam einzustufen.

Fragen

1. Hast du auch schon erlebt, dass eine Freundschaft zerbrochen ist? Woran lag das?
2. Ist es dir schon einmal gelungen, eine zerbrochene Freundschaft wieder zu kitten?
3. Wann lohnt es sich, eine Freundschaft zu retten?
4. Wann ist eine Freundschaft endgültig und unrettbar kaputt?

Anregungen

Bei Freunden ist es wichtig, dass man sich mag. Wer sind deine Freunde? Male ein Bild, auf dem alle deine Freunde zu sehen sind. Du kannst auch etwas dazu malen, was du besonders an jedem einzelnem magst. Male zum Beispiel einen Fußball zu einem Freund, mit dem du gerne Fußball spielst, oder Kreide zu einer Freundin, mit der du gerne Bilder auf dem Asphalt zeichnest.

2.4.7 Jenny wird beneidet

Aufgabe

Schau dir die folgende Bildergeschichte an. Jenny hat gerade eine positive Phase im Leben. Sie hat eine Eins in Mathe und darf in einem Konzert eine Solo-Partie auf der Geige spielen. Sie erzählt es ihren beiden besten Freundinnen, die sich auch darüber freuen. Nun erzählt sie es einigen anderen Mitschülern, die sie nicht so gut kennt. Komischerweise reagieren diese Schüler ganz anders und halten Jenny für eine Streberin, die prahlt. Wie kann Jenny damit umgehen?

Soziales Handeln

Auswahlmöglichkeiten

Hier werden dir vier Bilder vorgelegt, die diese Geschichte ergänzen können. Welches Bild ist für dich die am besten passende Möglichkeit? Bitte entscheide dich für eines der vier farblich markierten Bilder.

Übersicht von Auswahlmöglichkeiten

Jenny ist zu Recht stolz auf ihre Leistungen. Und wenn man selbst über etwas glücklich ist, dann möchte man andere daran teilhaben lassen. Echte Freunde freuen sich mit, aber andere Menschen können leicht neidisch werden. Sie grenzen Jenny deshalb aus ihrer Gruppe aus. Was kann Jenny nun machen?

Bild rot: Eigentlich müsste Jenny stolz auf sich sein, aber nach jedem Sonnenschein folgt Regen und nach jedem Tal ein Berg. In ihrer Erfolgsphase steigert sie sich in die Angst hinein, dass ihr Leben irgendwann auch wieder negativ verlaufen könnte. Viel Sinn macht das nicht, denn man sollte die schönen Phasen im Leben genießen. Schlechte kommen sicher irgendwann, aber dann kann man immer noch sehen, wie man damit umgeht. Man kann keine Probleme lösen, die es noch gar nicht gibt.

Bild gelb: Das Verhalten der Mitschüler, die Jenny für eine Prahlerin und Streberin halten, hat Jenny sehr enttäuscht und verunsichert. In solchen Phasen ist es wichtig, sich nicht zu Hause zu verkriechen. Depressive Lebensabschnitte werden um so schlimmer, je mehr man sich zurückzieht. Es ist daher richtig, dass Jenny sich mit ihren besten Freundinnen verabredet. Das wird sie bestimmt aufheitern. Allerdings löst es nicht die Frage, wie sie mit den anderen Mitschülern umgehen kann, die sie für eine Prahlerin halten.

Bild grün: Jenny nimmt sich vor, nur noch mit ihren engsten Freunden über ihre Gefühle zu reden, jedoch nicht mehr mit Menschen, die sie nicht so gut kennt. Das ist ein sehr richtiger und wichtiger Gedanke. Wenn man über seine Gefühle redet – sei es Glück, Angst, Wut oder Traurigkeit – dann kann man bei Freunden sicher sein, dass sie Verständnis haben. Bei Menschen, die man hingegen nur oberflächlich kennt, kann es sein, dass es falsch verstanden wird und sie es eventuell weitererzählen. Mit ihnen redet man besser nur über allgemeine Themen und führt oberflächliche Gespräche, eben Smalltalk. So kann Jenny den Kontakt zu den Mitschülern aufrechterhalten ohne Angst haben zu müssen, dass man sie für eine Streberin hält.

Bild blau: Jenny beschließt, mit den Mitschülern, die sie als Prahlerin bezeichnet haben, gar keinen Kontakt zu haben, sondern nur noch mit ihren engsten Freundinnen. Natürlich ist das keine kluge Lösung. Man weiß ja nicht, ob es mit den engen Freundinnen vielleicht auch einmal Streit gibt und ob man sich mit den anderen so anfreundet, dass sie auch gute Vertraute werden. Es ist sinnvoll, einige wenige wirklich gute Freunde zu haben, aber auch, einen großen Bekannten-Kreis zu besitzen.

Ist man selbst glücklich und erfolgreich, wird es leider immer Neider geben. Jenny aus unserem Beispiel strahlt und lacht und erzählt allen, wie gut ihr gerade geht. Sie ist erfolgreich in der Schule und sie pflegt vielseitige Hobbys. Ihr geht es so super, dass einige Mitschüler deswegen schlechte Laune bekommen oder - nennen wir das Kind beim Namen: Sie überfällt der blanke Neid. Aber warum? Warum kann man sich nicht einfach mitfreuen? Das wäre doch die natürlichste Sache der Welt. Jenny bekommt in Mathe eine Eins, sie darf im Konzert eine Solopartie auf der Geige spielen. Doch die anderen fühlen sich schlecht, weil sie selbst in Mathe nicht gut sind und keine Geige spielen können. Jenny merkt, dass ihre echten Freundinnen sich für sie freuen, aber ihre

Mitschüler mit ihrem Eigenlob total überfordert sind. Hebt Jenny mit ihren Leistungen zu sehr von den anderen ab, sind lange Schwärmereien oft keine gute Idee. Die anderen können das schnell als Angeberei empfinden. Folge ist, dass die Gruppe der Mitschüler Jenny ausgrenzt. Sie wird als Streberin tituliert. Einem Kind geht es in der Gruppe aber nur dann gut, wenn es sich angenommen und dazugehörig fühlt. Damit das gelingt, muss das Kind zunächst seinen Platz in der Gruppe finden.

Die Reaktion „Jenny erkennt, dass einige Menschen ihr Verhalten als Problem sehen können. Sie wird nicht mit jedem über ihre Gefühle reden." (Bild grün) ist als sehr wirksam einzustufen.

Fragen

1. Warst du selbst schon einmal neidisch auf die Erfolge eines anderen Kindes?
2. Haben andere dich schon einmal beneidet, weil du erfolgreich warst oder etwas hattest, was die anderen gerne gehabt hätten?
3. Warum sind einige Kinder neidisch?
4. Was darfst du eigentlich Menschen, die dir nicht nahe stehen, über dich erzählen?
5. Was solltest du besser für dich behalten und Menschen, die du nicht so gut kennst, lieber nicht erzählen?

2.4.8 Streit zwischen Schwestern

Aufgabe

Schau dir die folgende Bildergeschichte an. Eine Familie fährt mit dem Bus in den Urlaub. Philip, der Älteste, spielt mit seinem Auto. Antonia und Isabella, die beiden Schwestern, langweilen sich. Deswegen gibt der Vater den beiden Mädchen sein Smartphone zum Spielen. Nun streiten sie sich jedoch, wer zuerst das Smartphone haben darf. Wie kann sich Philip hierbei verhalten?

Soziales Handeln

Auswahlmöglichkeiten

Hier werden dir vier Bilder vorgelegt, die diese Geschichte ergänzen können. Welches Bild ist für dich die am besten passende Möglichkeit? Bitte entscheide dich für eines der vier farblich markierten Bilder.

Übersicht von Auswahlmöglichkeiten

Die Mädchen scheinen mit der Konfliktsituation alleine nicht zurechtzukommen. Eine gleichgültige Reaktion von Philip nach dem Motto, „Schwestern streiten, aber sie können das Problem schon selber lösen. Ich sollte mich nur nicht einmischen", wäre in diesem Fall nicht hilfreich. Philip mischt sich ein, aber wie kann er das am besten machen?

Bild rot: Philip macht den Vorschlag, dass seine Schwestern ja beide Filme nacheinander schauen können. Dies dürfte die beste Lösung sein. Da jüngere Schwestern sich gerne mal streiten, kann es sein, dass sie sich nun darüber zanken, welche Sendung sie zuerst anschauen. Aber das lässt sich vielleicht mit einem Los regeln. Insgesamt ist dies die konstruktivste Lösung.

Bild gelb: „Wenn zwei sich streiten, freut sich der Dritte", lautet ein Sprichwort. Aber wenn Philip den Mädchen das Smartphone nun wegnimmt, wird es wahrscheinlich zum Streit unter allen dreien kommen. Wahrscheinlich verbünden sich die beiden Mädchen sogar gegen Philip. Da nützt es wohl auch nicht viel, wenn er sein Auto zum Spielen anbietet.

Bild grün: Auf diesem Bild stößt Philip seine Schwester Isabella weg, weil er findet, dass ihr Vater das Smartphone an Antonia gegeben hat und sie daher als Erste damit spielen darf. Wahrscheinlich hat Antonia das Smartphone aber nur bekommen, weil sie näher sitzt. Dass Philip seine Schwester schubst, wird den Streit mit Sicherheit befeuern. Das gibt bestimmt keine friedliche Lösung.

Bild blau: Die Mädchen streiten sich um das Smartphone und Philip droht nun, dass sie Ärger mit den Eltern bekommen werden. Wahrscheinlich wird der Vater sein Smartphone einfach zurücknehmen. Aber es ist nicht Philips Aufgabe mit Strafen durch die Eltern zu drohen, das können nur die Eltern selbst.

Konflikte entstehen bei Kindern oft blitzschnell. Manchmal ist der Grund auf den ersten Blick nicht erkennbar. Daher ist es sehr schwierig für ältere Geschwister, in der Situation passend zu reagieren. Soll man eingreifen oder doch noch abwarten? Die anfangs scheinbar schwierige Lösung des Konfliktes, stellt sich oftmals sehr einfach dar, wenn man die Kinder ihre Probleme selbständig lösen lässt. Bei der Konfliktlösung entwickeln Kinder, ihrem Alter entsprechend, die unterschiedlichsten Strategien. Ältere Kinder sollten hierbei ihre jüngeren Geschwister anregen, einen Kompromiss auszuhandeln, mit dem beide zufrieden sind.

Die Reaktion „Philip schlägt vor, dass seine Schwestern beide Filme nacheinander schauen." (Bild rot) ist als sehr wirksam einzustufen.

Fragen

1. Reagierst du manchmal aggressiv, wenn etwas nicht nach deinem Kopf läuft?
2. Was könnte Phillip noch tun, um den Streit zwischen seinen Schwestern zu schlichten?
3. Hast du schon einmal vermittelt, wenn zwei sich gezankt haben? Wie war das?
4. Hast du dich schon einmal mit jemandem gestritten und eine andere Person hat sich eingemischt und den Streit geschlichtet? Warst du mit der Lösung zufrieden?

_____

_____

_____

_____

2.4.9 Kai braucht Ruhe

Aufgabe

Schau dir die folgende Bildergeschichte an. Igor hat zu Weihnachten eine Trommel geschenkt bekommen, nun trommelt er die ganze Zeit. Kai, sein großer Bruder, ist davon total genervt, vor allem, wenn er seine Hausaufgaben machen muss oder müde ist und sich ausruhen will. Was kann Kai nun machen?

Auswahlmöglichkeiten

Hier werden dir vier Bilder vorgelegt, die diese Geschichte ergänzen können. Welches Bild ist für dich die am besten passende Möglichkeit? Bitte entscheide dich für eines der vier farblich markierten Bilder.

Übersicht von Auswahlmöglichkeiten

Kleine Geschwister tun jede Menge Dinge, mit denen sie den größeren Kindern total auf den Senkel gehen. Wenn man dann als großer Bruder oder große Schwester völlig genervt ist, wird man leicht wütend und tut genau das Falsche. Wie aber kann Igor das Problem lösen?

Bild rot: Kai beschwert sich bei den Eltern darüber, dass sein kleiner Bruder ständig trommelt. Das ist im Prinzip keine schlechte Lösung. Sie ist besser als mit dem kleinen Bruder Streit anzufangen. Allerdings löst Kai damit sein Problem nicht selbst. Eltern sind nicht immer dabei, wenn Konflikte entstehen. Am besten ist es zu versuchen, selbst eine Lösung zu finden.

Bild gelb: Kai bringt seinen kleinen Bruder in den Keller, soll er doch da unten trommeln, so viel er will. Die Lösung wäre ganz o.k., wenn Igor sich da unten im feuchten dunklen Keller wohl fühlen würde. Nur leider hat Igor Angst, vor allem vor den Spinnen, die dort leben. Daher kann man diese Möglichkeit wohl vergessen.

Bild grün: Kai schlägt seinem kleinen Bruder zwei Möglichkeiten vor: Entweder kann Igor bei ihm bleiben (und vielleicht spielen sie etwas zusammen), dann muss Igor aber mit dem Trommeln aufhören. Oder Igor muss zum Trommeln in ein anderes Zimmer gehen. Dies ist wohl die beste Lösung, vor allem weil Igor sich nun frei entscheiden kann.

Bild blau: Kai nimmt Igor die Trommel einfach weg. Er könnte er sie zum Beispiel oben auf den Schrank legen, wo Igor nicht herankommt. Was würde dann passieren? Igor wird heulend zu seinen Eltern laufen, die dann natürlich auf Seite des Schwächeren stehen und Kai wird Ärger bekommen. Also wohl keine wirklich gute Lösung.

Meinungsverschiedenheiten in der Familie, wie auch zwischen den zwei Brüdern Igor und Kai, sind normal. Sie sind ein Zeichen dafür, dass beide eigenständige Charaktere sind und unterschiedliche Bedürfnisse haben. Doch wenn jeder fortwährend seine Meinung durchsetzen will und seine Bedürfnisse über die der anderen stellt, wird eine Einigung und ein harmonisches Miteinander natürlich unmöglich. Kai findet daheim keine Ruhe, weil sein kleiner Bruder Igor für sein Leben gern trommelt. Igor scheint Kais Bedürfnisse nicht wahrzunehmen und die Grenzen seines Bruders nicht zu respektieren. Kai schlägt einen Kompromiss vor. Er und sein Bruder gehen einen Schritt oder mehrere Schritte aufeinander zu und geben in verschiedenen Punkten nach. Das Ziel ist eine Einigung, die für beide Brüder akzeptabel ist.

Einige Kinder haben Spaß daran, sich über andere lustig zu machen. Sie wollen durch diese Aktionen cool wirken. Manch ärgern andere, weil sie ein Problem mit sich selbst haben und damit von sich ablenken wollen. Dabei wird meist vergessen, dass derjenige, der geärgert wird, dies aber gar nicht lustig findet und oft verletzt wird.

Die Reaktion „Kai schlägt Igor zwei Möglichkeiten vor, wie es weitergehen kann." (Bild grün) ist als sehr wirksam einzustufen.

Fragen

1. Ist es dir auch schon mal passiert, dass du geärgert worden bist? Wie hast du dich verhalten?
2. Warum ärgern manche Leute andere überhaupt?
3. Wie wehrt man sich, wenn man geärgert wird? Was sind gute Möglichkeiten, sich zu ärgern und was sind schlechte Lösungen?
4. Hast du schon einmal etwas getan, um jemand anderen zu ärgern? Warum hast du das gemacht? Hätte es eine bessere Lösung geben können?

_____

_____

_____

_____

2.4.10 Vincent und Chris im Streit

Aufgabe

Schau dir die folgende Bildergeschichte an. Vincent und Chris sind Geschwister und teilen sich ein Zimmer. Leider ist Vincent oft sehr laut, unordentlich und manchmal sogar aggressiv. Chris ärgert es, dass er ständig über Spielzeug seines kleinen Bruders hinwegsteigen muss. Was kann er tun?

Auswahlmöglichkeiten

Hier werden dir vier Bilder vorgelegt, die diese Geschichte ergänzen können. Welches Bild ist für dich die am besten passende Möglichkeit? Bitte entscheide dich für eines der vier farblich markierten Bilder.

Übersicht von Auswahlmöglichkeiten

Chris ärgert sich über seinen kleinen Bruder Vincent. Er lässt sein Spielzeug auf dem Boden liegen und manchmal schreit er Chris sogar an. Vor allem ärgert ihn die Tatsache, dass Vincent auf Sauberkeit und Ordnung in ihrem gemeinsamen Zimmer nicht achtet. Wie würdest du dich hier verhalten? Welches der vier Bilder hast du als beste Lösung ausgewählt?

Bild rot: Chris entscheidet sich, dass er seinen Bruder bei der nächstbesten Gelegenheit verprügeln wird. Strafe muss sein. Vielleicht lernt Vincent es dann endlich, im Kinderzimmer Ordnung zu halten. Aber ist das wirklich die beste Lösung. Aggression erzeugt immer Gegenaggression. Vincent wird sich rächen und sich bei den Eltern über seinen Bruder beklagen. Langfristig wird es also den Streit befeuern.

Bild gelb: Chris sagt Vincent, dass er ihn mag und dass sie viel Spaß zusammen haben. Das erzeugt schonmal ein positives Klima zwischen den beiden. Dann bittet er ihn, sein Spielzeug aufzuräumen. Da Chris das sehr nett sagt, erklärt sich sein Bruder auch bereit, dies zu tun. Man nennt das „Sandwich-Technik", wenn man eine Kritik zwischen positiven Aspekten verpackt. Vielleicht könnte Chris noch anfügen, dass er sich total freuen würde, wenn das Kinderzimmer ordentlich aussieht und er nicht aus Versehen auf Spielzeug tritt.

Bild grün: Chris versteckt das Spielzeug seines Bruders auf dem Dachboden, um ihn zu bestrafen. Spielzeug, das nicht mehr da ist, kann auch nicht auf dem Fußboden herumliegen. Das ist natürlich eine sehr clevere Lösung, allerdings wird Vincent ein unglaubliches Theater machen, wenn er entdeckt, dass sein Spielzeug sich in Luft aufgelöst hat. Und wer hat es wohl versteckt? Wahrscheinlich werden die Eltern dann sogar auf Vincents Seite stehen und dann ist nichts gewonnen.

Bild blau: Chris sucht das Gespräch. Das ist eigentlich richtig. Es ist sinnvoll mit seinem Bruder darüber zu reden, dass ihm die Unordnung auf den Senkel geht. Leider fängt er das Gespräch mit einem Vorwurf an und sagt, wie enttäuscht er ist. Natürlich reagiert Vincent darauf mit einem Gegenangriff und brüllt seinen Bruder an, er habe die Nase voll von ihm. Chris hätte das Gespräch also etwas vorsichtiger und diplomatischer beginnen sollen.

In einer Familie kann mal vorkommen, dass Geschwister sich gegenseitig ärgern, obwohl es viel schöner wäre, nett zueinander zu sein und miteinander zu spielen. Das geht manchmal einfach nicht. Kennst du das auch?

Hinter einem Streit steckt immer eine Ursache. Klar, wenn Vincent das gemeinsame Kinderzimmer nie aufräumt, wird Chris vermutlich sauer. Das ist logisch und verständlich. Aber es gibt auch andere Gründe für Streitereien: Langeweile, Eifersucht oder zu wenig Aufmerksamkeit. All das kann dazu führen, dass Geschwister streiten. Das ist völlig normal und wichtig für die Beziehung der Kinder, obwohl es ziemlich nervt.

Chris wird stets mit Konflikten konfrontiert, mit denen er umzugehen lernen muss. Daher ist es wichtig, dass er lernt, mit Konflikten umzugehen. Man kann ja auf Provokationen anders reagieren als zurückzuschlagen.

Wenn Chris seinem Bruder offen und ehrlich seine Meinung sagt und mit ihm einfache, aber klare Regeln vereinbart, kann dies das Zusammenleben enorm vereinfachen. Denn Regeln schränken nicht nur ein. Sie geben ebenso Orientierung und Halt. Sie bilden feste Strukturen, innerhalb derer sich beide Kinder sicher entfalten können. Gleichzeitig kommt es seltener zu Konflikten, wenn man nicht jeden Tag aufs Neue über das nicht aufgeräumte Spielzeug streiten muss oder wer und wann im gemeinsamen Zimmer seine Ruhe haben darf.

Die Reaktion „Chris sagt Vincent, dass ihm ein friedliches Zusammenleben und Ordnung im Zimmer wichtig sind." (Bild gelb) ist als sehr wirksam einzustufen.

Fragen

1. Streitest du dich manchmal mit deinen Geschwistern oder Freunden?
2. Kann man manche Konflikte ohne Streit lösen? Nenne bitte einige Beispiele dazu.
3. Hast du schon einmal versucht, erst etwas Positives zu sagen, bevor du jemanden kritisiert hast?

2.4.11 Mira beendet eine Freundschaft

Mira merkt, dass ihre Freundschaft zu Doris nicht mehr läuft.

Mira will Doris nicht mehr zu ihrem Geburtstag einladen.

Mira möchte Doris nicht mehr ihr Computerspiel ausleihen, obwohl sie es immer noch hat.

Wie soll Mira mit dieser Situation umgehen?

Aufgabe

Schau dir die folgende Bildergeschichte an. Mira und Doris waren lange Zeit Freundinnen. Aber in letzter Zeit ist Mira nur noch genervt von Doris und hat keine Lust mehr darauf, etwas mit ihr zu unternehmen. Sie beginnt zu lügen und sagt zum Beispiel, dass sie gar nicht weiß, ob sie ihren Geburtstag feiern wird und dass sie ein Computerspiel, das Doris sich gerne leihen möchte, nicht mehr hat. Was kann sie machen, um die Freundschaft mit Doris zu beenden?

Auswahlmöglichkeiten

Hier werden dir vier Bilder vorgelegt, die diese Geschichte ergänzen können. Welches Bild ist für dich die am besten passende Möglichkeit? Bitte entscheide dich für eines der vier farblich markierten Bilder.

Übersicht von Auswahlmöglichkeiten

Eine Freundschaft bewusst zu beenden, weil man jemanden nicht mehr mag, ist eine wirklich schwierige Sache. Aber was nützt es, wenn die Freundin nur noch nervt? Was kann Doris tun?

Bild rot: Mira sucht das Gespräch mit Doris. Sie wollen spazieren gehen und Mira will ihr erklären, dass sie die Freundschaft beenden möchte. Das ist irgendwie traurig, aber wohl die ehrlichste Möglichkeit. Nur dadurch kann Doris vielleicht lernen, was sie falsch gemacht hat und warum Mira die Freundschaft nicht mehr fortsetzen will. Vielleicht finden die beiden im Gespräch auch ein Kompromiss und Doris ändert ihr Verhalten, sodass Mira weiterhin befreundet bleiben möchte.

Bild gelb: Mira versucht sie nicht mehr so oft mit Doris zu treffen. Sie hofft, dass die Freundschaft dann langsam einschläft. Das ist wohl das, was die meisten Menschen tun. Man umgeht damit ein schwieriges Gespräch und möglicherweise auch Wut und Tränen. Es ist die einfachste Lösung dieses Problems, aber Doris hat nicht die Chance etwas daraus zu lernen. Wie kann sie verstehen, warum Mira sich von ihr zurückzieht, wenn sie es ihr nicht erklärt?

Bild grün: Dieser Lösungsansatz ist sehr ähnlich wie der von Bild Nr. 2. Mira hofft, dass die Freundschaft einschläft, wenn sie sich vor Doris versteckt und ihre Nachrichten ignoriert. Es ist zwar die einfachste Lösung dieses Problems, aber der ehemaligen Freundin gegenüber auch gemein. Und auch hier hat Doris nicht die Chance, etwas daraus zu lernen. Wie kann sie verstehen, warum Mira sich von ihr zurückzieht, wenn sie es ihr nicht erklärt?

Bild blau: Solche Nachrichten auf dem Smartphone sind heute wohl modern. Es ist aber feige, dass Mira nicht den Mut hat, ihre Freundin direkt anzusprechen und es ihr ins Gesicht zu sagen. Miras Verhalten ist dennoch verständlich. Bei einer Trennung hat man Angst vor der Reaktion des anderen. Mit Wut und Trauer wird man nicht gerne konfrontiert, also macht man das besser aus der Ferne.

Mit Freunden kann man sich austauschen und Spaß haben. In Freundschaften wird geübt, Regeln einzuhalten, Konflikte zu managen und Kompromisse zu schaffen, um sich wieder zu vertragen. Einige Freundschaften brauchen Jahre, um zu dem zu werden, was sie später einmal sind. Andere Freundschaften entstehen aus dem Nichts. Weil man sich im Leben über den Weg läuft, gemeinsame Hobbys hat, im gleichen Viertel wohnt oder in die gleiche Schule geht. Manche Freundschaften halten ewig, überstehen Höhen und Tiefen gemeinsam und sind durch nichts zu zerstören. Andere sind nur den Umständen geschuldet und ändern sich oder lösen sich auf, sobald sich die Umstände ändern.

Mira will Doris in ihre Schranken weisen und Doris wird mit Sicherheit verletzt reagieren. Deshalb sollte Mira mit dieser Entscheidung nicht leichtfertig umgehen. Geht es um eine Trennung oder das Beenden einer Freundschaft, sollte niemals unüberlegt gehandelt werden. Mira sollte sich Zeit nehmen, um ihre Gedanken und Gefühle zu ordnen. Negative Emotionen wie Wut oder Enttäuschung sind in der Regel schlechte

Berater. Was ist der Auslöser dafür, dass sie ihre Freundschaft zu Doris in Frage stellt? Ist es ein heftiger Streit oder sind es ständige Konflikte? Vielleicht hat Mira das Gefühl, dass an die Freundschaft unterschiedliche Erwartungen gestellt werden oder dass sie und Doris einander schlicht nichts mehr zu sagen haben.

Mira hat sich entschieden, dass sie gern die Freundschaft beenden will. Das ist schade, aber manchmal kommt man mit einer langjährigen Freundin einfach nicht mehr klar. Wenn Mira ehrlich und aufrichtig ist, sollte sie Doris zu einem Gespräch unter vier Augen an einem neutralen Ort treffen. Sie sollte darauf achten, ruhig zu bleiben und sachlich zu erklären, warum sie keine Zeit mehr mit Doris verbringen mag. Sie verzichtet auf Vorwürfe und versucht, die Dinge aus ihrer Sicht zu schildern.

Eine richtig feste Freundschaft sollte man mit einem Gespräch beenden. Wir alle haben aber auch viele oberflächliche Bekanntschaften. Dann ist es anders. Wenn Doris kaum noch von Mira hört, ist es nicht erforderlich, den Sachverhalt zu klären. Man kann die Freundschaft einfach im Sand verlaufen lassen.

Die Reaktion „Mira verabredet sich mit Doris zu einem Spaziergang. Sie erklärt Doris, warum sie ihre Freundschaft beenden möchte." (Bild rot) ist als sehr wirksam einzustufen.

Fragen

1. Wie wichtig sind Freunde in der Schule?
2. Hast du mal eine Freundschaft beendet? Wie war das und was hast du dabei gespürt?
3. Hat dir mal jemand die Freundschaft gekündigt? Was hast du empfunden?
4. Gibt es Freundschaften, die einfach im Sande verlaufen sind? Hast du versucht, diese Freundschaften noch einmal wieder zu beleben?

2.4.12 Ein Missgeschick in der Küche

Aufgabe

Schau dir die folgende Bildergeschichte an. Tom und Laura spielen in der Schule Verstecken, dabei kommen sie auch in die Schulküche. Hier ist ein anderes Mädchen, das gerade einen Teller in der Hand hat. Vor Schreck lässt sie ihn fallen und er zerschmettert auf dem Fußboden. Das fremde Mädchen lässt die Scherben liegen und haut ab. Nun kommt die Lehrerin und will von Tom und Laura wissen, wer den Teller kaputtgemacht hat. Sollen Tom und Laura es ihr verraten oder lieber nicht?

Auswahlmöglichkeiten

Hier werden dir vier Bilder vorgelegt, die diese Geschichte ergänzen können. Welches Bild ist für dich die am besten passende Möglichkeit? Bitte entscheide dich für eines der vier farblich markierten Bilder.

Übersicht von Auswahlmöglichkeiten

Die Lehrerin verdächtigt natürlich Tom und Laura, den Teller zerbrochen zu haben, denn die beiden sind ja gerade in der Küche und stehen neben den Scherben. Was würdest du tun, wenn du an ihrer Stelle wärst?

Bild rot: Tom und Lena erzählen, dass es das Mädchen war, das gerade aus der Küche gerannt ist. Sie sagen die Wahrheit und das ist ja auch richtig. Aber sie verpetzen das Mädchen. Petzen hat keinen guten Ruf und niemand möchte gerne als Petze gelten. Natürlich sollte man Erwachsene in Kenntnis setzen, wenn jemand etwas Gefährliches plant, wenn etwas Schlimmes passiert ist oder wenn jemand grundlegende Regeln der Familie oder der Schule nicht einhält. Aber ein zerbrochener Teller ist vielleicht nichts wirklich Schlimmes. Natürlich hat dann die Lehrerin den Verdacht, dass es doch Tom oder Lena war, die den Teller haben fallen lassen.

Bild gelb: Hier stellen Tom und Lena das Mädchen zur Rede und fordern sie auf, es der Lehrerin selbst zu sagen. Sie verpetzen das Mädchen nicht, aber sie wollen natürlich auch nicht, dass die Lehrerin denkt, dass sie den Teller zerschlagen haben. Das ist eine gute Lösung, denn das Mädchen muss lernen, Verantwortung für eigene Handlungen zu übernehmen. Wenn keine Konsequenzen drohen, dann kann man ja ruhig öfter etwas kaputt machen und dann so tun als wäre man es nicht gewesen. Auch wenn es nur ein Versehen war, sollte man dazu stehen.

Bild grün: Tom und Lena verraten gar nichts. Sie sagen nur, dass sie es nicht waren und gehen dann aus der Küche. Im Prinzip ist das richtig, denn sie waren es ja wirklich nicht und sie haben das andere Mädchen auch nicht verpetzt. Aber die Lehrerin wird den Verdacht haben, dass es doch Tom oder Lena waren, die für die Scherben verantwortlich sind. Außerdem lernt das fremde Mädchen nur, dass man damit durchkommt, indem man einfach abhaut, wenn man einen Schaden angerichtet hat.

Bild blau: Diese Lösung ist so ähnlich wie die auf Bild grün. Die Kinder verraten nichts, sie petzen nicht. Aber der Verdacht haftet an ihnen und das andere Mädchen lernt nur aus seinem Verhalten, dass man einfach flüchten kann, wenn man Mist gebaut hat.

Kinder petzen, wenn sie der Meinung sind, dass sich andere Kinder nicht richtig verhalten. Sie möchten für Gerechtigkeit sorgen und brauchen dafür oft die Unterstützung von Erwachsenen.

In der Schule petzen Kinder in der Regel weniger, weil sie befürchten, dass andere Kinder dadurch sauer werden und ihnen die Freundschaft kündigen. Sie entwickeln ein Bewusstsein dafür, wie sie sich in einer Gruppe von Gleichaltrigen verhalten müssen, um akzeptiert zu werden. Daher lügen sie eher, als andere zu verraten. Das geschieht auch, weil sie wissen, dass anderen Kindern dann vielleicht Konsequenzen drohen.

Diese Geschichte zeigt die Problematik von Geheimnissen. Es gibt Geheimnisse, die sich gut anfühlen, wie zum Beispiel Geburtstagsüberraschungen. Aber genauso gibt es schlechte Geheimnisse, die Angst machen. Tom und Lena finden es doof, dass das Mädchen nicht selbst zugibt, dass es den Teller kaputtgemacht hat. Vor der Lehrerin wollen die beiden aber nicht als Petze dastehen.

Soziales Handeln

> **Die Reaktion** „Tom und Lena stellen das Mädchen zur Rede. Das Mädchen soll der Lehrerin selbst sagen, dass sie den Teller zerbrochen hat." (Bild gelb) ist am besten.

Fragen

1. Was können Tom und Lena zu dem Mädchen sagen, um sie zu überzeugen, mit der Lehrerin zu reden?
2. Hast du schon einmal gepetzt?
3. Hat dich schon einmal jemand verpetzt, weil du etwas kaputtgemacht oder etwas Dummes getan hast?
4. Kannst du Geheimnisse deiner Freunde bewahren?

_____

_____

_____

_____

2.4.13 Eine Begegnung auf der Straße

Aufgabe

Schau dir die folgende Bildergeschichte an. Auf dem Weg nach Hause wird Bert von einem etwas älteren Jungen angesprochen. Bert will seine Ruhe haben, aber der ältere Junge bietet ihm seine Gesellschaft an. Bert findet dieses Verhalten aufdringlich. Er mag es nicht. Angebaggert und in die Ecke gedrängt zu werden findet Bert gar nicht lustig. Wie kann er sich verhalten?

Soziales Handeln

Bert fasst den Jungen mit Mütze an, drückt ihn aus dem Weg und versucht, mit Händen wegzuschubsen.

Bert stellt Blickkontakt zu dem Jungen her und versucht, mit ihn zu kommunizieren.

Bert versucht, den Jungen mit Mütze einzuschüchtern. Er droht ihm und macht ihm Angst.

Bert gerät in Panik. Mit seinen Armen macht er hastige Bewegungen.

Auswahlmöglichkeiten

Hier werden dir vier Bilder vorgelegt, die diese Geschichte ergänzen können. Welches Bild ist für dich die am besten passende Möglichkeit? Bitte entscheide dich für eines der vier farblich markierten Bilder.

Übersicht von Auswahlmöglichkeiten

Von anderen bedrängt zu werden, ist ein ganz mieses Gefühl. Vor allem wenn man davon ausgehen muss, dass der andere größer und stärker ist. Leider haben solche Muskelprotze oft ein übersteigertes Selbstbewusstsein und Freude daran, Macht über Schwächere zu haben. Es ist schwer, sich dagegen zu wehren. Was würdest du an Berts Stelle tun?

Bild rot: Bert geht gleich auf Abwehr und versucht den fremden Jungen wegzuschubsen. Das ist etwas zu früh, denn der andere hat ihm ja (noch) nichts getan. Bert weiß ja nicht, was der andere Junge eigentlich von ihm will. Also ist es etwas zu früh, um gleich eine Angriffshaltung einzunehmen. Der Junge mit Mütze könnte das als Angriff interpretieren und dann gibt es wahrscheinlich Streit.

Bild gelb: Bert schaut dem Jungen ins Gesicht. Damit zeigt er, dass er keine Angst hat und spricht ihn an. Das ist hier die beste Taktik, denn so findet er heraus, was der andere eigentlich will. Hier stellt sich heraus, dass der Junge mit Mütze eigentlich nur ein Stück des Weges zusammengehen und sich mit Bert unterhalten will. Vielleicht werden die beiden sogar gute Freunde? Je früher du einen Konflikt oder einen vermeintlichen Konflikt erkennst und ansprichst, desto besser. Mit etwas Glück kannst du so Konflikte lösen oder zumindest entschärfen. Im Gespräch kann sich ein vermeintlicher Konflikt als Missverständnis herausstellen.

Bild grün: Bert droht dem fremden Jungen, dass er es seinen Eltern sagen wird, dass der andere ihn schlagen wollte. Zum einen stimmt das ja nicht, der Junge mit Mütze hat ihn ja gar nicht geschlagen. Zum anderen wirken solche Äußerungen provokativ. Seine Eltern sind ja nicht da und was können sie gegen den fremden Jungen tun? Mit solchen Sätzen verdirbt man sich die Möglichkeit, den anderen näher kennenzulernen.

Bild blau: Bert gerät in Panik und macht hastige Bewegungen, die auf den fremden Jungen möglicherweise bedrohlich wirken. Hastige Bewegungen, Panik und Hektik können reflexartige Reaktionen des fremden Jungen hervorrufen. Er gibt dem Jungen mit Mütze damit nicht die Gelegenheit zu sagen, was er eigentlich von ihm will. Wenn er wirklich in Panik gerät, weil der andere Junge ihn bedroht, sollte er besser weglaufen und Schutz bei Erwachsenen suchen.

In Bedrohungssituationen wissen Opfer meist nicht, wie sie sich verhalten sollen. Sie haben oft wenig Selbstbewusstsein und zeigen ein eher unterwürfiges Verhalten. Nur wenige Opfer können Hilfe mobilisieren. Potenzielle Opfer müssen lernen, auf sich aufmerksam zu machen, sich angemessen zu wehren, um aus der typischen Opferrolle herauszukommen und Selbstbewusstsein zu entwickeln. Vielen Tätern erscheint ihre Gewaltanwendung berechtigt, Verletzungen anderer werden in Kauf genommen. Gewalthandlungen werden oft auch als starker emotionaler Reiz – als ein Kick – erlebt. Deshalb müssen Täter lernen, dass sie die Folgen ihres Handelns tragen müssen und ihre eigenen Bedürfnisse und Interessen nicht auf Kosten anderer durchsetzen können.

Bert ergreift die Initiative. Er zeigt klar und deutlich, dass die Gesellschaft des Jungen nicht erwünscht ist und dass er alleine nach Hause gehen will. Bert hört aber zu, was der älterer Junge sagt. Aus seinen Antworten wird klar, welche weiteren Schritte zur Bewältigung des Konflikts notwendig sein können.

Die Reaktion „Bert stellt einen Blickkontakt mit dem Jungen her und versucht, mit ihm zu kommunizieren." (Bild gelb) ist als sehr wirksam einzustufen.

Fragen

1. Bist du schon einmal von anderen bedroht worden? Wie hast du dich gefühlt? Was hast du in dieser Situation getan?
2. Hast du schon einmal andere Kinder bedroht? Wie hast du dich als der Stärkere gefühlt?
3. Kann man einen Konflikt frühzeitig erkennen?
4. Wie erkennt man Konflikte überhaupt?

_____

_____

_____

_____

2.5 Umgang mit Schwierigkeiten

Wenn Kinder frühzeitig lernen sollen, mit Misserfolgen und Rückschlägen besser umzugehen, dann müssen sie bereits im familiären Umfeld, im Kindergarten und in der Schule viel Geborgenheit, Lob, Anerkennung und Unterstützung erfahren. Erst wenn Kinder an Vertrauen und Sicherheit gewinnen, können sie sich selbst akzeptieren, Kritik annehmen und sich gegenüber anderen Personen behaupten lernen. Bei den folgenden Bildgeschichten üben Kinder miteinander umzugehen, ihre Fähigkeiten zu zeigen, sich gegenseitig zu respektieren, Schwierigkeiten zu überwinden und ihr Selbstbewusstsein zu stärken.

Kurzbeschreibung von Bildergeschichten aus diesem Kapitel

2.5.1	Die Spielidee von Mia	Mia möchte nicht, dass ihre Freunde sich beim Spielen um die Decke streiten. Sie schlägt ein gemeinsames Spiel vor.
2.5.2	Mirco braucht etwas Ruhe	Wegen der lauten Musik seines Bruders kann Mirco nicht schlafen. Mircos Bruder kann nicht einsehen, dass er stört. Mirco regelt diese Angelegenheit.
2.5.3	Felix wehrt sich	Auf dem Weg zur Toilette wird Felix von einem Jugendlichen bedrängt. Der Angereifer ist viel älter und er erpresst Felix.
2.5.4	Heinz und Mobbing	Heinz fühlt sich dem Mobbing hilflos ausgeliefert. Er überlegt, welche Lösungsmöglichkeiten es geben könnte.
2.5.5	Klara und die streitsüchtigen Jungs	Im Spielraum fliegt ein Ball auf den Turm aus Bauklötzen und ein Bauklotz auf den Kopf von Klara. Klara meint, dass alle friedlich zusammen spielen sollen.
2.5.6	Lukas kann sich nicht benehmen	Lukas hält sich nicht an Spielregeln. Er rebelliert gegen alle, denn die anderen Kinder begrenzen angeblich seine Freiheit. Lukas analysiert sein Verhalten und bittet die Kinder um eine Chance.
2.5.7	Robert und seine Taktik	Robert meint, dass sein kleiner Bruder Konstantin nicht versuchen soll, andere für seine Misserfolge verantwortlich zu machen. Ohne Anstrengung in der Schule gibt es keine besseren Noten.
2.5.8	Bald läuft die Frist ab	Nora merkt, dass sie alleine ihren Kalender nicht rechtzeitig zu Ende bringen kann. Falls sie Hilfe haben möchte, muss sie sich zunächst öffnen und diese Hilfe zulassen.
2.5.9	Alle gegen Chantal	Penelope hetzt alle gemeinsamen Freunde gegen Chantal auf. Sie findet eine Möglichkeit, mit Mobbing und Hetze umzugehen.
2.5.10	Wer hat hier das Sagen?	Die großen Jungs versuchen, Andrej und Nadine von der Schaukel zu vertreiben. Die beiden bekommen Angst. Danach überlegen sie sich, wie sie sich gegen die großen Jungs wehren können.
2.5.11	Die bösen Wörter	Sonja und Lina streiten sich. Ein wenig später werden sie handgreiflich. Leo schreitet ein.
2.5.12	Heidi hilft Willi	Der Teddy von Heidis Bruder ist auf den Balkon des Nachbarn gefallen. Heidi hilft ihrem Bruder, obwohl der Nachbar nicht besonders nett zu sein scheint.

2.5.1 Die Spielidee von Mia

Simon und Lina bauen mit dem Tuch ein Zelt.

Paul und Mia kommen hinzu. Sie möchten ebenfalls dort spielen.

Plötzlich schnappt sich Paul das Tuch und düst damit durch die Gegend.

Wie soll sich Mia verhalten?

Aufgabe

Schau dir die folgende Bildergeschichte an. Simon und Lina haben ein großes Tuch aus dem sie eine Höhle basteln. Paul und Mia, die hinzu kommen, haben mit dem Tuch etwas anderes vor. Sie wollen einen Stierkampf nachahmen. Die Situation droht zu eskalieren, als Paul das Tuch schnappt und damit durch die Gegend rennt. Kann Mia diesen Konflikt lösen?

Umgang mit Schwierigkeiten

Simon und Lina kämpfen um ihr Tuch.

Mia möchte sich am Streit nicht beteiligen. Sie entscheidet sich, alles der Lehrerin zu erzählen.

Mia schnappt das Tuch und versteckt das Tuch vor den Jungs.

Mia schlägt vor, das Tuch in ein Flugzeug umzubauen, in dem alle Platz finden.

Auswahlmöglichkeiten

Hier werden dir vier Bilder vorgelegt, die diese Geschichte ergänzen können. Welches Bild ist für dich die am besten passende Möglichkeit? Bitte entscheide dich für eines der vier farblich markierten Bilder.

Übersicht von Auswahlmöglichkeiten

Streitigkeiten darüber, wer womit spielt, sind zwischen Kindern nicht selten. Oft enden sie in Gezanke und Tränen. Was kann Mia tun?

Bild rot: Die Kinder kämpfen um das Tuch. Vielleicht zerreißen sie es sogar, dann hat niemand etwas davon und es gibt Ärger. Oder bei dem Gerangel verletzt sich ein Kind. Also wohl keine gute Lösung.

Bild gelb: Mia erzählt der Mutter, dass die Kinder sich streiten. Einen Erwachsenen anzusprechen und um Rat zu bitten, ist natürlich immer eine richtige Lösung und auf jeden Fall besser als sich mit den anderen um das Tuch zu prügeln. Allerdings sieht das für die anderen drei Kinder so aus, als würde Mia immer petzen und es kann sein, dass sie Mia dann ausgrenzen.

Bild grün: Mia versteckt das Tuch, damit der Streit beendet wird. Vermutlich ist das keine dauerhafte Lösung. Die anderen Kinder werden schnell merken, dass das Tuch weg ist. Sie werden es suchen und Mia beschimpfen, weil sie es versteckt hat.

Bild blau: Mia schlägt vor, dass sie alle zusammen „Flugzeug" mit dem Tuch spielen. Dies ist die beste Lösung, bestimmt haben alle vier Kinder Lust, dieses Spiel gemeinsam zu spielen. Für eine solche Lösung muss man eine Menge Kreativität haben. Mia erkennt, dass ein gemeinsames Spiel großen Spaß machen kann und hat ihre eigene Idee. Sie übernimmt die Regie und ist eine gute Mitspielerin.

Durch Spielen lernen Kinder die Welt kennen. Sie finden heraus, wie die Dinge funktionieren, wozu sie zu gebrauchen sind und welchen Sinn sie haben. Durch den Kontakt und den Austausch im Spiel mit Gleichaltrigen entwickeln sie wesentliche Fähigkeiten im Umgang mit anderen als auch mit sich selbst. Sie erleben Freundschaft und Gemeinschaft.

> **Die Reaktion** „Mia schlägt vor, das Tuch in ein Flugzeug umzubauen, in dem alle Platz finden." (Bild blau) ist als sehr wirksam einzustufen.

Fragen

1. Hattest du schon gute Ideen beim Spielen? Wenn ja, welche?
2. Hast du schon jemandem etwas beibringen können?
3. Spielst du lieber alleine oder zusammen mit anderen Kindern?

_____

_____

_____

Anregungen

Überlege, mit wem in deiner Klasse du noch nicht gespielt hast. Denke darüber nach, was ihr gemeinsam spielen könntet? Wenn das Kind mit dir spielen möchte, kann es dir vielleicht seine eigene Idee vorschlagen.

2.5.2 Mirco braucht etwas Ruhe

Aufgabe

Schau dir die folgende Bildergeschichte an. Mirco kann heute nicht ruhig schlafen. Sein großer Bruder Justin spielt in seinem Zimmer laute Musik. Nach einigen Tagen hört Mirco wieder laute Musik am späten Abend. Justin hört nicht auf Mirco. Der ist verzweifelt. Was kann Mirco machen, um endlich wieder ruhig schlafen zu können?

Umgang mit Schwierigkeiten

Auswahlmöglichkeiten

Hier werden dir vier Bilder vorgelegt, die diese Geschichte ergänzen können. Welches Bild ist für dich die am besten passende Möglichkeit? Bitte entscheide dich für eines der vier farblich markierten Bilder.

Übersicht von Auswahlmöglichkeiten

Geschwister sind aufeinander angewiesen und müssen sich arrangieren. Sie können sich kaum aus dem Weg gehen und müssen deshalb bei Konflikten eine Lösung finden. Justin hört in seinem Zimmer abends gerne laute Musik. Mirco kann deswegen im Nachbarzimmer nicht schlafen. Was kann Mirco tun?

Bild rot: Das ist natürlich eine fette Lüge, wenn Mirco seinen Eltern erzählt, dass Justin ihn geschlagen hat. Er will sich dafür rächen, dass sein Bruder ohne Rücksicht laute Musik hört. Aber eine Lüge wird nichts Positives bewirken. Selbst wenn die Eltern Mirco glauben, wird Justin widersprechen und dann erst Recht sauer auf seinen kleinen Bruder sein.

Bild gelb: Mirco hofft, dass sein Bruder irgendwann von selbst aufhört. Diese Rechnung wird nicht aufgehen, denn Justin hat Spaß daran, laute Musik zu hören. Wenn keine negativen Konsequenzen folgen und niemand sich beschwert, wird er weiterhin bis nachts um 2 Uhr Lärm machen.

Bild grün: Wie bei den anderen Beispielen ist es immer gut, Rat bei den Eltern zu suchen. Diese Lösung ist also o.k. Mirco hat versucht, das Problem mit seinem Bruder zu besprechen, aber Justin war das einfach „egal". Damit hat Mirco seine Möglichkeiten ausgeschöpft und es ist völlig in Ordnung, dass er sich nun an seine Eltern wendet. Mirco muss allerdings aufpassen, dass er nicht in den Ruf kommt, ständig bei Erwachsenen zu petzen.

Bild blau: Mirco will auf der Couch im Wohnzimmer schlafen, wo er den Lärm seines Bruders nicht mehr hört. Es könnte eine Kompromiss-Lösung sein, um Streit aus dem Weg zu gehen. Allerdings lügt Mirco seine Eltern an. Er will seinen Bruder nicht verpetzen und sagt, die Couch sei bequemer. Eigentlich ist das ganz o.k. von ihm, nur leider wird das auf Dauer keine Lösung sein. Er kann nicht immer auf dem Sofa im Wohnzimmer schlafen, wo seine Eltern sich abends aufhalten. Außerdem gibt er seine Rechte auf und sein Bruder Justin lernt nicht, dass auch er auf andere Rücksicht nehmen muss.

Geschwister müssen lernen, aufeinander Rücksicht zu nehmen und begrenzte Güter (zum Bespiel Spielzeug oder Süßigkeiten) miteinander zu teilen. Das ist wichtig, denn dabei entwickeln sie Frustrationstoleranz und Bewältigungsmechanismen. Sie lernen Gerechtigkeitsregeln kennen, aufeinander Rücksicht zu nehmen und aufrichtig zu sein. Aufrichtigkeit bedeutet, störende Situationen zu erkennen und zu benennen. So eine störende Situation kann zum Beispiel die laute Musik sein, die Mirco oft am späten Abend in seinem Zimmer hört. Justin, Mircos Bruder, kann nicht einsehen, dass er ihn damit stört. Durch das Gespräch über das Problem kann sich in diesem Beispiel leider keine rücksichtsvolle Verbindung zwischen Justin und Mirco entwickeln. Also ist es völlig in Ordnung, dass Mirco mit seinen Eltern redet. Justin hat Spaß daran, laute Musik zu hören und das ist auch sein gutes Recht. Dennoch muss er Rücksicht auf die anderen Bewohner seines Hauses nehmen, insbesondere auf seinen kleinen Bruder, der abends früher ins Bett geht als er. Das lernt er nicht, wenn Mirco hier kapituliert.

Obwohl in der Regel Konflikte zwischen Geschwistern ohne Einmischung der Eltern gelöst werden, gehört zu einer angemessenen Begleitung von Geschwister-Beziehungen, dass Eltern jedem Kind den ihm zustehenden Platz in der Familie ermöglichen.

Die Reaktion „Mirco beklagt sich bei seinen Eltern über Justin." (Bild grün) ist als sehr wirksam einzustufen.

Fragen

1. Kennst du das Gefühl, wenn dich etwas stört und du nichts dagegen unternehmen kannst?
2. Kannst du dich mit deinen Geschwistern oder Freunden immer gut vertragen?
3. Wann ist es o.k., sich bei seinen Eltern zu beschweren? Kannst du Beispiele nennen?
4. Was sollte man vorher versucht haben, bevor man sich bei Erwachsenen beschwert?

_____

_____

_____

_____

2.5.3 Felix wehrt sich

Aufgabe

Schau dir die folgende Bildergeschichte an. Felix ist mit seinen Eltern auf dem Bahnhof und er muss zur Toilette. Auf dem Weg dorthin stellt sich ihm ein älterer Jugendlicher in den Weg und fordert Geld von ihm. Felix hat Angst vor dem Größeren. Was kann er tun?

Umgang mit Schwierigkeiten

Auswahlmöglichkeiten

Hier werden dir vier Bilder vorgelegt, die diese Geschichte ergänzen können. Welches Bild ist für dich die am besten passende Möglichkeit? Bitte entscheide dich für eines der vier farblich markierten Bilder.

Übersicht von Auswahlmöglichkeiten

Solche Situationen erlebt man leider man im Leben. Andere Menschen sind nicht immer nett, sie versuchen manchmal andere zu bedrohen und unter Druck zu setzen. Mitunter kann es auch zu körperlichen Verletzungen kommen. Daher ist es richtig, dass Felix in dieser Situation Angst hat. Was würdest du an seiner Stelle machen?

Bild rot: Felix gibt dem älteren Jugendlichen sein Geld. Im Prinzip ist das durchaus eine Möglichkeit, die man ins Auge fassen kann. Geld kann man ersetzen und Felix könnte hinterher zusammen mit seinen Eltern der Bahnhofs-Polizei sagen, was passiert ist. Schläge des größeren Jungen tun mehr weh als verlorenes Geld. Natürlich ist es so, dass der Jugendliche daraus lernt, sich mit Drohungen und Gewalt durchsetzen zu können. Er wird es weiterhin tun und andere Kinder ausnutzen. Felix bekommt sicher keinen Ärger von seinen Eltern, wenn er in dieser Notfallsituation lieber sein Geld hergibt als den Helden zu spielen und sich verprügeln zu lassen.

Bild gelb: Felix schreit laut. Das ist in dieser Situation wohl die beste Lösung. Verbrecher wollen nicht auffallen und nicht erwischt werden. Wenn Erwachsene kommen um zu schauen, warum Felix um Hilfe ruft, wird der große Jugendliche mit Sicherheit rasch das Weite suchen.

Bild grün: Felix wehrt sich und schubst den anderen. Wahrscheinlich wird das nicht gut ausgehen, denn der andere ist ja größer und fühlt sich stärker. Der Große will dem Kleineren Angst machen, er wird sich nicht ernst genommen fühlen und nun zurückschlagen. Und wenn Felix genauso alt wie sein Angreifer wäre und zurückschlagen könnte, weiß er, dass man Gewalt nicht mit Gewalt begegnen darf.

Bild blau: Felix wirft dem Angreifer einen Stein an den Kopf. Auch das wird kein gutes Ende nehmen. Der größere Jugendliche wird sich rächen und auf Felix losgehen. Der Rat „Schlag doch einfach zurück" ist verfehlt, da er nur weitere Gewalt provoziert.

Es gibt Menschen, die böse handeln und deren Beweggründe oft keiner erkennt und versteht. Sie wollen einfach Schwächere fertigmachen und sich dadurch als besonders cool darstellen. In solchen Situationen muss das Opfer Mut beweisen. Das Vertrauen in sich selbst wächst automatisch, wenn das angegriffene Kind sich als selbstwirksam erlebt, wenn es durch eigene Kraft und eigene Lösungen Schwierigkeiten überwinden und Ziele erreichen kann. Aber eine Situation wie diese kann ein Kind nicht alleine lösen. Es ist daher völlig richtig, laut um Hilfe zuschreien.

Die Reaktion „Felix fühlt sich provoziert. Mit lauten Schreien versucht er, Aufmerksamkeit zu erregen." (Bild gelb) ist als sehr wirksam einzustufen.

Fragen

1. Wurdest du schon mal von einem älteren Kind schikaniert?
2. Findest du es sinnvoll, der Gefahr frühzeitig auszuweichen?
3. Warum sollte man niemals aus Spaß oder beim Spielen laut um „Hilfe" schreien?
4. Was tust du, wenn du hörst, dass jemand laut um Hilfe schreit?
5. Hast du schon einmal laut um Hilfe geschrien? Was ist passiert?

_____

_____

_____

_____

Anregungen

Wenn man Angst hat, fühlt man sich oft klein und sinkt in sich zusammen. In solchen Situationen kannst du die sogenannte Mutpose einnehmen. Das geht so: Stelle dich aufrecht hin und strecke die Brust raus. Deine Beine sind hüftbreit auseinander. Mache deinen Nacken lang, schau nach vorne, atme ruhig ein und aus. Du kannst auch deine Arme in deine Seiten stemmen. Fühlst du dich schon mutiger?

2.5.4 Heinz und Mobbing

In der Klasse will mit Heinz keiner spielen.

Heinz mag die Schule, aber seine Mitschüler findet er gemein.

Die anderen wollen nicht mit Heinz sprechen.

Welche Reaktion wäre für Heinz am wirkungsvollsten?

Aufgabe

Schau dir die folgende Bildergeschichte an. Heinz geht gerne zur Schule, aber niemand will mit ihm spielen. Auch in seiner Freizeit lehnen andere Kinder ihn ab, niemanden interessiert, was er erlebt hat. Was kann Heinz tun?

Auswahlmöglichkeiten

Hier werden dir vier Bilder vorgelegt, die diese Geschichte ergänzen können. Welches Bild ist für dich die am besten passende Möglichkeit? Bitte entscheide dich für eines der vier farblich markierten Bilder.

Übersicht von Auswahlmöglichkeiten

Der Mensch ist ein Herdentier. Wir brauchen unser kleines Rudel, das uns Sicherheit gibt. Hierbei spricht vom „sozialen Netz", das heißt von Menschen, die uns zur Seite stehen, helfen und mögen. Wenn man völlig isoliert ist, treten negative Gefühle auf. Man fühlt sich einsam und alleine gelassen. Was kann man tun, wenn niemand etwas mit einem zu tun haben will?

Bild rot: Heinz entschließt sich, gar nichts zu machen. Er redet mit niemandem darüber und hofft, dass die anderen irgendwann aufhören, ihn von ihren Spielen auszuschließen. Wahrscheinlich wird er lange warten können. Wenn man von anderen ausgeschlossen wird, ist es meist die schwächste Lösung, einfach nichts zu tun. Das Problem löst sich dadurch nicht.

Bild gelb: Heinz erzählt seiner Mutter, dass die anderen Kinder ihn ausschließen und die Jungs in seiner Klasse ihn sogar schikanieren. Von allen hier dargestellten vier Möglichkeiten ist dies wohl die beste. Bestimmt weiß seine Mutter einen Rat. Wenn man im Leben nicht weiter weiß, sollte man mit einem Menschen sprechen, zu dem man Vertrauen hat.

Bild grün: Die anderen Kinder schikanieren ihn, niemand hört ihm zu. Das hat zur Folge, dass er an sich selbst zweifelt. Solche Selbstzweifel können durchaus wichtig sein. Vielleicht macht Heinz etwas grundverkehrt? Kann er selbst an seinem Verhalten etwas ändern? Warum mögen die anderen Kinder ihn nicht? Das sind Fragen, die man sich in solch einer Situation durchaus stellen sollte. Was man nicht darf, ist, sich deswegen selbst negativ zu sehen. Jeder Mensch hat viele positive Eigenschaften und Fähigkeiten, manchmal muss man sie erst entdecken. Niemals sollte man sich von anderen einreden lassen, man sei dumm, hässlich oder schlecht.

Bild blau: Größere Kinder zu bitten, die Jungs, die ihn schikanieren, zusammenzuschlagen, ist natürlich die schlechteste Lösung. Natürlich möchte Heinz sich gerne rächen, aber Gewalt erzeugt nur Gegen-Gewalt. Wenn er sich mit den größeren Kindern gut versteht, kann er vielleicht mit ihnen etwas unternehmen? Wenn die Jungs aus seiner Klasse sehen, dass auch Heinz Freunde hat (und sogar große und starke Freunde!), werden sie ihn wahrscheinlich ganz anders behandeln. Es ist absolut nicht notwendig, hier eine Schlägerei anzufangen.

Mobbing bezeichnet Handlungen, durch die zum Beispiel ein Kind in der Schule schikaniert, gequält oder verletzt wird. Das kann mit Worten erfolgen: durch Beschimpfungen, Beleidigungen, falsche Aussagen und Intrigen. Diese Handlungen kommen über einen längeren Zeitraum vor. Oftmals handelt es sich hierbei um Aggressionen gegen ein Mitglied der eigenen Gruppe. Mobber wollen ihr Opfer einschüchtern und ihm Angst machen. Dadurch wollen sie ihre eigene Macht zeigen. Mobbing ist aber auch, jemanden von Unternehmungen auszuschließen, nicht mitspielen zu lassen oder nicht zuzuhören, wenn diese Person etwas erzählt. Irgendwann glaubt das Opfer, dass die Mobber recht haben. Das stimmt aber nicht! Jedes Kind ist individuell und auf seine Art und Weise besonders. Manchmal hilft es, wenn Eltern oder Lehrer sich gemeinsam mit dem Kind gedanklich in den Mobber versetzen: Was ist der Grund fürs Mobben? Nicht selten spielen Neid oder Minderwertigkeitsgefühle eine Rolle. Der Mobber wünscht sich Aufmerksamkeit, durch die Erniedrigung fühlt er sich besser. Ein selbstbewusstes Kind hat es nicht nötig, andere zu demütigen. Wenn dem Kind dies klar wird, verliert der Mobber etwas von seiner Macht und scheinbaren Größe.

Hinter dem Rücken von Heinz wird über ihn gelästert und gehänselt. „Geh weg, du Penner!" Da werden abwertende Bemerkungen gemacht: „Das interessiert uns nicht!" Heinz wird ausgegrenzt. Das Gefährliche am Mobbing ist, dass die scheinbar harmlosen Sticheleien einzeln gesehen keine große Bedeutung haben müssen. Über die lange Dauer und Häufigkeit dieser Abwertungen wird Heinz jedoch ununterbrochen abgewertet. Er fühlt sich der Situation hilflos ausgeliefert und wird immer isolierter.

Heinz sollte überlegen, welche Lösungsmöglichkeiten es geben könnte. Kann er sich mit anderen Kindern in seiner Klasse anfreunden? Gibt es einzelne Kinder, die noch zu ihm halten? Mit wem könnte er versuchen, sich anzufreunden? Wenn er erst einmal Zutritt zu einer Gruppe hat, dann wird er stückweise immer mehr akzeptiert. Das gilt auch für die Freizeit. Vielleicht kann seine Mutter ihn in einem Verein anmelden? Er könnte Boxen oder Karate lernen, das verschafft Respekt. Er könnte auch ein Musikinstrument erlernen. Menschen mögen Leute, die Musik machen können. Vielleicht kann er in eine Theatergruppe eintreten und hier Freunde finden. Es gibt viele Möglichkeiten, und seine Mutter wird ihm bestimmt dabei helfen.

Die Reaktion „Heinz erzählt seiner Mutter was los ist." (Bild gelb) ist als sehr wirksam einzustufen.

Fragen

1. Ist es dir schon mal passiert, dass man dir über einen längeren Zeitraum (Wochen und Monate) hinweg zum Beispiel gemeine Dinge gesagt, dich schikaniert hat oder nichts mit dir zu tun haben wollte?
2. Weißt du, was du tun solltest, falls dich deine Mitschüler mobben?
3. Können Verbündete in der Klasse helfen, sich gegen Mobbing zu wehren?
4. Machst du mit, wenn ein Kind in deinem Umfeld von anderen gemobbt wird oder hilfst du ihm?

_____

_____

_____

_____

2.5.5 Klara und die streitsüchtigen Jungs

Klara und Uwe bauen einen Turm. Leon zerstört den Turm mit Absicht.

Uwe wirft Leon einen Baustein an den Kopf.

Leon schimpft mit Uwe. Sie prügeln sich.

Wie kann Klara den Streit am besten schlichten?

Aufgabe

Schau dir die folgende Bildergeschichte an. Klara und Uwe bauen einen Turm, Leon langweilt sich und macht den Turm kaputt. Nun ist Uwe natürlich sauer. Er wirft dem anderen einen Baustein an den Kopf, geht auf Leon zu und die beiden prügeln sich. Kann Klara etwas machen, um den Streit zu beenden?

Umgang mit Schwierigkeiten

Auswahlmöglichkeiten

Hier werden dir vier Bilder vorgelegt, die diese Geschichte ergänzen können. Welches Bild ist für dich die am besten passende Möglichkeit? Bitte entscheide dich für eines der vier farblich markierten Bilder.

Übersicht von Auswahlmöglichkeiten

Klara und Uwe haben Spaß beim Bauen des Turms und Leon fühlt sich als Außenseiter. Er ist wahrscheinlich einfach nur neidisch und aus diesem Neid heraus macht der den Turm kaputt. Das ist natürlich absolut nicht o.k.. Es ist kein Wunder, dass Uwe nun stinksauer ist und versucht, Leon zu verprügeln – was den Konflikt vermutlich nicht lösen wird. Was würdest du vorschlagen, soll Klara jetzt machen?

Bild rot: Klara verbündet sich mit Uwe und beide beginnen Leon für seine Untat zu bestrafen. Das potenziert natürlich den Streit. Mindestens eines der Kinder wird hinterher heulen und erst recht auf die anderen sauer sein. Leon hat sich beim Spielen ausgegrenzt gefühlt und wenn Klara und Uwe nun auch noch auf ihn einprügeln, wird es ihm nicht besser gehen. Am besten wäre natürlich, wenn er sich bei den beiden anderen Kindern dafür entschuldigt, dass er den Turm kaputt gemacht hat. Aber sich zu entschuldigen erfordert viel Charakterstärke.

Bild gelb: Klara hält sich heraus und sagt den Jungen, dass sie mit ihrer Prügelei aufhören sollen. Das ist eine ziemlich gute Lösung. Die Frage ist natürlich, ob die Jungen auf sie hören werden? Uwe ist sauer auf Leon und wahrscheinlich ist er nicht vernünftig genug, um auf Klara zu hören.

Bild grün: Die Möglichkeit, mit einem lauten „STOPP!!!" die Jungs dazuzubringen, mit ihrer Schlägerei aufzuhören, ist auch ein sinnvoller Versuch. Hier gilt aber dasselbe wie für Bild Nr. 2: Es ist fraglich, ob die Jungen auf ihren Stopp-Befehl reagieren?

Bild blau: Klara lenkt die Jungs von ihrer Prügelei ab und schlägt ein Spiel vor, das alle gerne machen. Hierbei integriert sie auch Leon. Vielleicht hat Klara erkannt, dass Leon den Turm nur kaputtgemacht hat, weil er sich als Außenseiter gefühlt hat. Indem sie alle drei zusammen Verstecken spielen, vertragen sich alle wieder und Leon hat sogar Gelegenheit, sich zu entschuldigen. Das ist toll von ihm!

Bei einem Konflikt treffen verschiedene Meinungen und Wünsche aufeinander. Ein Kind versteht oft nicht den Standpunkt des anderen Kindes, da es davon ausgeht, dass das andere Kind dieselben Interessen hat wie es selbst. Wenn sich sein Gegenüber dann anders verhält als erwartet, entsteht oft Unverständnis oder Wut. Verschiedene Interessen zu haben ist normal. Aber nicht selten werden bei einem Streit oder einem anderen Konflikt die Gefühle anderer verletzt. Spätestens wenn ein Konflikt einen Menschen traurig oder wütend macht oder in einer körperlichen Reaktion ausartet, sollte man nach einer Lösung suchen. Hilfreich ist dabei meist ein Kompromiss. Ein Kompromiss ist eine Lösung, bei dem man sich aufeinander zubewegt. Voraussetzung dafür ist, dass man sich gegenseitig von seinen Gefühlen und Wünschen erzählt und so versucht, einander zu verstehen.

> **Die Reaktion** „Klara schlägt vor, zusammen ein Spiel zu spielen, das alle mögen." (Bild blau) ist als sehr wirksam einzustufen.

Fragen

1. Bist du auch schon einmal wütend geworden, weil du nicht mit anderen spielen konntest?
2. Hast du schon einmal aus Wut Dinge anderer kaputt gemacht? Wie hast du dich danach gefühlt? War es gut, sich gerächt zu haben oder hattest du ein schlechtes Gewissen?
3. Was glaubst du, wie fühlt sich Leon, als ihn der Baustein auf den Kopf trifft?

_____

_____

_____

2.5.6 Lukas kann sich nicht benehmen

Aufgabe

Schau dir die folgende Bildergeschichte an. Vier Kinder spielen Fangen und Lukas kommt dazu. Die anderen Schüler lassen ihn zunächst mitspielen. Aber Lukas schupst die anderen, sodass sie nicht mehr mit ihm weiterspielen möchten.

Umgang mit Schwierigkeiten

Lukas geht zum Lehrer. Er soll vermitteln.

Lukas bittet die Kinder um eine Chance.

Lukas spielt nur mit den wenigen zusammen, die er nicht geschubst hat.

Lukas schreibt einen Entschuldigungsbrief an die Kinder.

Auswahlmöglichkeiten

Hier werden dir vier Bilder vorgelegt, die diese Geschichte ergänzen können. Welches Bild ist für dich die am besten passende Möglichkeit? Bitte entscheide dich für eines der vier farblich markierten Bilder.

Übersicht von Auswahlmöglichkeiten

Manchmal macht man Unsinn, einfach weil man es gerade lustig findet. merkt dann gar nicht, dass man andere damit verärgert. Wahrscheinlich findet Lukas es in diesem Augenblick einfach witzig, die anderen Kinder bei dem Fangspiel wegzuschubsen. Vermutlich meint er es nicht böse. Aber die übrigen Schüler sind nun sauer auf ihn. Was würdest du an seiner Stelle tun?

Bild rot: Wie bei vielen anderen Geschichten in diesem Buch, ist es durchaus eine praktikable Lösung, zunächst einen Erwachsenen zu fragen und um Hilfe zu bitten. Vielleicht weiß der Lehrer einen Rat. Langfristig sollte man aber lernen, seine Probleme selbst lösen zu können, denn es ist nicht immer ein Erwachsener anwesend.

Bild gelb: Lukas verspricht, sich ab jetzt an die Regeln zu halten und bittet die anderen Kinder, ihm nochmal eine Chance zu geben. Das ist mit Sicherheit die beste Lösung. Vor allem geht das viel schneller als erst den Lehrer zu fragen oder einen Brief zu schreiben. Und Lukas lernt, seine Probleme selbst zu lösen. Eine Entschuldigung kann oft Wunder bewirken.

Bild grün: Natürlich kann Lukas nun nur noch mit den Kindern spielen, die er nicht geschupst hat. Aber das löst das Problem mit den anderen beiden Schülern, die auf ihn wütend sind, natürlich nicht. Von vier Freunden hat er gerade zwei verloren, und das ist natürlich nicht gut.

Bild blau: Selbstverständlich kann Leon einen Brief oder eine Nachricht auf dem Smartphone schreiben und sich entschuldigen. Das ist eine sehr gute Möglichkeit, wenn er nicht mehr mit den Kindern reden konnte, um sich direkt zu entschuldigen. Einfacher wäre es gewesen, gleich zu sagen, dass es einem leidtut und man einen Fehler gemacht hat. Aber oft kommt diese Einsicht erst später und dann ist es völlig o.k. auch nachträglich noch einen Brief oder eine Message zu senden.

Auch wenn Lukas sich gegen Spielregeln wehrt, heißt das keinesfalls, dass er auf alle Regeln verzichten will. Erst wenn Kinder ihm sagen, dass er nicht mitspielen darf, fängt er an, sein Verhalten zu analysieren. Die Abweisung der Gruppe kann auch bereichern. Nämlich dann, wenn sie als positive Entwicklungsmöglichkeit wahrgenommen wird. Lukas lernt durch das Verhalten der anderen Kinder, dass auch er sich an Regeln halten muss. Denn unser gesellschaftliches Zusammenleben funktioniert nur, wenn jeder sich an diese Regeln hält. Dies lernen Kinder beim Spielen. Spielregeln bieten den Kindern Orientierungshilfe und können den Zusammenhalt der Gruppe fördern, denn manche Dinge sind dadurch grundsätzlich geregelt und müssen nicht immer wieder diskutiert werden. Auf dieser Grundlage üben Kinder auch, die Sichtweisen anderer einzunehmen, Rücksicht auf Gefühle und Wünsche der anderen zu nehmen, und zugunsten des Zusammenhalts der Gruppe auch mal auf den eigenen Vorteil zu verzichten.

Du solltest niemanden unter Druck setzen, damit er mit dir spielt oder arbeitet. Wenn ein anderes Kind nicht gejagt und gefangen werden will, dann lass es bitte in Ruhe. Wenn dir ein Spiel gut gefällt und du mitmachen möchtest, schaust du die anderen Kinder an und fragst sie, ob du mitspielen kannst. Wenn dir ein Spiel nicht mehr gefällt, sagst du laut und deutlich, dass dir das Spiel keinen Spaß mehr macht und dass du damit aufhören möchtest. Dabei achtest du darauf, dass das Spiel durch dich nicht vorzeitig abgebrochen werden muss oder gestört wird.

Viele Dinge können Kinder ganz alleine regeln. Wegen Kleinigkeiten läufst du nicht sofort zu einem Lehrer. Aber wenn du Hilfe von Erwachsenen dringend brauchst, wendest du dich an sie. Die „Großen" werden dir dann helfen.

Die Reaktion „Lukas bittet die Kinder um eine Chance." (Bild gelb) ist als sehr wirksam einzustufen.

Fragen

1. Warum werden Spielregeln aufgestellt?
2. Wie sollen Spielregeln formuliert werden?
3. Was sind die wichtigsten Spielregeln in unserer Gesellschaft?

_____

_____

_____

2.5.7 Robert und seine Taktik

Aufgabe

Schau dir die folgende Bildergeschichte an. Robert hat einen kleinen Bruder namens Konstantin. Statt für die Klassenarbeit zu lernen, spielt Konstantin lieber den ganzen Tag Ball. Am nächsten Tag merkt er, dass er nichts weiß und will bei Inga, seiner Nachbarin, abschreiben. Aber Inga weigert sich, ihm zu helfen. Nun versucht Konstantin die Lösungen heimlich aus dem Lehrbuch abzuschreiben. Prompt wird er von der Lehrerin erwischt. Sie nimmt ihm das Arbeitsheft weg und er bekommt eine Sechs. Nun ist Konstantin wütend auf Inga. Wenn sie ihn hätte abschreiben lassen, wäre das ja nicht passiert. Robert, sein großer Bruder, macht sich nun Sorgen. Was kann Robert tun, um Konstantin zu helfen?

Umgang mit Schwierigkeiten

Auswahlmöglichkeiten

Hier werden dir vier Bilder vorgelegt, die diese Geschichte ergänzen können. Welches Bild ist für dich die am besten passende Möglichkeit? Bitte entscheide dich für eines der vier farblich markierten Bilder.

Übersicht von Auswahlmöglichkeiten

Spielen ist für die meisten Schüler mit mehr Spaß verbunden als Lernen. Daher ist es verständlich, dass Konstantin lieber Ball spielt als für die Klassenarbeit zu büffeln. Er ist noch nicht alt genug, um zu verstehen, dass ein guter Schulabschluss das Tor für das gesamte weitere Leben ist. Im Gegenteil, weil er nicht gelernt hat, versucht er, bei der Klassenarbeit zu mogeln und wird ertappt. Wie kann Robert, sein großer Bruder, ihm helfen? Jede Szene fängt an mit Konstantins Satz: „Inga ist eine blöde Kuh!" Was kann Robert nun sagen?

Bild rot: Robert bewertet das Verhalten seines kleinen Bruders nicht. Er stellt lediglich die Frage, was Konstantin denkt, warum alles so gekommen ist. Das sind gesprächstechnische Äußerungen, die dem anderen helfen, über das eigene Verhalten nachzudenken und (vielleicht) zu dem Schluss zu kommen, dass man selbst etwas falsch gemacht hat. Statt zu schimpfen und zu meckern, ist es oft besser, die Frage nach dem „Warum?" zu stellen.

Bild gelb: Robert schimpft mit seinem kleinen Bruder und sagt ihm, dass er selbst schuld ist. Er hätte ja auch lernen können statt zu spielen. Helfen diese Vorwürfe? Es ist reiner Selbstschutz von Konstantin, die Schuld auf Inga zu projizieren. So trägt er nicht die Verantwortung für seine Sechs in der Klassenarbeit, sondern kann Inga die Schuld geben. Aber Vorwürfe seines Bruders helfen da nicht.

Bild grün: Der erste Teil der Aussage von Robert „Du solltest aus der Sache lernen" ist wahrscheinlich hilfreich gemeint. Aber Konstatin wird vermutlich nicht zugeben, was er daraus lernen soll, denn dann müsste er sich die Schuld selbst geben und das will er nicht. Er wäscht seine Hände in Unschuld und gibt Inga die Schuld für seine Sechs. Der zweite Teil „Denkst du, dass Inga sich schlecht verhalten hat?" ist besser, denn es ist eine Frage, und Konstantin kann nun darüber nachdenken, ob Inga wirklich die Schuldige ist.

Bild blau: Hier will Robert ein gutes Vorbild sein und betont, dass er viel bessere Zensuren erreicht. Das hilft Konstantin gar nicht. Es ist nie gut, wenn man das Gefühl hat, sein Geschwisterkind ist besser als man selbst. Das zerstört das eigene Selbstbewusstsein. Kinder, die das Gefühl haben, dass sie niemals so gut sein können wie der große Bruder, zeigen oft sogar totale Lernverweigerung.

Konstantin ist beim Mogeln erwischt worden. Er müsste sich schämen, aber das würde sein Selbstbewusstsein kränken. Also versucht er die Schuld auf jemand anderen zu schieben. In diesem Beispiel ist es Inga, die ihn nicht hat abschreiben lassen. Manche Kinder tun sich schwer, Verantwortung für ihr Handeln zu übernehmen. Sie schieben die Verantwortung lieber auf die anderen ab und geben diesen die Schuld für ihre Fehler.

Wenn zum Beispiel in der Schule etwas schiefläuft, versuche mit deinem Freund oder deinem Geschwister herauszufinden, wie es dazu kam. Sprich doch mit deinem Gegenüber. Die Fragen sollten lauten: „Wie kam es zu diesem Problem?" Was hast du dazu beigetragen? Wie kannst du das in Zukunft vermeiden?" Sage deinem Gegenüber, dass er die Situation falsch darstellt. Dabei ist wichtig, Vorwürfe und Abwertungen zu vermeiden.

Inga lässt Konstantin nie abschreiben, dementsprechend ist Konstantin natürlich sauer. Liegt es daran, dass Konstantin Inga nicht abschreiben lässt? Ist das vielleicht gar nicht so schlecht, wenn man nicht alles selbst machen muss und die Noten bleiben trotzdem gut sind? Anderseits ist Abschreiben unnötig. Möglicherweise bekommt man dadurch eine bessere Note, aber man verbessert sich selbst leider nicht. Deshalb gilt für Konstantin: Er sollte nicht versuchen, den anderen die Schuld zu geben, sondern sich in der Schule anstrengen. So werden wichtige Weichen für seine Zukunft gestellt.

Die Reaktion „Robert versucht, zusammen mit Konstantin zu klären, was genau ihn so ärgerlich macht." (Bild rot) ist als sehr wirksam einzustufen.

Fragen

1. Versuchst du selbst auch, die Schuld auf andere zu schieben, wenn du Mist gebaut hast?
2. Hat schonmal jemand die Schuld auf dich geschoben, obwohl du gar nichts dafür konntest?
3. In welchen Situationen kann es dazu kommen, dass man andere beschuldigt?
4. Kennst du Kinder, die immer anderen die Schuld für etwas geben?

_____

_____

_____

_____

2.5.8 Bald läuft die Frist ab

Aufgabe

Schau dir die folgende Bildergeschichte an. Nora hat sich vorgenommen, zum 1. Dezember einen Adventskalender zu basteln. Voller Elan fängt sie damit an. Ihr Bruder Helge bewundert ihren Fleiß und ihre Kreativität. Kurz vor dem 1. Dezember merkt Nora, dass sie alleine ihren Kalender nicht fristgerecht zu Ende bringen kann. Was nun?

Umgang mit Schwierigkeiten

Auswahlmöglichkeiten

Hier werden dir vier Bilder vorgelegt, die diese Geschichte ergänzen können. Welches Bild ist für dich die am besten passende Möglichkeit? Bitte entscheide dich für eines der vier farblich markierten Bilder.

Übersicht von Auswahlmöglichkeiten

Es gibt viele Dinge im Leben, die man alleine nicht schaffen kann und man eigentlich Hilfe braucht. Aber vielen Menschen fällt es schwer, um Hilfe zu bitten. Was würdest du tun, wenn du, wie Nora in diesem Beispiel, es nicht schaffst, ein Geschenk rechtzeitig fertigzustellen?

Bild rot: Nora gibt auf. Sie schafft es nicht und deswegen lässt sie es ganz bleiben. Nach all' der Mühe, die sie sich gegeben hat, ist das natürlich eine schlechte Lösung. Schlimmstenfalls hängt sie den Adventskalender erst am 2., 3. oder 4. Dezember auf. Oder aber sie bastelt weiter und hängt den Adventskalender erst in einem Jahr auf. Man sollte eine gute Sache nicht aufgeben, nur weil man nicht rechtzeitig fertig wird.

Bild gelb: Nora bittet ihren Bruder, ihr zu helfen und Helge stimmt sofort zu. Es ist nicht leicht, um Hilfe zu bitten, aber wahrscheinlich freut sich Helge, dass er etwas für seine Schwester tun kann. Jemandem zu helfen, gibt einem ein gutes Gefühl. Daher kann man andere ruhig einmal um Hilfe bitten. Wichtig ist hier das soziale Gleichgewicht. Wenn einem jemand hilft, sollte man auch bereit sein, dieser Person ebenso zu helfen.

Bild grün: Nora gibt auf, sagt aber ihrem Bruder, dass er den Kalender zu Ende basteln und aufhängen kann. So geht die Arbeit wenigstens nicht völlig verloren. Aber eine gute Lösung ist das nicht, ähnlich wie im ersten Beispiel.

Bild blau: Nora hält sich für eine Versagerin, weil sie es nicht schafft, den Kalender bis zum 1. Dezember fertigzustellen und das, obwohl ihr Bruder ihr kurz vorher gesagt hat, wie fleißig und kreativ sie ist. Es ist natürlich klar, dass man nicht gleich ein Versager ist, nur weil man einmal eine Bastelarbeit nicht rechtzeitig fertig bekommt. Aber manche Leute denken so. Es sind oft Kinder, die selbst Argumente suchen, um sich zu beweisen, dass sie nichts können. Solche Gedankengänge sind schädlich. Nora sollte voller Stolz auf das blicken, was sie geschafft hat.

Glaubt Nora immer stark sein und alles alleine schaffen zu müssen? Blockt sie ab und kann keine Hilfe annehmen? Von nichts kommt nichts und falls sie Hilfe haben möchte, muss sie sich zunächst öffnen und diese Hilfe zulassen. Manche Leute bitten ungern um Hilfe, weil sie dann das Gefühl haben, dem anderen auch helfen zu müssen. Aber es gibt der helfenden Person meist auch ein gutes Gefühl. Daher sollte man bei Aufgaben, die man nicht alleine schafft, ruhig um Hilfe bitten. Gemeinsam kommt man einfach weiter. Man kann seine eigenen Talente einbringen und sich gegenseitig unterstützen. Wenn man in einer Gruppe arbeitet, kann man alles an andere abgeben, was man selbst nicht gut beherrscht und sich auf das konzentrieren, was man gut kann. Abgesehen davon, dass die Unterstützung einen weiterbringt, ist sie auch einfach schön. Es ist ein wunderbares Gefühl, wenn andere für einen sorgen, sich kümmern, einem helfen und den Wunsch haben, für einen da zu sein.

Hilfe annehmen und zulassen zu können, ist ein Zeichen von Stärke. Wir sind nicht geschaffen, um alles alleine zu machen. Es gibt so wundervolle Menschen, die uns helfen wollen und können. Und die das liebend gerne tun.

> **Die Reaktion** „Nora fragt Helge, ob er ihr helfen kann." (Bild gelb) ist als sehr wirksam einzustufen.

Fragen

1. Kannst du auch Hilfe annehmen? Wann hast du schon einmal jemanden um Hilfe gebeten?
2. Macht helfen glücklich?
3. Sollte man ungefragt Hilfe leisten?

_____

_____

_____

2.5.9 Alle gegen Chantal

Aufgabe

Schau dir die folgende Bildergeschichte an. Chantal und Penelope streiten sich oft. Nun hetzt Penelope alle gegen Chantal auf und erzählt Lügen über das andere Mädchen. Leider ziehen die mit und Chantal wird ausgegrenzt. Kein anderes Kind will mehr mit ihr spielen. Was kann Chantal nun tun?

Umgang mit Schwierigkeiten

Auswahlmöglichkeiten

Hier werden dir vier Bilder vorgelegt, die diese Geschichte ergänzen können. Welches Bild ist für dich die am besten passende Möglichkeit? Bitte entscheide dich für eines der vier farblich markierten Bilder.

Übersicht von Auswahlmöglichkeiten

Gegen Lügen anderer kann man sich oft schlecht wehren. Vor allem wenn man gar nicht weiß, welche Lügen über einen erzählt worden sind. Oft wird es einem gar nicht erzählt, man wird plötzlich von anderen komisch behandelt und kann das nicht einordnen. Was kann Chantal tun?

Bild rot: Chantal erzählt ihren Eltern, dass Penelope ihr die ausgeliehenen Bücher nicht zurückgibt und andere gegen sie aufhetzt. Wie bei anderen Beispielen ist es immer gut, mit Menschen zu reden, die ein offenes Ohr für die Probleme haben. Vielleicht wissen Mama oder Papa einen guten Rat. Aber die Möglichkeiten der Eltern sind hier eingeschränkt. Wie sollen sie verhindern, dass Penelope Lügen über ihre Tochter erzählt. Vielleicht können sie Kontakt zu Penelopes Eltern aufnehmen. Aber wird es etwas nützen, wenn die dann Druck auf Penelope machen?

Bild gelb: Chantal rächt sich, sie erzählt nun auch Lügen über Penelope und behauptet, diese habe bei der Klassenarbeit abgeschrieben. Das macht sie natürlich aus Rache. Aber ist es wirklich klug, Lügen mit Lügen zu rächen? Die Wahrheit kommt letztlich immer ans Licht und Chantal wäre gut beraten, wenn sie ehrlich bleibt. Wenn Penelope lügt, muss sie das noch lange nicht tun.

Bild grün: Chantal beendet die Freundschaft zu allen Kindern, die auf Penelopes Seite sind. Das schafft natürlich klare Verhältnisse, aber sie gibt viele Freundschaften auf. Diese Kinder werden irgendwann herausfinden, dass Penelope gelogen hat und dann stehen sie wahrscheinlich wieder auf Chantals Seite. Es ist logisch, dass man Schüler, von denen man sich ungerecht behandelt fühlt, erst einmal meidet. Aber deshalb muss man nicht gleich die Freundschaft kündigen. Oft ergeben sich im Leben wundersame Wendungen – manchmal kann man einfach abwarten und Tee trinken.

Bild blau: Chantal sucht sich andere Freunde. Sie spricht andere Schüler an und baut sich einen neuen Freundeskreis auf, der unabhängig von Penelope ist. Dies dürfte die beste Möglichkeit sein. Chantal vermeidet damit Streit und Provokation und findet sicherlich tolle neue Freunde.

Viele Kinder erleben es in der Schule selbst oder sehen es in der Klasse: Mobbing. Dabei geht es um keinen normalen Konflikt zwischen zwei Kindern. Vielmehr setzt ein einzelner Schüler oder eine ganze Gruppe einem Kind über einen längeren Zeitraum immer wieder zu. Es wird gehänselt, ignoriert oder körperlich angegriffen. Dazu kommen manchmal Beleidigungen, Hetzerei und Beschädigungen von persönlichen Sachen. Wichtig zu wissen: Mobbingopfer trifft in der Regel keine Schuld an ihrer Situation. Die Täter suchen sich Kinder, die ein geringes Selbstwertgefühl haben, zu gutgläubig sind oder ungewöhnlich aussehen. Die Auswirkungen von Ausgrenzung und Demütigung ist gravierend: Wem die Anerkennung entzogen wird, wer systematisch niedergemacht und entwertet wird, wird irgendwann krank.

Wie soll Chantal mit Mobbing umgehen? Eine Möglichkeit für sie wäre, ihre ehemaligen Freunde offen anzusprechen und zu Fragen, welches Problem sie mit ihr haben. Sie kann auch eine Entscheidung treffen, ihre „alten" Freunde zu ignorieren und sich neue Freunde suchen. Diese werden ihr emotionalen Halt geben und können ihr den Rücken stärken.

Die Reaktion „Chantal sucht sich andere Freunde und hofft, dass die anderen mit der Zeit aufhören." (Bild blau) ist als sehr wirksam einzustufen.

Fragen

1. Hast du mal ein von dir geliehenes Spielzeug oder ein Buch nicht zurückbekommen? Wie bist du damit umgegangen?
2. Gibt es in deiner Klasse Schüler, die über andere Schüler schlecht reden?
3. Fällt es dir leicht oder schwer, neue Freunde zu finden? Was kannst du unternehmen, um neue Freunde zu finden? Kannst du zum Beispiel einem Verein beitreten? Oder einfach Kinder deines Alters ansprechen, die dir sympathisch sind?

_____

_____

_____

2.5.10 Wer hat hier das Sagen?

Aufgabe

Schau dir die folgende Bildergeschichte an. Nadine und Andrej sitzen auf einer Hollywood-Schaukel und haben Spaß. Da kommen zwei größere Jungs und bedrohen die beiden Kinder, denn sie wollen selbst schaukeln. Sie versuchen, mit autoritärer Stimme Andrej und Nadine aus der Schaukel zu vertreiben. Weil die Kinder sich weigern, stoßen die großen Jungs die Schaukel nach vorne und zurück und drehen sie. Andrej und Nadine werden rumgewirbelt und ihnen wird immer schwindeliger. Sie bekommen Angst und fangen an zu weinen. Andrej und Nadine überlegen sich, wie sie sich gegen die großen Jungs wehren sollen?

Umgang mit Schwierigkeiten

Auswahlmöglichkeiten

Hier werden dir vier Bilder vorgelegt, die diese Geschichte ergänzen können. Welches Bild ist für dich die am besten passende Möglichkeit? Bitte entscheide dich für eines der vier farblich markierten Bilder.

Übersicht von Auswahlmöglichkeiten

Im Leben wird man leider immer wieder mit anderen konfrontiert, die einem etwas wegnehmen wollen oder sogar aggressiv werden. Die Täter suchen sich in der Regel Kinder, die ein geringes Selbstwertgefühl haben, etwas jünger, kleiner oder schwächer sind oder ungewöhnlich aussehen. Wie man sich in diesem Fall verhalten sollte, gehört mit zu den wirklich schwierigen Situationen im Leben. Was würdest du tun?

Bild rot: Nadine und Andrej lassen die großen Jungs schaukeln und gehen weg. Das ist klug, denn wer weiß, was noch passiert wäre, hätten sie das nicht getan. Vielleicht wäre jemand verletzt worden. Aber die beiden Kinder suchen Hilfe bei ihren Freunden. Sie wollen gegen die großen Jungen zusammenhalten. Eine hilfreiche Strategie ist, sich mit mehreren anderen Kindern zusammenzuschließen. Eine Gruppe, die zusammenhält, nimmt den Angreifern den Wind aus den Segeln. Ihre Freunde versprechen ihnen mitzukommen. Gemeinsam sind sie stark und die beiden Jungs werden sich wahrscheinlich nicht trauen, gleich mit vier Kindern Streit anzufangen.

Bild gelb: Andrej und Nadine überlassen den großen Jungs die Hollywood-Schaukel. Sie haben sich also mit ihren Drohungen durchgesetzt und gelernt, dass man im Leben Erfolg hat, wenn man andere bedroht. Das ist nicht gut, denn die Beiden werden das nun immer tun. Böse Menschen sollten sich nicht durchsetzen können. Andrej überlegt zwar, ob er sich rächen kann, aber wie will er das tun und was bringt es letztlich?

Bild grün: Andrej und Nadine sagen den beiden fremden Jungen, dass sie aufhören sollen an der Schaukel zu rütteln und zu drehen. Tatsächlich lassen sie nach und gehen weg, aber nicht ohne den Kindern zu drohen. Andrej und Nadine haben zwar für den Moment ihre Ruhe, aber den Sieg noch lange nicht errungen. Sie brauchen eine dauerhafte Lösung für den Fall, dass die großen Jungen wiederkommen.

Bild blau: Nadine und Andrej reden mit ihrer Lehrerin über den Vorfall. Das ist auch eine gute Lösung, denn vielleicht weiß die Lehrerin einen Rat. Leider kann sie nicht immer in der Nähe der Kinder sein und aufpassen, ob und wann die großen Jungs kommen. Als Lehrerin hat sie ja noch viele andere Dinge zu tun. Daher ist es besser, wenn Andrej und Nadine ihre Freunde um Hilfe bitten. Vielleicht kennt die Lehrerin die großen Jungs und kann mit deren Eltern reden.

Ein Kind, das zu einer Gruppe gehört, wird seltener attackiert. Andrej und Nadine schließen sich Nachbarskindern an. Ihre Freunde kommen zu Hilfe und werden den großen Jungs deutlich machen, dass sie deren freches Verhalten ablehnen oder die Lehrerin darüber informieren werden. Je größer die Gruppe ist, desto weniger Möglichkeiten haben die Täter, weiterzumachen. In dem Roman Die drei Musketiere" von Alexandré Dumas heißt es hierzu sehr schön: „Einer für alle – alle für einen!". Zusammenhalten macht stark.

> **Die Reaktion** „Andrej und Nadine lassen die großen Jungs schaukeln. Später erzählen sie ihren Freunden davon. Sie entscheiden, sich gegen die Jungs zu wehren." (Bild rot) ist als sehr wirksam einzustufen.

Fragen

1. Hättest du den Mut, auf die großen Jungs zuzugehen? Ist es klug, sich mit ihnen anzulegen?
2. Wie reagierst du, wenn die anderen dich bedrohen?
3. Sollte man immer zurückschlagen wenn man geschlagen wird?

_____

_____

_____

2.5.11 Die bösen Wörter

Lina, die kleine Schwester von Leon, ist mit Sonja befreundet. Sonja hat dukle Haut.

An einem sonnigen Tag verbringen die Mädchen zusammen mit Leo Zeit im Park.

Sonja tapst aus Versehen auf den Rücken von Lina. Die Mädchen streiten sich und werden dabei handgreiflich.

Wie soll sich Leo am besten verhalten?

Aufgabe

Schau dir die folgende Bildergeschichte an. Sonja und Lina sind befreundet. Sonja hat dunkle Haut und dunkle, wuschelige Haare. Lina hat helle Haut und blonde Haare. An einem sonnigen Tag fangen die beiden Mädchen zu streiten. Sonja findet die Sonne schön, aber Lina teilt ihre Meinung nicht, weil sie am Tag zuvor einen schmerzhaften Sonnenbrand bekommen hat. Ihr Rücken hat die ganze Nacht gebrannt. Plötzlich tapst Sonja aus Versehen auf Linas Rücken. Das hat aber weh getan! Nun will Lina ihre Freundin ärgern, so wie sie sie geärgert hat. Dann fallen die bösen Wörter. „Schwarzhaut", „blöde Kuh", „Blondkugel!...

Auswahlmöglichkeiten

Hier werden dir vier Bilder vorgelegt, die diese Geschichte ergänzen können. Welches Bild ist für dich die am besten passende Möglichkeit? Bitte entscheide dich für eines der vier farblich markierten Bilder.

Übersicht von Auswahlmöglichkeiten

Kinder streiten sich so oft, dass man es kaum zählen kann und versöhnen sich genau so oft und schnell wieder. Für Erwachsene und größere Geschwister stellt sich immer die Frage: Soll ich mich einmischen oder besser nicht? Was würdest du Leo raten? Was soll er tun?

Bild rot: Leo geht weg. Er denkt sich, die beiden Mädchen sollen sich ruhig zanken, sie werden sich bald wieder versöhnen. Er hält sich da raus. Vielleicht ist das auch gut so. Schöner wäre es aber, wenn er die zankenden Mädchen auseinanderbringen würde.

Bild gelb: Diese Lösung ist ähnlich wie die in Bild rot. Leo schaut sich die Situation erst einmal an und wartet ab. Das ist verständlich, denn am besten ist es, wenn die Mädchen gemeinsam einen Kompromiss finden. Leo kann ja immer noch eingreifen, falls der Streit gefährlich wird. Sonja und Lina sollen ruhig lernen, ihre Konflikte selbst zu lösen.

Bild grün: Leo greift ein und bittet die Kinder mit dem Streit aufzuhören. Das ist sicherlich die beste Lösung, denn er verhindert damit, dass die beiden Mädchen sich komplett zerstreiten und die Freundschaft beenden. Tatsächlich entschuldigen sich beide. Eigentlich wollen sie ja Freundinnen bleiben.

Bild blau: Leo stellt sich auf die Linas Seite – schließlich ist sie seine kleine Schwester – und beschuldigt Sonja, dass sie Schuld ist, weil sie ja ihre Hand auf den Sonnenbrand gelegt hat. Es ist natürlich gut, dass er zu seiner Schwester hält (das tun die meisten großen Brüder leider nicht), aber es ist auch ungerecht Sonja gegenüber, die das aus Versehen gemacht hat und ihrer Freundin nicht mit Absicht wehtun wollte.

Hast du bereits einige Konflikte selbst gelöst? Bei Kindern entstehen Konflikte oft blitzschnell und manchmal ist der Grund auf den ersten Blick nicht zu erklären. Die Lösung des Konfliktes, stellt sich oftmals sehr einfach dar, wenn Kinder ihre Probleme selbständig lösen. Dabei entwickeln sie die unterschiedlichsten Strategien. Sie können Konflikte beenden, indem sie einfach aufhören zu streiten, sich entschuldigen, sich für einige Zeit aus dem Weg gehen oder einfach mal nachgeben.

In einer Konfliktsituation ist es sehr schwierig für Eltern oder ältere Geschwister, passend zu reagieren. Soll man eingreifen oder doch noch abwarten?

Bei Kindern ist der scheinbare Anlass des Streitens oft nur ein Aufhänger. Häufig geht es eigentlich ums Kräftemessen, vielleicht auch schlicht um Langeweile. Sollte eine dieser beiden Ursachen der Grund für den Streit sein, könnte Leo sich raushalten und abwarten, bis Sonja und Lina selbstständig eine Problemlösung finden. Einschreiten muss Leo dann, wenn sich die Mädchen gegenseitig fertig machen. Das hat dann nichts mehr mit einem üblichen Streit unter Kindern zu tun, in dem die Mädchen von alleine die Rollen von Angreifer und Opfer wechseln. Um diesen Unterschied zu erkennen, muss er genau beobachten.

> **Die Reaktion** „Leo kommt auf die Mädchen zu und bringt sie auseinander." (Bild grün) ist als sehr wirksam einzustufen.

Fragen

1. Hast du dich schon mal mit Freunden gestritten und hinterher wieder versöhnt?
2. Kennst du die bösen Wörter, die man nicht sagen darf?
3. Hast du Freunde, die eine andere Hautfarbe haben?
4. Wie kann man einen Streit beenden?

_____

_____

_____

_____

2.5.12 Heidi hilft Willi

Aufgabe

Schau dir die folgende Bildergeschichte an. Heidi liest ein Buch, als sie lautes Jammern aus dem Kinderzimmer ihres Bruders hört. Heidi rennt zu ihrem Bruder. Willi steht am Fenster und weint. Er hat mit seinem Teddy Astronaut gespielt und ihn aus dem Fenster fliegen lassen. Und jetzt liegt der Teddy auf dem Balkon des gemeinen Herrn Voigt. Heidi versucht, Willi zu trösten, aber er schreit nur. Heidi denkt: „Herr Voigt guckt immer so böse, wenn Willi Raumschiff spielt und Krach macht."

Umgang mit Schwierigkeiten

Auswahlmöglichkeiten

Hier werden dir vier Bilder vorgelegt, die diese Geschichte ergänzen können. Welches Bild ist für dich die am besten passende Möglichkeit? Bitte entscheide dich für eines der vier farblich markierten Bilder.

Übersicht von Auswahlmöglichkeiten

Oje! Der Teddy ist auf den Balkon des bösen Nachbarn gefallen, der die Kinder immer so wütend anschaut. Willi ist noch zu klein, um selbständig dort zu klingeln. Heidi traut sich auch nicht wirklich zu Herrn Voigt zu gehen. Soll sie es trotzdem tun?

Bild rot: Heidi nimmt all ihren Mut zusammen und klingelt beim bösen Nachbarn. Das ist toll von ihr, sie hat ihre Angst überwunden. Was kann ihr auch passieren? Her Voigt wird sie schon nicht „auffressen". Selbst wenn er schimpft, kann sie damit klarkommen. Es ist ja auch nicht Heidis Schuld, dass der wuschelige Astronaut auf dem Balkon gelandet ist. Heidi macht eine positive Erfahrung. Der Nachbar meckert zwar, gibt den Teddy aber ohne Probleme heraus. Also war es eine sehr gute Lösung, dass Heidi dort geklingelt hat.

Bild gelb: Heidi schiebt die Lösung des Problems auf ihre Eltern. Die sollen dort klingeln und den Teddy holen. Das geht natürlich, aber Heidi vertut die Chance, ihre Angst vor dem bösen Nachbarn zu besiegen. Ihr Selbstvertrauen wäre gestiegen, wenn sie das Problem mit Herrn Voigt eigenständig gelöst hätte.

Bild grün: Heidi traut sich nicht, den Teddy zu holen. Sie hat Angst, Herrn Voigt anzusprechen. Das löst das Problem natürlich nicht, denn irgendwer muss den Teddy ja mal holen und – wie in Bild Nr. 2 – vertut Heidi hier eine Chance, sich selbstbewusst zu verhalten und ihre Furcht zu verlieren.

Bild blau: Heidi schimpft mit ihrem kleinen Bruder. Das ist nicht die beste Lösung. Willi ist sowieso traurig und nun muss er auch noch das Gezicke seiner großen Schwester ertragen. Außerdem wird das Problem dadurch ja gar nicht gelöst. Natürlich hat Heidi Recht, dass ihr Bruder selbst Schuld ist und das Problem deshalb auch selbst lösen sollte. Mit Meckern erreicht sie jedoch nichts.

Diese Bilderfolge wirft die interessante Frage auf, ob vermeintlich böse Menschen auch wirklich immer böse sind? Der Nachbar ist genervt, weil Kinder direkt über ihm wohnen und gerade Willi macht wohl oft Krach. Also schaut er die Kinder immer mit gerunzelter Stirn an, denn er möchte zu Hause seine Ruhe haben. Das ist verständlich. Vielleicht ist er aber nur genervt und nicht durch und durch böse. Heidi hat ein Vorurteil gegen Herrn Voigt, weil der immer böse dreinschaut. Aber als sie klingelt, gibt der Nachbar den Teddy ja gleich heraus. Vielleicht ist das auch eine Möglichkeit, ihn näher kennenzulernen? Heidi könnte ihn sogar in ein Gespräch verwickeln. Möglicherweise ist Herr Voigt ja sogar ganz nett und der Vorfall mit dem Teddy führt zu einer guten Nachbarschaft.

Keiner ist frei von Erwartungen und Vorurteilen. Oft bildet man den ersten Eindruck in einer einzigen Sekunde. Durch schlechte Erfahrungen mit einer bestimmten Person oder einer Gruppe entsteht oft eine negative Meinung über sie. Vorurteile beeinflussen unsere Handlungen, selbst wenn wir das gar nicht wollen. Wir werden sie nur schwer wieder los. Hilflos ausgeliefert ist man seinen Vorurteilen aber nicht. Voraussetzung dafür, dass Vorurteile überwunden werden können, ist natürlich erstmal der Wunsch, diese überhaupt abbauen zu wollen.

Der beste Weg, um Vorurteile zu überwinden, ist der regelmäßige Kontakt mit genau den Personen oder Gruppen, gegenüber denen man bisher Vorurteile hatte. Vorurteile bestehen oftmals auf fehlender oder falscher Information. Dem wirkst du entgegen, indem du dir ein eigenes Bild machst und deine ganz persönlichen Informationen sammelst. So wirst du feststellen, dass deine bisherigen Vorurteile sich einfach nicht bestätigen lassen und du beginnst, deine Denkweisen zu hinterfragen und Stück für Stück zu ändern.

Solche Vorurteile zu überwinden und sich zu trauen, den angeblich so schlimmen Menschen einmal anzusprechen, helfen einem Kind auch ein starkes Selbstbewusstsein zu entwickeln und viele Situationen, auf die es in seinem Leben treffen wird, zu meistern.

Die Reaktion „Heidi atmet tief ein und drückt auf die Klingel von dem bösen Nachbarn. Sie bittet den Nachbarn, ihr den Teddy ihres Bruders zu geben." (Bild rot) ist als sehr wirksam einzustufen.

Fragen

1. Hast du dich schon einmal unsicher gefühlt, weil du jemanden nicht kanntest und du diese Person trotzdem ansprechen musstest?
2. Was glaubst du, wie entstehen Vorurteile?

Anregungen

Menschen, die man nicht gut kennt, machen einem manchmal Angst. Man braucht Mut, um sich ihnen zu stellen. Das kannst du üben. Ein Freund soll dir die Augen verbinden. Dann holt er sich einen Karton und legt unterschiedliche Dinge hinein. Sie sollen nicht ekelig sein und man darf sich damit nicht verletzen. Dann führt er deine Hand zur Öffnung des Kartons. Jetzt darfst du ertasten, was dein Freund in den Karton gelegt hat. Kannst du alle Dinge erraten? Wenn du dir nicht sicher bist, kann dir dein Freund helfen. Er kann dir Tipps geben oder die Dinge genauer beschreiben. Danach könnt ihr die Rollen tauschen.

2.6 Entwicklung von Einstellungen und Verhaltensweisen

Kinder, die zu selbstständigen Persönlichkeiten heranwachsen sollen, müssen sich die Welt selbst erobern können. Dabei werden sie auch unangenehme Erfahrungen machen, die aber nunmal zum Leben gehören. Bei den folgenden Bildgeschichten lernen Kinder, selbstständig zu denken, zu handeln und Verantwortung zu übernehmen. Sie üben auch einander zuzuhören, eigene Ideen mitzuteilen, miteinander zu reden und Kritik zu äußern. Sie lernen, sich auf alltägliche Situationen einzulassen und sich angemessen zu verhalten.

Kurzbeschreibung von Bildgeschichten aus diesem Kapitel

2.6.1	Die Suche nach dem verlorenen Hund	Einer Frau ist ihr Hund entlaufen. Sie ist verzweifelt und bittet spielende Kinder um Hilfe.
2.6.2	Karl klettert hoch	Maria sieht, wie Karl beim Spielen im Hof den Zaun hochklettert und aufs Dach steigt. Maria ist mit der Situation überfordert, sie sucht Unterstützung bei einem Erwachsenen.
2.6.3	Verschieben oder Beginnen	Emil hat eine Menge Hausaufgaben zu erledigen. Aber die Verlockung, draußen mit seinen Freunden zu spielen, ist groß.
2.6.4	Ein verlorener Federball	Beim Spielen fliegt Julian der Federball weit weg und bleibt im Baum stecken. Er bittet zwei Erwachsene um Hilfe.
2.6.5	Tobias wird Zeuge eines Unfalls	Tobias wird Zeuge eines Unfalls. Der Motorradfahrer liegt auf der Straße und blutet. Sich nicht einzumischen kommt für Tobias nicht in Frage.
2.6.6	Jonas will handeln	In der Jonas' Klasse machen einige Kinder mutwillig Dinge kaputt. Außerdem gibt es Mobbing und das Klima in der Klasse ist gespannt. Jonas fragt sich, was er machen kann, um die Klassengemeinschaft zu verbessern.
2.6.7	Ehrlichkeit von Micha	Micha findet im Park eine fremde Geldbörse. In dem Portemonnaie findet Micha eine Karte mit dem Namen des Besitzers und Bargeld. Soll er die Geldbörse behalten?
2.6.8	Hugo und das Klassenklima	Erik ist frech zu den anderen Mädchen, stört im Unterricht und vergisst viele Sachen. Hugo muss die Beweggründe für das Verhalten seines Freundes herausfinden.
2.6.9	Ole und der Ladendiebstahl	Ole wird ungewollt Zeuge eines Diebstahls. Solch ein Verhalten kann Ole in keiner Weise tolerieren.
2.6.10	Ein Vorfall auf dem Spielplatz	Sandra möchte auf dem Spielplatz mit ihrer Freundin Romy spielen, doch Romy spielt mit Aline. Aline grinst Sandra an und streckt ihr die Zunge heraus. Sandra kocht vor Wut, aber sie kann ihre Emotionen kontrollieren.
2.6.11	Camilo und seine Entscheidung	Camilo ist mit seinen neuen Bekannten auf dem Spielplatz. Er sieht, wie ein Mädchen auf Inlineskatern stolpert und zu Boden fällt. Camilo hilft dem Mädchen.
2.6.12	Das ist ungerecht!	Peter ist der kleinste Junge in der Klasse und deshalb machen einige seine Mitschüler ständig gehässige Kommentare über ihn. Marvin will Peter unterstützen und er hat dafür einen Plan.
2.6.13	Die begehrten Holzperlen	Saskia und Nils streiten sich, wie das Geschwister oft tun. Doch dann lernen die beiden, dass Teilen etwas Schönes ist.

2.6.1 Die Suche nach dem verlorenen Hund

Aufgabe

Schau dir die folgende Bildergeschichte an. Einer Frau ist ihr Hund abgehauen, als sie mit ihm im Park spazieren ging. Die Frau hat ihn laut gerufen, doch der Hund bleibt verschwunden. Sie muss ihren Liebling unbedingt wiederfinden. Sie ist mehr als verzweifelt! Was soll sie tun? Auf dem Fußballplatz neben dem Park sieht sie eine Gruppe von Kindern, die Fußball spielt. Diese Kinder begegnen einer Frau, die nicht weiß, wie sie sich in dieser schwierigen Situation helfen kann. Sollen die Kinder der Frau bei der Suche nach ihrem Hund helfen, sofern sie sie darum bittet? Sie müssen deswegen ihr Spiel unterbrechen, das so viel Spaß macht.

Entwicklung von Einstellungen und Verhaltensweisen

Auswahlmöglichkeiten

Hier werden dir vier Bilder vorgelegt, die diese Geschichte ergänzen können. Welches Bild ist für dich die am besten passende Möglichkeit? Bitte entscheide dich für eines der vier farblich markierten Bilder.

Übersicht von Auswahlmöglichkeiten

Ein entlaufener Hund kann ein Drama sein. Hunde kennen keine Verkehrsregeln, der Labrador könnte auf die Straße laufen und einen Unfall verursachen. Oder er könnte eine Beißerei mit einem anderen Hund anfangen. Es ist kein Wunder, dass die Frau verzweifelt ist. Andererseits ist es ja ihr Problem: Warum lässt sie den Hund frei laufen? Und wenn die Kinder versuchen, den Hund einzufangen, wer verspricht ihnen, dass sie dann nicht selbst gebissen werden. Eine schwierige Situation. Was würdest du raten, was die drei Kinder nun tun sollen?

Bild rot: Die Kinder beschließen, der Frau nicht zu helfen. Das ist verständlich, denn sie spielen gerade Fußball. Schließlich hätte die Frau auch besser auf ihren Hund aufpassen müssen. Aber die Haltung „das ist doch nicht mein Problem" hilft hier niemandem. Jeder von uns kann in eine Situation kommen, in der man Hilfe braucht. Wenn man selbst in Not und verzweifelt ist, freut man sich über nichts mehr als darüber, dass andere ihre Hilfe anbieten. Einfach weiter Fußball zu spielen ist sehr egoistisch.

Bild gelb: Die Kinder beratschlagen sich zunächst untereinander. Das ist durchaus klug. Sie weisen auch auf die Gefahren hin, die Fremde könnte durchaus böse sein – ebenso wie der Hund. Man sollte nur nicht lange darüber diskutieren, denn die Frau braucht jetzt Hilfe. Mit jeder Minute entfernt der Hund sich möglicherweise weiter und es wird immer schwieriger, ihn wiederzufinden. Viele Politiker diskutieren so lange über ein Problem, bis es nicht mehr akut ist, wenn sie endlich zu einem Entschluss gelangen.

Bild grün: Die Kinder entscheiden sich spontan, der Frau zu helfen und fragen nach dem Aussehen und der Rasse des Hundes. Das ist wohl die beste Lösung. Wenn jemand in Not ist, sollte man diesem Menschen helfen. Man selbst möchte ja auch Hilfe, wenn man einmal in einer verzweifelten Situation ist. Letztlich ist das die Basis unseres gesellschaftlichen Zusammenlebens, dass der Starke dem Schwachen hilft.

Bild blau: Die Kinder verweigern ihre Hilfe. Sie möchten lieber weiterspielen. Aus Sicht der Kinder ist das verständlich, vielleicht sind sie gerade in einer spannenden Phase ihres Spiels, möglicherweise haben sie auch nicht mehr viel Zeit, ihr Fußballspiel zu Ende zu spielen. Trotzdem handeln sie mit dieser Entscheidung sehr selbstsüchtig. Es ist wirklich schade, dass sie der Frau nicht helfen.

Hilfsbereitschaft macht glücklich und erfüllt einen Menschen mit Stolz, etwas erreicht zu haben. Man wird von anderen Personen wertgeschätzt. Somit wird man sich der eigenen Fähigkeiten bewusst. Man muss nichts Großes auf die Beine stellen, sondern einfach nur Augen und Ohren offen halten und im richtigen Moment etwas tun. Das gute Gefühl wird länger andauern und man kann sich immer wieder daran erinnern.

Dennoch solltest du wissen, dass die Personen, denen du hilfst, nicht unbedingt diejenigen sind, die dir helfen werden, wenn du jemanden brauchst. Im Alltag trifft man häufig auf unbekannte Menschen, die Hilfe benötigen. Zum Beispiel jemanden, der auf offener Straße bei Glatteis ausrutscht und hinfällt. Wenn du ihm oder ihr also zur Hilfe eilst, bist du ein gutes Beispiel für andere, da du es freiwillig getan hast. Andere Möglichkeiten, spontan zu helfen, sind, jemandem die Tür zu öffnen, wenn er oder sie keine freie Hand hat, einer älteren Frau im Bus Platz zu machen oder einem Obdachlosen Essen zu geben.

Entwicklung von Einstellungen und Verhaltensweisen 285

Die Reaktion „Die Kinder bieten der Frau ihre Hilfe an." (Bild grün) ist als sehr wirksam einzustufen.

Fragen

1. Was bedeutet für dich Hilfsbereitschaft?
2. Warum ist es wichtig, hilfsbereit zu sein?
3. Hilft man nur dann, wenn man im Gegenzug etwas dafür bekommt?

_____

_____

_____

2.6.2 Karl klettert hoch

Karl und Maria spielen im Hof.

Karl will Maria seinen Mut beweisen.

Karl klettert aufs Dach.

Welche Reaktion wäre für Maria am wirkungsvollsten?

Aufgabe

Schau dir die folgende Bildergeschichte an. Maria sieht, wie Karl beim Spielen im Hof erst den Mülleimer und dann den Zaun hochklettert, mit dem Ziel, aufs Dach zu steigen. Karl will Maria seinen Mut beweisen, aber er hat die möglichen Gefahren und Risiken nicht richtig eingeschätzt. Maria warnt Karl, aber er hört ihr nicht zu. Es wird gefährlich. Maria ist mit der Situation überfordert.

Entwicklung von Einstellungen und Verhaltensweisen

Auswahlmöglichkeiten

Hier werden dir vier Bilder vorgelegt, die diese Geschichte ergänzen können. Welches Bild ist für dich die am besten passende Möglichkeit? Bitte entscheide dich für eines der vier farblich markierten Bilder.

Übersicht von Auswahlmöglichkeiten

Nicht selten beobachtet man, dass gerade kleinere Kinder eine Gefahr nicht erkennen. Sie überschätzen sich selbst und ihre Fähigkeiten. Soll man hier eingreifen oder soll man Kindern erlauben, ihre eigenen Erfahrungen zu machen? Was würdest du Maria raten? Was soll sie tun?

Bild rot: Maria beobachtet nur, wie Karl auf das Dach klettert. Sie findet es nicht in Ordnung, aber sie will Karl auch nicht verpetzen. Das ist verständlich. Aber wenn Karl nun vom Dach fällt und sich etwas bricht, wird sie sich Vorwürfe machen, dass sie nichts unternommen hat.

Bild gelb: Maria will Karl beweisen, dass sie ebenso mutig ist wie er. Sie klettert auch auf das Dach. Das scheint mutig zu sein, aber eigentlich ist es dumm. Nun sind beide Kinder in Gefahr. Wenn jemand etwas Gefährliches tut, sollte man es auf gar keinen Fall nachmachen. Es sei denn, beide Kinder möchten gerne mit einem Knochenbruch im Krankenhaus landen.

Bild grün: Maria läuft zu einer erwachsenen Frau und sagt ihr, dass Karl aufs Dach geklettert ist. Das ist in diesem Fall kein Petzen, denn Karl ist in Gefahr. Er könnte herunterstürzen. Auch wenn Karl hinterher vielleicht sauer ist, weil Maria eine Erwachsene geholt hat, ist dies die beste Lösung.

Bild blau: Maria möchte nicht zusehen, wie Karl vom Dach fällt, sie rennt lieber weg. Das ist die schlechteste Lösung dieser Bilderserie. Wenn Karl wirklich vom Dach fällt und sich ein Bein bricht, dann ist es besser, wenn Maria dabei ist und Hilfe holen kann.

Das Wort „Petzen" beschreibt, wenn ein Kind das Fehlverhalten eines anderen Kindes einem Erwachsenen berichtet. Kinder wollen natürlich nicht als Petze dastehen und erzählen selbst den Eltern nicht immer alles. In einigen Situationen kann es aber sehr wichtig, dass du etwas nicht für dich behältst. So musst du zum Beispiel lernen, dass es unangebracht ist, ein Geheimnis zu bewahren, wenn dadurch jemand in Gefahr gerät. In solchen Fällen musst du dich auch gegen den Willen von Freunden oder Geschwistern jemandem anvertrauen. Dann handelt es sich um Bescheid sagen und nicht um Verpetzen. Niemals solltest du deinen Eltern oder anderen Erwachsenen verschweigen, wenn es um Gewalt, gegenseitige Verletzungen, Diebstahl, Gefahren oder ähnliches geht.

Die Reaktion „Maria sagt einem Erwachsenen, was los ist." (Bild grün) ist als sehr wirksam einzustufen.

Fragen

1. Was bedeutet, mutig zu sein? Wann ist Mut aber Dummheit?
2. Hast du schon einmal Situationen erlebt, in denen du gedacht hast, es sei mutig, aber hinterher ist dir klar geworden, wie gefährlich diese Situation für dich war und dass etwas Schlimmes hätte passieren können?
3. In welchen Situationen solltest du Erwachsenen Bescheid sagen, ohne Angst, andere zu verpetzen?

_____

_____

_____

2.6.3 Verschieben oder Beginnen

Aufgabe

Schau dir die folgende Bildergeschichte an. Emil hat eine Menge Hausaufgaben zu erledigen, er muss noch ein Gedicht lernen und für das Diktat üben. Aber draußen spielen seine Freunde und um zwei gegen zwei zu spielen, brauchen sie Emil. Was soll Emil tun? Erst lernen? Erst spielen?

Entwicklung von Einstellungen und Verhaltensweisen

Auswahlmöglichkeiten

Hier werden dir vier Bilder vorgelegt, die diese Geschichte ergänzen können. Welches Bild ist für dich die am besten passende Möglichkeit? Bitte entscheide dich für eines der vier farblich markierten Bilder.

Übersicht von Auswahlmöglichkeiten

Emil hat eine Menge Hausaufgaben zu erledigen, aber die Verlockung, draußen mit seinen Freunden zu spielen, ist groß. Es ist bereits vorgekommen, dass Emil sich ablenken ließ. Vor einigen Tagen ist er zum Spielen rausgegangen und hat dann seine Hausaufgaben vergessen. In der Schule gab es Ärger mit seiner Lehrerin. Dann hat er sich über sich selbst geärgert. Jetzt hat er Angst, dass ihm das wieder passieren könnte. Deshalb nimmt er sich fest vor, die Hausaufgaben sofort zu erledigen. Wenn er sich dann aus gutem Grund für eine kurze Unterbrechung entscheidet und einen Plan fürs Weitermachen aufstellt, kann er kurz draußen mit seinen Freunden spielen. Und wenn Emil es schafft, seine Hausaufgaben schnell zu erledigen, wird es vielleicht nicht zu spät sein, um mit seinen Freunden zu spielen. Wofür sollte Emil sich entscheiden?

Bild rot: Emil entscheidet sich, erst mit seinen Freunden zu spielen, die Hausaufgaben kann er ja immer noch hinterher erledigen. Ob dieser Plan klappen wird, ist fraglich. Spielen macht Spaß und dabei vergisst man fast immer die Zeit. Und wenn Emil dann nach Hause kommt, könnte es zu spät sein. Vielleicht können seine drei Freunde zunächst ein anderes Spiel spielen, zum Beispiel Verstecken. Wenn Emil mit seinen Aufgaben fertig ist, kommt er schließlich dazu.

Bild gelb: Emil entscheidet sich, erst zu lernen und danach mit seinen Freunden zu spielen. Das dürfte hier die klügste Lösung sein. Im Sport sagt man auch: „Erst die Pflicht, dann die Kür". Beim Eiskunstlaufen bedeutet das beispielsweise, dass zunächst Pflichtübungen absolviert werden müssen und erst danach die Tanzdarbietung folgen darf. Vielleicht kennst du auch dieses Sprichwort: „Nach getaner Arbeit ist gut ruhen"? Es ist immer sinnvoll, erst Dinge abzuarbeiten, die getan werden müssen, bevor man tut, was Spaß macht. Das Spiel mit Freunden kann man nicht wirklich genießen, wenn man im Hinterkopf immer den Gedanken hat: Eigentlich müsste ich jetzt lernen. Wenn Emil seine Hausaufgaben schon erledigt hat, dann kann er frei und unbeschwert mit seinen Freunden spielen.

Bild grün: Emil entscheidet sich, nur kurz mit seinen Freunden zu spielen, dann aber die Hausaufgaben zu erledigen. Im Prinzip ist das eine gute Lösung. Nach der Schule brauchen Kinder erst einmal eine Pause, in der sie sich an der frischen Luft bewegen. In dieser Zeit erholt sich das Gehirn und man man kann sich besser auf die Hausaufgaben konzentrieren. Die Frage ist: Wird Emil es schaffen, wirklich nur kurze Zeit zu spielen? Wahrscheinlich wird er Spaß am Spielen haben und es nicht schaffen, damit aufzuhören.

Bild blau: Emil vertraut darauf, dass schon alles gut gehen wird, wenn er seine Hausaufgaben heute nicht macht. Vielleicht kommt er beim Aufsagen des Gedichtes gar nicht an die Reihe. Bestimmt schafft er das Diktat auch ohne dafür zu lernen. Diese Vorgehensweise wird wahrscheinlich nicht gutgehen. Mit seinen Freunden kann Emil jeden Tag spielen, während eine schlechte Zensur im Zeugnis stehen bleibt.

Manchmal hat man einfach keine Lust und eine innere Stimme sagt: „Du solltest das besser erst einmal verschieben!" Insbesondere wenn eine Aufgabe unangenehm ist, gerät man möglicherweise leicht in Versuchung, sie aufzuschieben, um kraftzehrende Anstrengungen zu vermeiden. Verschieben kann manchmal wichtig sein, wenn man beispielsweise gerade zu erschöpft ist, um die anstehende Aufgabe zu erledigen. Vielleicht ist es dann gut, eine kurze Pause zu machen, um Kräfte zu sammeln. Aber: Für Dinge, zu denen man keine Lust hat, gibt es nie den richtigen Zeitpunkt. Man muss sie einfach erledigen und je schneller man das macht, um so mehr Zeit hat man dann für die Dinge, die Spaß bringen. Zu diesen wichtigen Dingen gehören nunmal auch die Hausaufgaben. Auch wenn du sie oft als lästig empfindest, sie gehören zum Schulalltag dazu.

> **Die Reaktion** „Emil lernt zuerst für die Schule. Danach spielt er mit seinen Freunden." (Bild gelb) ist als sehr wirksam einzustufen.

Fragen

1. Wie machst du das: erst Hausaufgaben und dann Spielen? Oder lieber erst Spielen, dann Hausaufgaben?
2. Was hilft dir, deine Hausarbeiten erfolgreich zu meistern?
3. Wie vereinbarst du deine Hausarbeiten mit deinen Hobbys?
4. Wie gehst du mit schwierigen Aufgaben um?

_____

_____

_____

_____

Anregungen

Schreibe eine Liste mit Eigenschaften, die du an anderen Menschen bewunderst. Überlege dann: welche Anteile an diesen Eigenschaften trägst du in dir?

Stelle dir vor, du hast dein Ziel erreicht. Nun spüre, dass es sich gelohnt hat, sich dafür anzustrengen und auf einige Dinge zu verzichten.

2.6.4 Ein verlorener Federball

Aufgabe

Schau dir die folgende Bildergeschichte an. Julian und seine Freundin Sascha spielen Federball. Leider fliegt der Ball dabei in einen Baum und Julian ist nicht groß genug, um heranzukommen. Zufälligerweise kommen zwei Erwachsene, ein Mann und eine Frau, vorbei. Sollen die Kinder sie um Hilfe bitten?

Entwicklung von Einstellungen und Verhaltensweisen

Auswahlmöglichkeiten

Hier werden dir vier Bilder vorgelegt, die diese Geschichte ergänzen können. Welches Bild ist für dich die am besten passende Möglichkeit? Bitte entscheide dich für eines der vier farblich markierten Bilder.

Übersicht von Auswahlmöglichkeiten

Fremde Menschen anzusprechen, fällt vielen nicht leicht. Man kennt die fremde Person ja nicht und es gibt nunmal böse Menschen. Traut sich Julian, zwei Erwachsene um Hilfe zu bitten, weil er an den Federball nicht herankommt oder ist er der Überzeugung „Ich muss alles allein machen"? Er möchte ja das Spiel mit seiner Freundin Sascha nicht vorzeitig beenden. Was würdest du an Julians Stelle tun?

Bild rot: Julian bittet die beiden Erwachsenen um Hilfe und tatsächlich gelingt es dem Mann, den Federball aus dem Baum zu holen. Die Kinder hätten nicht jede Person ansprechen sollen, manche Leute sehen schon von weitem so düster aus, dass es vielleicht besser ist, sie nicht zu fragen. Klug ist es jemanden anzusprechen, der nett aussieht. Das Risiko ist in diesem Fall auch nicht so groß, weil ja Julians Freundin mit dabei ist und beobachtet, wie die beiden Erwachsenen sich verhalten. Anders wäre es, wenn Julian ganz alleine im Park wäre.

Bild gelb: Julian ist zu schüchtern, um die Erwachsenen anzusprechen, Das ist schade, denn nun können die beiden Kinder nicht mehr weiter Federball spielen. Er hätte in diesem Fall ruhig seinen ganzen Mut zusammennehmen und die Erwachsenen um Hilfe bitten sollen.

Bild grün: Julian geht nach Hause und schaut, ob er noch einen anderen Federball hat. Dies kann eine gute Lösung sein, wenn Julian ganz in der Nähe wohnt und nur ein paar Minuten braucht. Allerdings scheint er nicht einmal zu wissen, ob er überhaupt noch Federbälle hat. Und wenn er weit entfernt wohnt, lohnt sich der Weg wohl nicht wirklich.

Bild blau: Dies ist vermutlich die zweitbeste Lösung. Die beiden spielen einfach ein anderes Spiel.

Um Hilfe zu bitten, bedeutet immer auch zuzugeben, dass man etwas nicht alleine schaffen kann. Man zeigt Schwäche, man offenbart etwas, das man eigentlich für sich behalten will: einen Wunsch, eine Hoffnung, ein Gefühl. Bin ich es überhaupt wert oder lasse ich es lieber gleich ganz? Jeder hat seine eigene Haltung, wenn es darum geht, um Unterstützung zu bitten. Dabei ist es vollkommen normal und in vielen Situationen sogar die beste Lösung. Eine Bitte ist ein Ausdruck einer vertrauensvollen Verbindung. Man erwartet, entweder Hilfe zu erhalten oder gesagt zu bekommen, wenn Hilfe – aus welchen Gründen auch immer – nicht möglich ist.

Julian macht sich möglicherweise Sorgen darum, wie er von Sascha wahrgenommen wird. Er will doch gemocht und respektiert werden und auf gar keinen Fall als Verlierer dastehen, weil er den Federball nicht selbst holen kann. Leider sind genau das Gedanken, die immer wieder auftauchen, wenn man jemanden um Hilfe bitten muss. Saschas Anerkennung wird er jedoch nicht verlieren. Sie hat Verständnis für die Situation und wird Julian keineswegs aufgrund seiner Bitte um Hilfe verurteilen. Ihr Wunsch ist es, das Spiel mit Julian schnellstmöglich fortzusetzen.

Entwicklung von Einstellungen und Verhaltensweisen

Die Reaktion „Julian bietet zwei Erwachsene um Hilfe. Sie holen den Ball. Julian kann mit seiner Freundin weiter spielen." (Bild rot) ist als sehr wirksam einzustufen.

Fragen

1. Warum fällt es manchmal schwer, um Hilfe zu bitten?
2. Nenne einige Beispiele für Situationen, wann ein Kind einen Erwachsenen um Hilfe bitten kann.
3. Hast du große Angst vor einem Nein wenn du um etwas bittest?

_____

_____

_____

2.6.5 Tobias wird Zeuge eines Unfalls

Aufgabe

Schau dir die folgende Bildergeschichte an. Tobias ist spät dran, er muss sich beeilen, um noch rechtzeitig in die Schule zu kommen. Da sieht er wie ein Motorradfahrer in der Kurve stürzt und regungslos auf der Straße liegenbleibt. Zwei Männer kommen vorbei, sie scheinen es auch eilig zu haben und gehen schnell an dem gestürzten Motorradfahrer vorbei. Tobias hat es auch eilig, denn es gibt Ärger, wenn er zu spät zur Schule kommt. Was soll er nun machen?

Auswahlmöglichkeiten

Hier werden dir vier Bilder vorgelegt, die diese Geschichte ergänzen können. Welches Bild ist für dich die am besten passende Möglichkeit? Bitte entscheide dich für eines der vier farblich markierten Bilder.

Übersicht von Auswahlmöglichkeiten

Tobias hat einen Konflikt. Er muss dringend in die Schule, doch der gestürzte Motorradfahrer braucht Hilfe. Was ist wichtiger? Was würdest du tun?

Bild rot: Tobias geht zum Motorradfahrer und fragt, ob er Hilfe braucht. Das ist mit absoluter Sicherheit die beste Lösung. Offenbar kümmern andere Passanten sich nicht darum. Es kann aber sein, dass der Motorradfahrer schlimm verletzt ist. Vielleicht hat er sich das Bein gebrochen und eine Gehirnerschütterung. Wenn er zu spät zur Schule kommt, weil er bei einem Unfall geholfen hat, ist das eine gute Erklärung. Die Lehrerin wird das verstehen. Da Tobias ein Smartphone hat, kann er sogar die Polizei rufen und um Hilfe bitten.

Bild gelb: Andere Passanten anzusprechen, ist die zweitbeste Lösung. Manche Erwachsene tun bei einem Unfall gerne so, als hätten sie nichts gesehen. Sie haben dringende Geschäfte zu erledigen, müssen zur Arbeit und so weiter. Zeuge bei einem Unfall zu sein und erste Hilfe zu leisten, kann unter Umständen viel Zeit in Anspruch nehmen. Also gehen sie einfach weiter als hätten sie nichts bemerkt. Es ist richtig, Erwachsene in diesem Fall anzusprechen und auf den Unfall hinzuweisen. Dann sind sie nämlich gezwungen, zu helfen.

Bild grün: Tobias hat Angst davor, Ärger mit der Lehrerin zu bekommen, wenn er zu spät zur Schuler kommt. Das ist verständlich. Also geht er schnell weiter. Er ist sich sicher, dass andere sich um den gestürzten Motorradfahrer kümmern werden. Allerdings ist niemand zu sehen, zwei Erwachsene sind einfach weitergegangen. Wer weiß, wie lange es dauert, bis jemand vorbeikommt und sich um den blutenden Mann kümmert? Bei einem Unfall kann sofortige Hilfe aber lebensrettend sein. Denn wenn jemand stark blutet, können schon wenige Minuten entscheidend sein. Also ist es nicht richtig, wenn Tobias weitergeht. Er hat ein Smartphone und kann die Polizei (110) oder den Rettungsdienst (112) anrufen.

Bild blau: Tobias findet, dass er nur verantwortlich ist für Menschen, die er erkennt. Also fragt er den verletzten Motorradfahrer nach seinem Namen. Das ist natürlich Unsinn. In einer Notsituation muss man auch Fremden helfen.

Tobias wird Zeuge eines Unfalls. Nichts zu tun und den Ort zu verlassen, ist unterlassene Hilfeleistung – und das ist strafbar. Zudem wäre es unmenschlich, einen Menschen in Not alleine zu lassen.

Das Zusammenleben in einer Gemeinschaft ist nur möglich, wenn wir uns in Notsituationen untereinander helfen. Es gibt sogar ein Gesetz dafür, dass uns verpflichtet zu helfen: Nach Paragraf 323c des Strafgesetzbuchs ist jeder von uns verpflichtet, in Unglücksfällen, Not oder bei Gefahr zu helfen. Sonst kann man wegen unterlassener Hilfeleistung zu einer Freiheitsstrafe von bis zu einem Jahr oder einer Geldstrafe verurteilt werden. Eine Ausnahme gibt es jedoch: Wer sich dabei selbst in Gefahr bringen würde, ist nicht verpflichtet, zu helfen. Wenn man zum Beispiel beobachtet wie ein Segler bei Orkan mit seinem Boot kentert, muss man nicht dorthin schwimmen, da man dabei sein eigenes Leben auf Spiel setzen würde. Man ist aber verpflichtet, die Polizei oder einen Rettungsdienst zu informieren. Auch wenn man beobachtet, wie ein großer kräftiger Mann eine alte Frau bedroht, angreift und schlägt, muss man nicht dazwischen gehen. Aber man muss die Polizei rufen. Zivilcourage bedeutet den Mut, sich einzumischen und dem Täter zumindest zu sagen, dass man die Polizei angerufen hat und er sofort aufhören soll.

Falls man selbst stark genug ist, kann man natürlich auch dazwischengehen und versuchen, den Angreifer davon abzuhalten auf jemanden einzuschlagen, der oder die viel schwächer ist. Gut zu wissen: Wenn du einen Täter dazu bringen willst, dass er vom Opfer ablässt, kannst du nicht dafür bestraft werden, wenn du ihn dabei aus Versehen verletzt.

Dein Freund wird von einem bösen Jungen getreten. Andere stehen dabei und lachen ihn aus. Wenn du sagst: „Schluss damit! Hört auf" zeigst du Mut und lässt ihn nicht alleine, auch wenn andere dich dafür schief ansehen. Das ist Zivilcourage: Mut, für Schwächere einzutreten und Mut, Menschlichkeit zu zeigen.

Was würdest du tun, wenn jemand in eurer Nähe auf dem Schulweg grundlos angegriffen wird? Einige Leute schauen lieber weg, weil sie selbst Angst haben. Sie holen auch keine Hilfe. Es gibt aber auch Menschen, die mutig dazwischengehen oder andere bitten, der angegriffenen Person zu helfen. Das sind Menschen mit Zivilcourage.

Zivilcourage kann zum Beispiel auch sein, wenn man einem Außenseiter in der Klasse beisteht, auch wenn man dann von den anderen ausgelacht wird. Oder wenn man deutlich seine Meinung sagt, wenn zum Beispiel miese Witze über Ausländer oder kranke Menschen erzählt werden. Manchmal hat man Angst, ganz alleine dazustehen, wenn man einem anderen hilft. Oftmals zeigt sich aber, dass nur einer den Anfang machen muss. Du hast das sicher schon erlebt, dass sich dann auf einmal auch weniger Mutige trauen, für die Schwächeren einzutreten. Zivilcourage heißt aber keineswegs, dass man immer selbst dazwischen gehen muss, wenn es Streit gibt. Manchmal ist es viel vernünftiger, Hilfe bei Erwachsenen zu holen oder die Polizei zu benachrichtigen. Zivilcourage ist keine Tugend oder persönliche Eigenschaft. Es ist eine Verhaltensweise, die man sich im Laufe des Lebens aneignet. Maßgeblich für erfolgreiches zivilcouragiertes Handeln sind die individuellen Moral- und Wertvorstellungen.

Die Reaktion „Tobias geht auf den Motorradfahrer zu. Er fragt, ob der Motorradfahrer verletzt ist. Er bietet ihm seine Hilfe an." (Bild rot) ist als sehr wirksam einzustufen.

Fragen

1. Warst du schon einmal Zeuge eines Unfalls? Konntest du helfen?
2. Hast du schon einmal Zivilcourage gezeigt, das heißt warst du mutig und hast jemandem in Not geholfen, obwohl das für dich auch gefährlich hätte werden können?
3. Was hältst du von Menschen, die einfach nur weitergehen, wenn ein anderer in Not geraten ist?
4. Hättest du dich getraut, die Polizei anzurufen?

5. Was verstehst du unter Zivilcourage?
   - Sich für andere einsetzen, auch wenn Wegsehen und Weglaufen einfacher wäre.
   - Jemandem, der in Not ist, zu helfen.
   - Seine Meinung sagen, auch wenn fast alle in der Gruppe anders denken.
   - Dem Anderen zeigen, dass man stärker ist.
   - Nur auf die eigene Körperkraft vertrauen.
   - Handeln statt grübeln.

   _____

   _____

   _____

   _____

2.6.6 Jonas will handeln

Aufgabe

Schau dir die folgende Bildergeschichte an. In Jonas' Klasse ist die Klassengemeinschaft einfach furchtbar. Es gibt Aufteilungen in Jungs- und Mädchen-Grüppchen. So machen z.B. die Jungs Sachen mutwillig kaputt und finden das lustig. Es gibt Mobbing und das Klima in der Klasse ist ziemlich angespannt. Jonas ist beunruhigt. Kann er etwas dagegen tun??

Entwicklung von Einstellungen und Verhaltensweisen

Auswahlmöglichkeiten

Hier werden dir vier Bilder vorgelegt, die diese Geschichte ergänzen können. Welches Bild ist für dich die am besten passende Möglichkeit? Bitte entscheide dich für eines der vier farblich markierten Bilder.

Übersicht von Auswahlmöglichkeiten

Der Mensch ist kein Einzelwesen, wir versuchen immer Gruppen zu bilden, die ähnliche Interessen haben. Eine solche Gruppe gibt uns dann auch Schutz. Jede Gruppe hat aber auch ihre eigenen Regeln. Wenn die Regel heißt: „Lasst uns Sachen kaputtmachen", dann muss jedes Gruppenmitglied dabei helfen, Dinge zu zerstören. Und wenn die Gruppen-Regel lautet: „Mädchen sind dumme Gänse, die wir ärgern müssen", dann muss jedes Mitglied der Jungengruppe dabei helfen, die Mädchen zu piesacken. Jemand, der keiner Gruppe angehört, wird leicht zum Außenseiter und dadurch Opfer der anderen. Daher ist es sinnvoll, sich solchen Gruppen anzuschließen. Manchmal muss man die Regeln aber kritisch sehen und sich nicht an alles halten. Tobias sieht, dass sich in seiner Klasse die Jungs und die Mädchen jeweils zusammengeschlossen haben. Beide Gruppen bekriegen sich und das vergiftet das Klima in der Klasse. Gerade schüchterne Kinder beteiligen sich dann nicht am Unterricht, weil sie Angst haben, von der feindlichen Gruppe ausgelacht zu werden. Aber was kann Tobias tun?

Bild rot: Zusammen mit seiner Mutter backt Jonas einen Kuchen, den er in der Klasse verteilen will. Das ist eine recht gute Idee, denn Kuchenessen macht Spaß und vielleicht kommen die Jungs dabei mit den Mädchen ins Gespräch und die Mädchen wiederum mit den Jungen. Eine Sicherheit dafür gibt es leider nicht. Wahrscheinlich isst jeder seinen Kuchen und hinterher ist alles wie zuvor.

Bild gelb: Tobias macht den Vorschlag, einen Wandertag oder sogar eine Klassenfahrt zu organisieren. Dies dürfte der beste Vorschlag sein. Gemeinsame Unternehmungen, die von allen zusammen geplant werden müssen, bauen Vorurteile oft ab. Um zum Beispiel eine Klassenfahrt zu machen, müssen sich beide Gruppen auf ein Ziel einigen. Sie müssen sich überlegen, wie sie dorthin kommen und was sie am Zielort unternehmen wollen. Das erfordert die Zusammenarbeit aller. Die Jungen können auf der Reise den Mädchen zeigen, wie stark sie sind, indem sie zum Beispiel bei schwerem Gepäck helfen. Vielleicht entstehen ja sogar Gefahren, die die Gruppe gemeinsam meistert, zum Beispiel eine ausgefallene Zugverbindung. Wenn die Gruppe schwierige Situationen meistert, wächst sie auch zusammen.

Bild grün: Jonas fordert die Anführer beider Gruppen auf, sich zu einigen. Auch dieser Lösungsansatz ist nicht schlecht. In der Tat hat eine Gruppe fast immer einen Anführer, der als Vorbild dient und dem die anderen folgen. Wenn man den Anführer überzeugen kann, mit dem Unsinn aufzuhören und die andere Gruppe zu bekämpfen, dann wird sich die ganze Gruppe kooperativer und friedlicher verhalten. Leider ist es erfahrungsgemäß schwierig, solche Anführer zu überzeugen. Vielleicht kann Tobias das mit geschickten Fragen machen, indem er zum Beispiel nachhakt, ob die Anführer das Klassenklima wirklich gut finden, so wie es ist. Vielleicht fühlen sie sich ja wohl, aber möglicherweise sehen sie selbst ein, dass ständiger Streit nicht gut fürs Lernen ist.

Bild blau: Jonas redet mit dem Lehrer und plant, klare Regeln für alle einzuführen. Mit Erwachsenen über ein Problem zu sprechen, ist eigentlich immer gut. Er muss zwar aufpassen, dass man ihn nicht für einen Petzer hält, doch klare Regel können sehr hilfreich sein. Eine Regel könnte zum Beispiel sein, das Eigentum anderer nicht zu zerstören, eine andere, dass stärkere Schüler die schwächeren unterstützen. Die Frage ist, wer das Einhalten der Regeln überwachen soll? Kann man Strafen verhängen für das

Nichtbefolgen? Oder Belohnungen, wenn man sich an diese klaren Regeln hält? Die Idee ist gut, aber sie muss mit der ganzen Klasse abgesprochen werden und jeder muss bereit sein, diese Regeln auch einzuhalten.

Ein gewisses Gemeinschaftsgefühl bildet sich in jeder Klasse. Wer sich fünf Tage in der Woche begegnet, manchmal über Jahre hinweg in der gleichen Klasse sitzt, kennt sich recht gut. Eine gute Klassengemeinschaft hat zwar immer kleine Untergrüppchen, zieht aber an einem Strang. Jeder steht hinter jedem, keiner hintergeht den anderen oder petzt beim Lehrer. Aktivitäten außerhalb der Schule unterstützen das Kennenlernen und den Zusammenhalt. Spiel- oder Bastelnachmittage, Grillabende, Leseveranstaltungen, eine gemeinsame Theater-Aufführung oder ein Spiel gegen eine andere Mannschaft, fördern den Zusammenhalt der Klasse. Gemeinsame Kino- oder Konzertbesuche, können auch hilfreich sein, denn sie haben nichts mit den üblichen Schulthemen zu tun. Man könnte aber auch langfristige Projekte organisieren: Zum Beispiel im Naturschutz, indem man gemeinsam Müll Im Wald aufsammelt oder einmal die Woche alte Menschen in einem Altenheim betreut, mit ihnen spielt oder ihnen aus der Zeitung vorliest. Optional kann man sich an den Lehrer oder den Sozialarbeiter in der Schule wenden.

Die Reaktion „Jonas schlägt vor, dass seine Klasse gemeinsam etwas unternimmt." (Bild gelb) ist als sehr wirksam einzustufen.

Fragen

1. Wie ist das Klima in deiner Klasse? Gibt es auch Untergruppen, die sich bekriegen?
2. Zu welchen Gruppen in deiner Klasse gehörst du?
3. Was zeichnet eine gute Klassengemeinschaft aus?
4. Was kann deine Klasse tun, um das Klassenklima zu verbessern?

_____

_____

_____

_____

2.6.7 Ehrlichkeit von Micha

Auf dem Weg nach Hause durch den Park findet Micha eine Geldbörse, die offensichtlich jemand verloren hat.

Micha fragt eine Frau, die auf der Bank sitzt, ob sie die Geldbörse verloren hat.

Micha schaut in die Geldbörse und nimmt sie mit.

Soll Micha die Geldbörse behalten?

Aufgabe

Schau dir die folgende Bildergeschichte an. Micha findet abends im Park ein verlorenes Portemonnaie. Darin sind eine Kreditkarte und Bargeld. Das Geld kann er gut gebrauchen, er hat viele Wünsche. Soll er die Geldbörse einfach behalten? Was würdest du tun?

Entwicklung von Einstellungen und Verhaltensweisen

Auswahlmöglichkeiten

Hier werden dir vier Bilder vorgelegt, die diese Geschichte ergänzen können. Welches Bild ist für dich die am besten passende Möglichkeit? Bitte entscheide dich für eines der vier farblich markierten Bilder.

Übersicht von Auswahlmöglichkeiten

Wahrscheinlich wird es niemand merken, wenn Micha das Portemonnaie einfach behält und sich von dem Bargeld schöne Dinge kauft, die er sich schon lange wünscht. Es ist verführerisch, das Geld zu behalten. Was würdest du tun?

Bild rot: Micha behält das Geld. Irgendwie ist das natürlich verständlich. Kinder haben viele Wünsche, aber meist kein Geld, um sie sich zu erfüllen. Aber sein Verhalten ist unmoralisch. Wie wird er seinen Eltern erklären, woher er das Geld hat, um sich Spielzeug zu kaufen? Er müsste wahrscheinlich lügen. Außerdem weiß er nicht, wer das Portemonnaie verloren hat. Vielleicht ist es ein armer Mensch, der nun seine Miete nicht mehr bezahlen oder sich nichts mehr zu essen kaufen kann?

Bild gelb: Micha fragt seine Eltern, sie machen den Besitzer ausfindig und geben ihm die Geldbörse zurück. Dies ist die beste Lösung und Micha kann ein gutes Gewissen haben. Er hat eine gute Tat vollbracht. Außerdem steht ihm ein Finderlohn zu. Das bedeutet, dass die Person, die den Gegenstand verloren hat, ihm eine angemessene Belohnung dafür zahlen muss, dass er die Geldbörse zurückgegeben hat. Mit diesem Geld kann Micha machen was er will, ohne seine Eltern anlügen zu müssen. Bestimmt freut sich der Verlierer vor allem über die Geldkarte, denn es ist aufwändig, solche Karten sperren und sich eine neue ausstellen zu lassen.

Bild grün: Micha entscheidet sich, dass er die Geldbörse nur zurückgibt, wenn er den Besitzer kennt. Er überlegt, ob er einen Kai Schmidt kennt? Da dies nicht der Fall ist, behält er alles. Das ist natürlich nicht richtig. Man muss auch fremden Menschen helfen. Bestimmt ist der Verlierer sehr traurig, dass er sein Portemonnaie verloren hat und würde sich total freuen, wenn er es zurück bekäme. Dabei ist es egal, ob Micha ihn kennt oder nicht.

Bild blau: Micha legt die Geldbörse wieder in den Park zurück, weil er glaubt, dass der Besitzer sie dort suchen wird. Doch wenn man etwas verloren hat, weiß meist nicht wo dies passiert ist. Außerdem kann es sein, dass jemand das Geld findet, der nicht so ehrlich ist und es behält, statt es zurückzugeben. Klüger wäre es gewesen, wenn Micha das Geld bei einer Polizei-Dienstelle abgegeben hätte.

Wenn man etwas findet, was jemand anderes verloren hat, sollte man sich überlegen, wie wertvoll dieser Gegenstand ist und wie sehr der Besitzer ihn braucht. Einen verlorenen Kugelschreiber kann man ersetzen, ein verlorener Schlüssel kann hingegen eine Katastrophe sein. Man sollte sich überlegen, wie es einem selbst gehen würde, wenn man dieses Teil verloren hätte. Wenn du für deine Eltern einkaufen gehen sollst und sie geben dir 50 Euro mit, wie schlimm ist es für deine Familie, wenn du das Geld verlierst? Würdest du dich freuen, wenn jemand es findet und dir zurückgibt?

> **Die Reaktion** „Micha geht zu seinen Eltern. Sie machen den Besitzer ausfindig und geben ihm die Geldbörse zurück." (Bild gelb) ist als sehr wirksam einzustufen.

Fragen:

1. Hast du schon einmal etwas Wichtiges verloren? Wie war das für dich?
2. Hat dir schon einmal jemand etwas Wichtiges zurückgegeben, das du verloren hast?
3. Hast du schon einmal etwas gefunden, das für einen anderen Menschen wichtig war? Was hast du damit gemacht?
4. Bist du ein ehrlicher Mensch?

_____

_____

_____

_____

2.6.8 Hugo und das Klassenklima

Aufgabe

Schau dir die folgende Bildergeschichte an. In Hugos Klasse gibt es ständig Probleme. Sein Mitschüler Erik ist frech zu den Mädchen, stört im Unterricht und vergisst vieles. Ein normales Lernen in der Klasse ist nicht möglich, weil Erik ständig stört. Kann Hugo etwas tun, damit es ruhiger zugeht?

Entwicklung von Einstellungen und Verhaltensweisen

Hugo lädt Erik zu sich nach Hause ein, um ihn besser kennenzulernen.

Hugo kann Eriks Verhalten nicht mehr ausstehen. Deshalb ignoriert Hugo Erik.

Hugo besucht ein Fußballspiel von Erik und feuert ihn an.

Hugo redet mit Erik. Er bietet ihm seine Hilfe an.

Auswahlmöglichkeiten

Hier werden dir vier Bilder vorgelegt, die diese Geschichte ergänzen können. Welches Bild ist für dich die am besten passende Möglichkeit? Bitte entscheide dich für eines der vier farblich markierten Bilder.

Übersicht von Auswahlmöglichkeiten

Störende Mitschüler können eine Qual für alle sein, die im Unterricht gerne etwas lernen möchten. Ein guter Schulabschluss ist entscheidend für das gesamte weitere Leben. Und wenn es Mitschüler gibt, die das nicht einsehen und den ganzen Schultag über Unsinn machen, dann kann das die Motivation der fleißigen Schüler negativ beeinflussen. Kann Hugo irgendetwas tun, damit Erik nicht mehr so oft stört?

Bild rot: Die Idee, Erik einmal einzuladen, ist schonmal recht gut. Er möchte Erik besser kennenlernen. Vielleicht findet er heraus, woran es liegt, dass Erik den Unterricht stört? Ist er möglicherweise doch noch nicht reif genug für den Schulbesuch? Langweilt er sich? Ist er nicht ausgelastet? Es kann natürlich auch genauso gut sein, dass Erik wirklich ein Quälgeist ist. Das hängt von dem weiteren Gespräch ab, das die beiden führen. Wenn Hugo es geschickt anstellt, kann er den anderen vielleicht überzeugen, nicht mehr zu stören. Wenn die beiden nur spielen, wird jedoch nichts dabei herauskommen.

Bild gelb: Hugo ist genervt von Eriks Verhalten, er redet einfach nicht mehr mit ihm. Das ist verständlich, aber es löst das Problem nicht. Erik wird weiter den Unterricht stören, es ändert sich nichts.

Bild grün: Hugo besucht ein Fußballspiel, bei dem Erik auch mitspielt und feuert ihn an. Das ist schonmal ganz gut, denn damit zeigt er, dass er Erik mag. Man nimmt Ratschläge eher von Leuten an, mit denen man befreundet ist. Wenn Hugo also zeigt, dass er Erik eigentlich ganz nett findet, kann er vielleicht herausfinden, weshalb Erik im Unterricht immer stört und er kann versuchen, ihn so zu beeinflussen, dass er damit aufhört.

Bild blau: Hugo spricht Erik an. Er sagt ihm, dass er das Stören im Unterricht doof findet, bietet aber seine Hilfe an. Dies ist wohl die beste Lösung. Mit etwas Glück ist Erik bereit zu erklären, warum er immer Unsinn macht und möglicherweise sieht ja auch Erik ein, wie wichtig es ist, in der Schule aufzupassen. Ein Gespräch unter vier Augen kann hier sehr gut helfen. Hugo muss die Beweggründe für das Verhalten seines Freundes herausfinden. Ganz wichtig dabei ist aber, dass er Verständnis für Erik zeigt und ihm das Gefühl gibt, dass er mit seinen Sorgen und Problemen bei Hugo immer gut aufgehoben ist.

Ist es dir auch schon mal passiert, dass du von deinen Mitschülern geärgert worden bist? Wie hast du dich gewehrt? Es gibt verschiedene Möglichkeiten, sich in einer unangenehmen Situation zu wehren. Man kann es zum Beispiel einfach ignorieren und so tun, als würde es einem gar nichts ausmachen, geärgert zu werden. Genau das nervt den anderen manchmal besonders. Anstatt aufzugeben, versucht er dann oft, erst recht zu provozieren. Erst wenn man dann trotzdem ganz ruhig bleibt, geben die Störenfriede meist auf. Man kann natürlich auch zurück ärgern. Aber das ist auch keine gute Lösung, weil man sich dann gegenseitig immer weiter hochschaukelt und die Situation so völlig außer Kontrolle geraten kann. Oder man geht zu einem Erwachsenen und erzählt, dass man geärgert wird. Schließlich man muss sich das nicht gefallen lassen. Ein gutes Klassenklima zeigt sich daran, wie Schülerinnen und Schüler innerhalb der Klasse miteinander umgehen. Die Lösung von Konflikten gelingt am besten durch das Eingreifen von Mitschülern. Wichtig ist, dass alle Schüler gerne zur Schule gehen.

Entwicklung von Einstellungen und Verhaltensweisen

Die Reaktion „Hugo redet mit Erik. Er bietet ihm seine Hilfe an." (Bild blau) ist als sehr wirksam einzustufen.

Fragen

1. Gehörst du zu den ruhigen Schülern deiner Klasse oder kasperst du auch ganz gerne mal herum?
2. Gibt es in deiner Klasse auch Mitschüler, die ständig stören? Wie geht ihr damit um?
3. Was macht ein gutes Klassenklima aus? Wie kann das Klassenklima verbessert werden?

2.6.9 Ole und der Ladendiebstahl

Ole geht in einen Laden um sich ein Getränk zu kaufen.

Zwischen den Regalen sieht er einen Gleichaltrigen. Er benimmt sich so, als ob er unbemerkt sein möchte.

Ole sieht, wie der Gleichaltrige unbemerkt eine Decke aus dem Regal nimmt und in seinen Rucksack steckt.

Was sollte Ole am besten tun?

Aufgabe

Schau dir die folgende Bildergeschichte an. Ole will sich schnell im Laden ein Getränk kaufen und wird ungewollt Zeuge eines Diebstahls. Ein Gleichaltriger schaut sich auffallend komisch um und danach steckt er heimlich eine Decke in seinen Rucksack. Die Verkäuferin merkt nichts. Ole wird Zeuge eines Ladendiebstahls. Soll er den Diebstahl melden oder nicht?

Entwicklung von Einstellungen und Verhaltensweisen

Auswahlmöglichkeiten

Hier werden dir vier Bilder vorgelegt, die diese Geschichte ergänzen können. Welches Bild ist für dich die am besten passende Möglichkeit? Bitte entscheide dich für eines der vier farblich markierten Bilder.

Übersicht von Auswahlmöglichkeiten

Zeuge eines Diebstahls zu sein, ist eine komische Situation. Man weiß ja nicht, warum der Dieb etwas klaut. Vielleicht ist die Person arm. Möglicherweise stiehlt der Junge die Decke, weil er nachts friert und kein Zuhause hat. Andererseits möchte man ja selbst auch nicht beklaut werden. Wer im Supermarkt eine Decke entwendet, der klaut dir vielleicht auch dein Fahrrad. Soll man sich da einmischen? Ole überlegt, was er machen soll. Die Kassiererin sollte eigentlich selbst aufpassen, ob in ihrem Laden geklaut wird. Ist die Decke teuer? Soll er den Gleichaltrigen direkt ansprechen und ihn auffordern, die Decke zurückzulegen? Was würdest du tun, wenn du an der Oles Stelle wärst?

Bild rot: Ole spricht den Jungen an und fordert ihn auf, die Decke zurückzulegen. Das ist wohl die beste Möglichkeit. Diebstahl sollte man nicht tolerieren. Egal welche Gründe man dafür hat, darf man nicht einfach das Eigentum anderer klauen. Geschädigt wird hier der Besitzer des Supermarktes, aber der ist auch nicht reich, denn zwischen den Supermärkten herrscht eine hohe Konkurrenz. Letztlich wird das, was geklaute Waren kosten, auf alle anderen Produkte umgelegt. Das heißt die ehrlichen Kunden bezahlen mit, was andere gestohlen haben. Das ist nicht fair. Wenn Ole den Jungen anspricht, hat dieser die Möglichkeit, die Decke zurückzulegen (oder zu bezahlen) und die Welt ist wieder in Ordnung. Leider bedroht der andere Junge ihn und fordert, dass Ole angeblich nichts gesehen hat. Dann sollte Ole entgegnen, dass er der Verkäuferin Bescheid sagen wird. Sogar dann gibt er dem Jungen noch eine letzte Chance.

Bild gelb: Ole will sich nicht einmischen, schließlich ist es nicht seine Decke. Ihm ist ja nichts geklaut worden und er will den Jungen auch nicht verpetzen. Vielleicht ist der Junge arm und braucht die Decke. Das ist vielleicht nett gemeint, aber letztlich unterstützt er dabei den Diebstahl. Der Dieb kommt ungeschoren davon und lernt, dass Klauen sich lohnt. Also wird er weiter klauen, kommt auf die schiefen Bahn und vielleicht irgendwann ins Gefängnis. Also ist es besser zu versuchen, den Dieb davon abzuhalten, die Decke einfach einzustecken.

Bild grün: Ole geht gleich zur Verkäuferin und sagt, dass er beobachtet hat, wie der Junge die Decke eingesteckt hat. Das ist im Prinzip die richtige Lösung, denn nur so kann man Diebe erwischen und bestrafen. Aber vielleicht hätte er dem Jungen noch eine Chance geben sollen, wie auf dem ersten Bild dargestellt.

Bild blau: Ohne sich ein Getränk zu kaufen, verlässt Ole den Supermarkt, nimmt sich aber vor, den Dieb anzusprechen. Diese Verhaltensweise nützt natürlich niemandem etwas. Falls Ole den Dieb überhaupt noch einmal sieht, wird der das Stehlen der Decke leugnen und Ole hat dann keinen Beweis mehr.

Die Toleranz Dieben gegenüber hört spätestens dann auf, wenn einem selbst etwas geklaut worden ist. Manche Kinder haben ein ganzes Jahr lang auf ein Fahrrad gespart, das dann nach 14 Tagen geklaut wird. Diebe überlegen nicht, was für ein Leid sie bei dem Bestohlenen anrichten. Auch die Ausrede „Das bezahlt ja die Versicherung" zählt hier nicht. Zum einen zahlen Versicherungen nicht alle Schäden, zum anderen kostet eine Versicherung Geld. Geld, das bezahlt werden muss, weil es böse Menschen gibt, die anderen etwas stehlen. Wären alle ehrlich, würde man keine Versicherung brauchen. Du oder deine Eltern bezahlen also das, was ein Verbrecher sich einsteckt.

Worüber der Dieb auch nicht nachdenkt ist, dass er von der Polizei erfasst wird, wenn er bei einem Diebstahl erwischt wird. Heute gibt es leider so viele Ladendiebstähle, dass überall im Verkaufsraum geheime Kameras versteckt sind, die die Kunden filmen. Wenn später etwas fehlt, kann man leicht herausfinden, wer es gewesen ist. Kinder und Jugendliche, die teure Sachen gestohlen haben oder mehrfach beim Klauen erwischt worden sind, kommen vor Gericht und können auch im Jugend-Strafvollzug ins Gefängnis kommen. Das Problem ist, wer beim Stehlen nicht erwischt wird, der macht das immer häufiger. Der Schaden, der hier für ehrliche Menschen angerichtet wird, ist unermesslich.

Dieben gegenüber sollte man null Toleranz haben. Klauen ist heute so häufig geworden, dass niemand durchs Leben kommt, ohne mindestens einmal bestohlen worden zu sein. Und es ist immer mit Leid und Tränen verbunden, wenn jemand einem Dinge klaut, an denen das Herz hängt. Wenn möglich, sollte man dabei mithelfen, dass sie eine gerechte Strafe erhalten. Damit hilft man schließlich auch den Dieben selbst, denn man gibt ihnen die Möglichkeit, sich zu bessern.

Die Reaktion „Ole spricht mit dem Gleichaltrigen. Er versucht, ihn zu überzeugen, die Decke zurückzulegen." (Bild rot) ist als sehr wirksam einzustufen.

Fragen

1. Hast du schon mal gesehen, wie jemand etwas geklaut hat? Was hast du getan?
2. Mal Hand aufs Herz: Hast du schon einmal etwas geklaut? Hast du dabei darüber nachgedacht, welches Risiko du eingehst und was passiert, wenn du erwischt wirst? Hast du darüber nachgedacht, wie sich das Opfer dabei fühlt?
3. Würdest du eingreifen, wenn du siehst, wie Jugendliche im Bus die Sitze aufschlitzen?

2.6.10 Ein Vorfall auf dem Spielplatz

Wie soll sich Sandra verhalten?

Aufgabe

Schau dir die folgende Bildergeschichte an. Sandra (im grünen Kleid) ist ziemlich sauer auf Aline, weil Aline (im roten Kapuzen-Shirt) eine Seite aus ihrem Buch gerissen hat. Nun beobachtet Sandra, wie Aline mit Rike spielt (im lila Shirt). Rike ist eigentlich die beste Freundin von Sandra und es passt Sandra gar nicht, dass Aline mit Rike spielt. Sandra möchte mit Ihrer Freundin Romy spielen. Romy spielt im Sandkasten mit Aline. Die beiden bauen eine Sandburg. Als Aline bemerkt, dass Sandra sie beobachtet, grinst sie Sandra blöde an und streckt ihr die Zunge raus. „Diese gemeine Ziege" denkt Sandra und merkt, wie die Wut in ihr hochkriecht. Aline geht mit einem Eimer voller Sand an Sandra vorbei. Dabei stößt sie gegen Sandra und sagt: „Oh, das wollte ich nicht". Was kann Sandra nun machen?

Auswahlmöglichkeiten

Hier werden dir vier Bilder vorgelegt, die diese Geschichte ergänzen können. Welches Bild ist für dich die am besten passende Möglichkeit? Bitte entscheide dich für eines der vier farblich markierten Bilder.

Übersicht von Auswahlmöglichkeiten

Sandra weiß gar nicht, was sie vor Wut tun soll. Am liebsten möchte Sandra Aline anschreien und verjagen. Sandra geht zur Schaukel am Rande des Sandkastens. Sie setzt sich drauf. Irgendwas muss sie ja tun.

Bild rot: Sandra setzt sich auf die Schaukel, holt viel Schwung und springt dann in die Sandkiste, genau so, dass die Sandburg platt wie eine Flunder ist. Damit ärgert sie Alina, aber leider ist auch Rike, ihre beste Freundin, nun traurig. Wenn Sandra weiterhin mit Rike befreundet bleiben will, ist das natürlich keine kluge Lösung.

Bild gelb: Sandra beobachtet Aline und Rike eine Zeit lang und geht dann weg. Weggehen löst in diesem Fall das Problem nicht. Wenn Sandra ihre beste Freundin nicht an Aline verlieren will, muss sie etwas tun. Weggehen heißt, dass sie kampflos aufgibt und Aline als Siegerin hervorgeht. Das ist besonders schade, weil Rike ja einen sehr konstruktiven Vorschlag macht und fragt, ob sie vielleicht zu dritt eine Sandburg bauen wollen? Es ist absolut schade, dass Sandra nicht auf diesen Vorschlag eingeht. Es wäre eine gute Möglichkeit gewesen, den Streit zu beenden und sich auch mit Aline wieder anzufreunden.

Bild grün: Sandra ist eingeschnappt, wenn Rike mit Aline spielt, dann soll sie es doch tun! Von jetzt an ist Rike dann eben nicht mehr Sandras beste Freundin. Diese Lösung ist ungerecht, denn Rike kann ja nichts dafür, dass Sandra und Aline einen Streit haben; Rike ist schließlich mit beiden befreundet. Auch für Sandra stellt das keine gute Lösung dar, denn nun hat sie eine Freundin weniger. Und gute Freundinnen findet man nicht so leicht.

Bild blau: Sandra schaukelt noch eine Weile, bis sie sich wieder beruhigt hat und fragt sich dann, was sie tun kann? Sie entscheidet sich, in Ruhe ein Gespräch mit Aline zu führen. Eigentlich möchte sie, dass sich alle vertragen. Das ist eine wirklich gute Möglichkeit. Sandra ist ja sauer, dass Aline ein Blatt aus ihrem Buch gerissen hat. Warum hat Aline das getan? Vielleicht gibt es eine Erklärung? Und dann kann man den Streit bestimmt beilegen.

Für Mädchen spielt es oft eine große Rolle, eine bestimmte feste Freundin zu haben, mit der man alles bespricht. Für Jungen ist das sonderbarerweise meist nicht so. Wenn diese beste Freundin „untreu" wird und mit anderen spielt, kann das oft sehr schmerzhaft sein. Das Gefühl der Eifersucht kommt auf. Denn man möchte eine Freundin ganz für dich allein haben. Spielt die Freundin plötzlich auch mit anderen, leidet man darunter und versteht nicht, was eigentlich passiert ist. Möglicherweise versucht man in solchen Situationen, die Freundin unter Druck zu setzen, damit sie nur mit einem selbst spielt und mit niemand anderem. Das kann eine Weile funktionieren, ist aber meist der Anfang vom Ende einer Freundschaft. Statt Druck auszuüben, kann man aber versuchen, die Freundschaft noch einmal wiederzubeleben, indem man mit einer Freundin spricht und vielleicht auch mit ihr zusammen etwas unternimmt (Zoobesuch, Eisessen, Spielpark, Kino). Gemeinsame Ausflüge können die Freundschaft in manchen Fällen lebendig halten.

Entwicklung von Einstellungen und Verhaltensweisen

Die Reaktion „Sandra schaukelt noch eine Weile. Sie entscheidet sich, in aller Ruhe mit Aline ein Gespräch zu führen." (Bild blau) ist als sehr wirksam einzustufen.

Fragen

1. Warst du schon einmal eifersüchtig, weil deine beste Freundin (oder dein bester Freund) sich mit jemand anderem getroffen hat?
2. Warum streiten sich Freunde?
3. Was lässt Freundschaften zerbrechen?
4. Warum ist wahre Freundschaft so wichtig?

_____

_____

_____

_____

2.6.11 Camilo und seine Entscheidung

Aufgabe

Schau dir die folgende Bildergeschichte an. Camilo ist vor kurzem in eine neue Stadt umgezogen. Er hat drei Jungen kennengelernt, die im selben Viertel wohnen. Die Jungen waren manchmal nett und manchmal nicht so nett, aber nach und nach gewöhnten sie sich an Camilo und er gewöhnte sich an sie. Eines Tages sehen alle ein Mädchen, das auf Rollschuhen läuft. Plötzlich stolpert das Mädchen und fällt hin. Camilo schlägt den Jungs vor, zu ihr gehen und zu fragen, ob sie Hilfe braucht. Die Jungen schütteln die Köpfe. Sie wollen lieber woanders spielen. Was wird Camilo tun?

Entwicklung von Einstellungen und Verhaltensweisen

Auswahlmöglichkeiten

Hier werden dir vier Bilder vorgelegt, die diese Geschichte ergänzen können. Welches Bild ist für dich die am besten passende Möglichkeit? Bitte entscheide dich für eines der vier farblich markierten Bilder.

Übersicht von Auswahlmöglichkeiten

Das Mädchen sitzt immer noch auf der Erde und versucht, ihre schweren Rollschuhe auszuziehen. Ihre Knie bluten und tun bestimmt ziemlich weh. Zu diesem Zeitpunkt ist Camilo unsicher, wie er sich verhalten soll. Die Gruppe stellt in diesem Fall die Mehrheit dar, damit einher geht auch eine mehrheitliche Meinung (dem Mädchen nicht zu helfen), der man sich als Teil der Gruppe normalerweise anschließt. Doch wie soll sich Camilo verhalten? Wird er sich nicht wohlfühlen, wenn er eine andere Meinung vertritt?

Bild rot: Camilo kennt das Mädchen nicht, deswegen ist sie ihm ziemlich egal. Er weiß nicht, was für ein Mensch sie ist. Vielleicht ist sie böse. Also geht er lieber mit seinen Freunden. Das ist natürlich nicht richtig. Das Mädchen hatte einen Unfall, sie hat Schmerzen, blutet und in einem solchen Fall ist man verpflichtet, zu helfen. Unterlassene Hilfeleistung ist ja sogar strafbar. Das heißt, man kann bei der Polizei angezeigt werden, wenn man einer verletzten Person nicht geholfen hat.

Bild gelb: Camilo glaubt, dass Menschen die Sport treiben, nicht so empfindlich gegen Schmerzen sind und dass das Mädchen sich nur anstellt. Also geht er weg. Sein Gedankengang ist natürlich nur eine Beruhigung für sich selbst. Eigentlich weiß er, dass es falsch ist mit den Freunden wegzugehen. Aber er beruhigt sich selbst mit einer nur scheinbar logischen Erklärung, denn natürlich stimmt es nicht, dass Sportler unempfindlich gegen Schmerzen sind.

Bild grün: Camilo sagt einem Erwachsenen Bescheid. Dies ist eine gute Lösung. Der Erwachsene kann dann entscheiden, ob das Mädchen wirklich schwer verletzt ist und ob man einen Krankenwagen rufen muss. Camilo gibt damit die Verantwortung ab und das ist richtig. Er hat aber Glück, dass ein Erwachsener auf dem Sportplatz ist. Was hätte er getan, wenn kein Erwachsener vor Ort gewesen wäre?

Bild blau: Camilo rennt zu dem Mädchen und schaut, wie schwer sie verletzt ist und ob sie Hilfe braucht. Das ist bei einem Unfall, wenn sonst niemand da ist, die beste Lösung. Wenn man selbst einen Unfall hat und blutend auf der Erde liegt, ist man auch froh, wenn jemand kommt und sich kümmert. Er verstößt dabei gegen die Norm der Gruppe mit den drei anderen Jungen, die einfach weggegangen sind. Hier muss man entscheiden, was wichtiger ist.

Vielleicht gibt es in deiner Klasse Kinder, die das Gefühl haben, sich anpassen zu müssen, um akzeptiert zu werden. Ein bestimmtes Verhalten oder eine gewisse Einstellung werden dabei durch den Zwang innerhalb einer Gruppe ausgelöst. In einigen Fällen handelt es sich auch um eine Garantie, überhaupt erst Teil der Gruppe werden zu dürfen. Gruppenzwang ist somit ein Druck, der von einer Gruppe Menschen auf einen Einzelnen ausgeübt wird. Folgt man den Regeln der Gruppe nicht, könnte man ausgeschlossen werden. Die Angst davor überdeckt in vielen Fällen die Vernunft. Selbst wenn man anderer Meinung ist, behält man diese für sich, um nicht ausgegrenzt zu werden.

Die Jungen in dieser Situation wollen sich nicht um andere kümmern, auch wenn Hilfe gebraucht wird. Erst Recht nicht, wenn es sich um ein Mädchen handelt. In unserer Gesellschaft gibt es aber die Regel, dass man einer verletzten Person helfen muss und diese Regel ist definitiv die stärkere. Camilo handelt also absolut richtig, wenn er sich um das Mädchen kümmert. Und wenn seine Freunde ihn deswegen hänseln oder sogar aus ihrer Gruppe ausstoßen, dann sind es die falschen Freunde.

Die Reaktion „Camilo rennt zum Mädchen rüber und fragt, ob sie Hilfe braucht." (Bild blau) ist als sehr wirksam einzustufen.

Fragen

1. Hast du schon einmal einem Menschen geholfen (z.B. einem schmuddeligen Obdachlosen), während alle anderen vorbeigegangen sind?
2. Warum gibt es Gruppenregeln? Hältst du dich an die Regeln deiner Gruppe?
3. Welche Regeln braucht eine Gruppe?

_____

_____

_____

2.6.12 Das ist ungerecht!

Aufgabe

Schau dir die folgende Bildergeschichte an. Peter ist der kleinste Schüler in der Klasse. Er wird von anderen deswegen ständig gehänselt und sie lassen ihn nicht mitspielen. Marvin ist völlig verzweifelt. Marvin beobachtet, wie gemein die anderen mit Peter umgehen und möchte Peter gerne helfen. Was kann Marvin machen?

Entwicklung von Einstellungen und Verhaltensweisen

Auswahlmöglichkeiten

Hier werden dir vier Bilder vorgelegt, die diese Geschichte ergänzen können. Welches Bild ist für dich die am besten passende Möglichkeit? Bitte entscheide dich für eines der vier farblich markierten Bilder.

Übersicht von Auswahlmöglichkeiten

Fast jede Gruppe, dazu gehören auch Schulklassen, haben einen Außenseiter. Das ist ein Kind, das irgendwelche Besonderheiten hat. Es kann zum Beispiel zu klein, zu groß, zu dick, zu dünn, zu dumm, zu klug, zu hässlich oder sogar zu schön sein. Wegen dieser Besonderheiten fangen dann andere Kinder an, diesen Außenseiter zu ärgern und auszustoßen. Das Kind, das zum Außenseiter abgestempelt wird, leidet natürlich sehr darunter. Oft sind solche Erlebnisse der Ursprung psychischer Störungen wie zum Beispiel Angsterkrankungen oder Depressionen. Kann Marvin hier etwas tun, um Peter zu helfen?

Bild rot: Marvin fragt Peter, ob sie gemeinsam einen Ausflug machen wollen. Das ist eine hervorragende Idee, denn es wird Peter nicht nur ablenken, sondern ihm auch das Gefühl geben, wenigstens einen Freund in der Klasse zu haben. Vermutlich ist Marvin mit anderen Schülern gut befreundet und dann hat Peter die Chance, in die Clique mit aufgenommen zu werden und kein Außenseiter mehr zu sein. Allerdings darf es dann nicht bei dem einen Ausflug bleiben, sondern es müssen weitere gemeinsame Aktivitäten folgen. Sonst bleibt es eine Eintagsfliege.

Bild gelb: Ein Problem, das leider immer auftauchen kann, ist Folgendes: Wenn man sich mit dem Außenseiter einer Gruppe verbündet, besteht das Risiko, selbst zum Außenseiter zu werden. Einem Außenseiter kann man am besten beistehen, wenn man eine feste Position und viele Freunde in der Gruppe hat. Dass Marvin Angst hat, von der Gruppe ausgestoßen zu werden, wenn er sich auf die Seite von Peter stellt, ist also verständlich. Schade nur für Peter.

Bild grün: Marvin schlägt Peter vor, gemeinsam zum Lehrer zu gehen. Das ist auch eine gute Lösung, vielleicht weiß er Rat. Wenn es ein verständnisvoller Lehrer ist, wird er das zum Thema machen, das mit der ganzen Klasse besprochen wird. Peter kann ja nichts dafür, dass er noch so klein ist. Kinder wachsen in Schüben und bestimmt kommt irgendwann der nächste Wachstumsschub. Vielleicht kann der Lehrer, wenn er diplomatisch ist, den Schülern klarmachen, wie es ist, von anderen geärgert, ausgestoßen und gemobbt zu werden. Niemand möchte in diese Situation kommen und daher sollte jeder sich bemühen, Peter in den Klassenverband zu integrieren.

Bild blau: Marvin denkt sich, dass die Kommentare über Peter nicht so schlimm sind. Das stimmt natürlich nicht, denn Peter hat ja gesagt, dass er total verzweifelt ist. Aber so hat Marvin eine scheinlogische Erklärung, mit der er sich selbst beruhigt, um nichts tun zu müssen.

Wenn sich zwei Kinder gegenseitig beschimpfen und beleidigen, auch über einen längeren Zeitraum hinweg, ist das kein Mobbing, sondern ein Streit auf Augenhöhe. Auch einmalige Hänseleien zählen nicht als Mobbing. Von Mobbing spricht man dann, wenn dieses schikanierende Verhalten täglich und über einen Zeitraum von mehreren Monaten stattfindet. Für viele Kinder und Jugendliche ist das leider der traurige Schulalltag. Und dabei geht es nicht um gelegentliche Streitereien oder Auseinandersetzungen, wie sie in jedem Schulgebäude und auf jedem Pausenhof mal vorkommen. Von den Angreifern hört man häufig Aussagen wie: *„Es war doch nur Spaß"*. Aber für das ausgeschlossene Kind macht es in Wahrheit keinen Unterschied, ob die Schikane einer bösartigen Absicht entspringt oder „einfach nur" aus Langeweile heraus entsteht. Die Schikane stellt für das Opfer immer eine massive Beeinträchtigung der Lebensqualität dar.

Manche Kinder haben nicht gelernt, sich gegen aggressive Kinder zu behaupten und werden so zu einem leichten Ziel von Mobbing. So wie auch Peter. Er ist der kleinste Junge in der Klasse und deshalb machen einige seine Mitschüler ständig gehässige Kommentare über ihn. Marvin will Peter unterstützen und braucht dafür einen Plan.

Das Schwierigste für ein Kind in dieser Lage ist es, selbst ruhig zu bleiben, nicht zurückzuschlagen und mit dem eigenen Zorn klarzukommen. Wer Aggression mit Aggression beantwortet, befeuert Gewalt - sei es physische oder psychische - nur noch weiter. Verbal eine Grenze zu setzen „Ich will nicht, dass ihr so etwas zu mir sagt" ist schon eine klare Ansage. Dann sollte sich das Kind aus der Situation entfernen und einem Erwachsenen anvertrauen. So merken die Aggressoren, dass ihr „Opfer" die schlechte Behandlung nicht einfach hinnimmt.

Die Reaktion „Abseits der Gruppe spricht Marvin Peter an. Er empfiehlt ihm, sich an dem Lehrer zu wenden." (Bild grün) ist als sehr wirksam einzustufen.

Fragen

1. Warum schikanieren Kinder manchmal einen ihrer Mitschüler und schließen ihn oder sie aus? Was hat man davon?
2. Wie entsteht Mobbing?
3. Was kann man gegen Mobbing tun?
4. Welche Anzeichen für Mobbing gibt es?

2.6.13 Die begehrten Holzperlen

Aufgabe

Schau dir die folgende Bildergeschichte an. Saskia bekam von ihrer Oma ein Holzperlenset geschenkt. Stolz zeigt sie die bunten Perlen ihrem Bruder Nils. Nils möchte auch etwas von den Holzperlen haben. Saskia will nichts abgeben. Sie streiten sich. Nils wird wütend. Nils grabscht sich blitzschnell aus der Schachtel eine Handvoll Perlen und rennt davon. Saskia weint. Wie soll sie sich verhalten?

Entwicklung von Einstellungen und Verhaltensweisen

Saskia bittet die Oma, ihrem Bruder das gleiche Holzperlenset zu schenken.

Saskia bastelt in ihrem Zimmer aus ihren Holzperlen eine schöne Blumenwiese. Nils spielt in seinem Zimmer mit Autos.

Saskia kommt auf die Idee, gemeinsam aus den Holzperlen ein Geschenk für die Oma zu basteln. Sie bittet Nils um Hilfe.

Saskia beschließt, bei der Gelegenheit ihrem Bruder auch etwas wegzunehmen.

Auswahlmöglichkeiten

Hier werden dir vier Bilder vorgelegt, die diese Geschichte ergänzen können. Welches Bild ist für dich die am besten passende Möglichkeit? Bitte entscheide dich für eines der vier farblich markierten Bilder.

Übersicht von Auswahlmöglichkeiten

Saskia hat ein Set von Holzperlen, das für sie viel zu groß ist und ihr Bruder hätte gerne etwas davon ab. Doch sie will nichts abgeben. Gar nichts. Es ist irgendwie auch verständlich, dass Nils sauer ist, dass Oma ihm nichts geschenkt hat, also klaut er sich eine Handvoll Holzperlen. Nun haben die beiden Streit. Saskia ist traurig darüber, aber sie findet eine Lösung.

Bild rot: Saskia fragt die Oma, ob sie Nils auch ein Set mit Holzperlen schenken kann. Das ist eine prima Lösung. Vielleicht hat die Großmutter nur nicht daran gedacht, dass auch Jungs mit Holzperlen basteln können. Diese Lösung ist auf jeden Fall konstruktiv.

Bild gelb: Nils stellt fest, dass seine Handvoll Perlen nicht dafür ausreicht, etwas zu basteln. Also lässt er die Perlen liegen und spielt lieber mit seinen Autos. Das ist ziemlich dumm von ihm, denn nun hat er völlig umsonst Streit mit seiner Schwester. Klug wäre es, ihr die Perlen zurückzugeben und sich zu entschuldigen.

Bild grün: Saskia hat die Idee, aus den Perlen gemeinsam ein Geschenk für die Oma zu bauen. Das ist eine sehr konstruktive Lösung. Beide haben Spaß am Basteln, sie machen friedfertig etwas zusammen und bedanken sich bei ihrer Großmutter auch noch mit einem Geschenk. Das ist eine super Idee von der offenbar auch Nils begeistert ist. So ist keiner mehr wütend und der Streit ist beigelegt.

Bild blau: Saskia ist verständlicherweise stinksauer. Nils hat ihr einfach eine Handvoll Holzperlen geklaut, also nimmt sie sich vor, ihm auch etwas wegzunehmen. „Rache ist Blutwurst" sagt der Volksmund hierzu sehr literarisch. Natürlich wird das Problem dadurch nicht gelöst. Nils wird merken, dass ihm etwas fehlt und schon gibt es wieder Streit.

Nils ist eigentlich nur neidisch, weil Saskia etwas von der Oma geschenkt bekommen hat und er nicht. Vermutlich kann man aus einer Handvoll Holzperlen sowieso kein Flugzeug basteln. Er klaut also einige Perlen, mit denen er sowieso nicht viel anfangen kann. Letztlich sind beide Kinder unzufrieden. Der Vorschlag von Saskia, gemeinsam etwas aus den Perlen zu basteln, ist Gold wert und noch besser ist es, das Gebastelte dann der Oma zu schenken. Sie wird sich freuen und der Streit ist beigelegt.

So ganz unschuldig ist Saskia aber auch nicht. Die Oma hat ihr die Holzperlen geschenkt, sie gehören also Saskia. Aber die hätte den Streit vermeiden können, wenn sie ihrem Bruder ein paar Perlen abgegeben hätte. Eigentlich machen die meisten Dinge sowieso erst so richtig Spaß, wenn wir sie mit unseren Freunden teilen. Denn wenn wir gute Neuigkeiten erhalten oder uns etwas Schönes passiert, möchten wir dies direkt mit unseren Freunden teilen. Zusammen freut es sich am schönsten! An den Geburtstagen gibt es nichts Schöneres, als wenn Freunde uns zeigen, wie wichtig wir ihnen sind und unsere Party zu etwas ganz Besonderem und Unvergesslichem machen. Ein geteiltes Essen schmeckt immer sehr gut (aber keine Sorge: Dein Lieblings-Kuscheltier musst du mit niemanden teilen).

Entwicklung von Einstellungen und Verhaltensweisen

Die Reaktion „Saskia kommt auf die Idee, gemeinsam aus den Holzperlen ein Geschenk für Oma zu basteln. Sie bittet Nils um Hilfe." (Bild grün) ist als sehr wirksam einzustufen.

Fragen

1. Warum ist Teilen wichtig?
2. Warum wollen manche Kinder nicht teilen?
3. Wie gerne und wie oft teilst du?

_____

_____

_____

MIX
Papier aus verantwortungsvollen Quellen
Paper from responsible sources
FSC® C105338

If you have any concerns about our products,
you can contact us on
ProductSafety@springernature.com

In case Publisher is established outside the EU,
the EU authorized representative is:
**Springer Nature Customer Service Center GmbH
Europaplatz 3, 69115 Heidelberg, Germany**

Printed by Libri Plureos GmbH
in Hamburg, Germany